ULLSTEIN

Das Buch

»Ich lehre euch nicht das Geben, sondern das Empfangen; nicht die Verweigerung, sondern die Erfüllung; nicht den Gewinn, sondern das Verstehen mit einem Lächeln auf den Lippen. Ich lehre euch nicht die Stille, sondern ein sanftes Lied. Ich lehre euch euer größtes Selbst, das alle Menschen in sich tragen.«
Diese Worte aus dem Buch *Der Prophet* können als Leitmotiv von Khalil Gibrans Lehre gelten. Neben seinem bekanntesten Werk sind in diesem Lesebuch Geschichten, Gedanken und Gedichte des Meisters versammelt, die uns in ihrer einzigartigen poetischen Schönheit Gibrans Weisheit erschließen und uns an seinen dichterischen Visionen teilhaben lassen.

Der Autor

Khalil Gibran wurde am 6. Januar 1883 im Libanon geboren und starb am 10. April 1931 in New York. Er verfaßte bedeutende Werke, weltberühmt wurde er mit seinem millionenfach verbreiteten Buch *Der Prophet*. Darüber hinaus war er ein bekannter Maler in den USA sowie Leitartikler und Kolumnist in der arabischen Presse.

Das große Khalil-Gibran-Lesebuch

Ausgewählt und übertragen
von Hans-Christian Meiser

Mit seinem bekanntesten Buch

Der Prophet

in der Übersetzung
von Georg-Eduard Freiherr von Stietencron

Ullstein

Besuchen Sie uns im Internet:
www.ullstein-taschenbuch.de

Ullstein Esoterik
Herausgegeben von Michael Görden

Umwelthinweis:
Dieses Buch wurde auf chlor- und säurefreiem Papier gedruckt.

Ullstein ist ein Verlag der Ullstein Buchverlage GmbH, Berlin.
1. Auflage November 2004

Umschlaggestaltung: FranklDesign, München
Titelabbildung: Cincinatti, Art Museum
Druck und Bindearbeiten: Ebner & Spiegel, Ulm
Printed in Germany
ISBN 3-548-74180-0

Inhalt

Über das Leben

Das Leben gleicht einer Insel im Ozean der Einsamkeit; ihre Felsen verheißen Hoffnung, ihre Bäume bedeuten Phantasie, ihre Blumen Einzigartigkeit und ihre Bäche Sehnsucht. Auch dein Leben, mein Freund, ist eine Insel, die von allen anderen Inseln und Territorien abgetrennt ist. Gleichgültig, wie viele Schiffe von deinen Küsten nach fernen Erdstrichen fahren, wie oft die Flut deine Gestade umspült, du bleibst eine vereinzelte Insel und mußt den Schmerz der Einsamkeit erdulden voll Sehnsucht nach Glück.

Mein Bruder, ich habe dich auf einem Berg voll Gold sitzen gesehen; du warst entzückt über deine Reichtümer, stolz auf deine Schätze und sicher in deinem Glauben, daß jede Handvoll Gold, welche du anhäuftest, ein unsichtbares Bindeglied zwischen den Wünschen und Gedanken anderer Menschen und den deinen sei.

In meinem Inneren habe ich dich als großen Eroberer gesehen, wie du deine Truppen führtest, in der Absicht, die Festungen deiner Feinde zu zerstören. Doch als ich abermals hinsah, nahm ich nichts als ein einsames Herz wahr, das hinter seinen Goldkisten schmachtete wie ein durstiger Vogel in einem goldenen Käfig, dessen Wasserschalen leer sind.

Ich habe dich auf dem Throne des Ruhms sitzen sehen, und um dich herum stand dein Volk, bewunderte deine Herrlichkeit, sang Loblieder auf deine großen Taten, pries deine Weisheit und starrte dich an, als wäre ein Prophet zugegen; und die Begeisterung schwang sich empor bis zum Himmelszelt.

Und als du deine Untertanen betrachtetest, da nahm ich auf deinem Antlitz die Zeichen von Glück, Macht und Triumph wahr, so als wärest du die Seele ihrer Körper. Und als ich nochmals hinblickte, fand ich dich allein in deiner Einsamkeit. Du standest neben deinem Thron, ein Verbannter, der seine Hand nach jeder Richtung hin ausstreckt, als würde er Barmherzigkeit und Güte von unsichtbaren Geistern erflehen und um Schutz bitten – einer, der selbst nichts als Wärme und Freundlichkeit geben kann.

Ich habe dich, mein Bruder, in eine wundervolle Frau verliebt gesehen, und du legtest dein Herz auf den Altar ihrer Liebenswürdigkeit. Als ich sah, wie sie dich zärtlich und mütterlich anblickte, sprach ich zu mir: »Lang lebe die Liebe, die des Menschen Einsamkeit vertreibt und sein Herz mit dem eines anderen verbindet.«

Doch als ich erneut hinsah, erspähte ich in deinem liebenden Herzen ein weiteres einsames Herz, das vergeblich danach schrie, seine Geheimnisse einer Frau zu enthüllen; und hinter deiner mit Liebe gefüllten Seele gab es eine zweite, einsame, die einer wandernden Wolke glich und vergebens wünschte, sich zu Tränen in den Augen der Geliebten verwandeln zu können …

Dein Leben, mein Freund, ist ein einsamer Ort, abgesondert von den Wohnstätten anderer Menschen. Es ist ein Haus, in dessen Inneres der Blick des Nachbarn nicht eindringen kann. Wäre es in Dunkelheit gehüllt, könnte es die Lampe deines Nächsten nicht erleuchten. Gäbe es keine Vorräte darin, so vermöchten die Lager deines Nachbarn es nicht zu füllen. Stünde es in einer Wüste, könntest du es nicht in die Gärten anderer Menschen, die von fremder Hand bestellt und bepflanzt werden, tragen. Und wenn es auf dem Gipfel eines Berges läge, könntest du es nicht ins Tal, das von den Schritten anderer Menschen erfüllt ist, versetzen.

Mein Bruder, dein geistiges Leben ist vom Einsamsein bestimmt. Wäre es nicht so, könntest du nicht du sein, und ich wäre nicht ich. Bestünde diese Einsamkeit nicht, könnte ich die Stimme, mit der du sprichst, für meine eigene halten, und ich würde, wenn ich in den Spiegel sehe, dein Antlitz erblicken.

Die Stimme eines Dichters

Erster Teil

Tief in meinem Herzen blüht die Kraft der Barmherzigkeit; ich ernte ihre Früchte, sammle sie und schenke sie dem Hungernden. Meine Seele läßt den Weinstock wachsen; ich keltere seine Trauben und reiche dem Durstigen ihren Saft.

Der Himmel füllt meine Lampe mit Öl: ich stelle sie an mein Fenster, um den Fremdling durch die Dunkelheit zu geleiten.

Dies tue ich, da ich mit ihnen allen lebe. Und wenn das Schicksal meine Hände fesseln und mich von meinem Handeln abhalten würde, wünschte ich mir nur noch den Tod. Denn ich bin ein Dichter, und wenn ich nichts darreichen kann, will ich auch nichts empfangen. Die Menschheit wütet wie ein Sturm, ich aber seufze nur in der Stille, da ich weiß, daß der Sturm vorbeigeht, ein Seufzer aber sich zu Gott erhebt.

Menschliche Wesen klammern sich an Irdisches, doch ich versuche stets, die Fackel der Liebe zu ergreifen, damit mich ihre Flamme reinigt und die Unmenschlichkeit in meinem Herzen verbrennt. Alles Wesenhafte stumpft den Menschen ab, ohne daß er dabei leidet, die Liebe aber verursacht ihm lebenspendenden Schmerz.

Die Menschen sind in Sippen und Geschlechter aufgeteilt, und sie gehören Ländern und Städten an. Ich bin ein Fremder inmitten aller Gemeinschaften und unbehaust. Meine Heimat ist das All und die Menschheit mein Volk.

Die Erdenbürger sind schwach, und es ist bedauernswert, daß sie untereinander gespalten sind. Die Welt ist so eng, daß es unklug erscheint, sie in Königreiche, Herrschaftsgebiete und Verwaltungsbezirke aufzugliedern.

Die Menschen schließen sich nur zusammen, um die Tempel der Seele zu zerstören, und reichen sich nur dann die Hand, wenn sie ihre Wohnstätten errichten. Ich stehe abseits und höre auf die Stimme der Hoffnung, die tief in meinem Inneren spricht: »So wie die Liebe das Herz des Menschen durch Schmerz zum Leben erweckt, zeigt ihm die Unwissenheit den Weg zur Erkenntnis.« Schmerz und Unwissenheit führen letztlich zu Freude und Verständnis, denn alles unter der Sonne, das der Allerhöchste erschaffen hat, besitzt einen Sinn.

Zweiter Teil

Ich sehne mich nach der Schönheit meiner Heimat und liebe ihre Bewohner in all ihrer Not. Doch würde mein Volk sich erheben, um zu plündern und aus sogenanntem ›Patriotismus‹ zu morden und das Land des Nachbarn zu besetzen, dann müßte ich diese menschliche Grausamkeit verurteilen und mein Volk und mein Land hassen. Ich singe Loblieder auf den Ort meiner Geburt und möchte die Stätte meiner Kindheit gerne wiedersehen. Sollte jedoch mein Volk dem notleidenden Wanderer Zuflucht und Nahrung verweigern, dann würde sich mein Lobgesang in Zorn verwandeln und meine Sehnsucht in Vergessen. Meine innere Stimme würde sagen: »Das Haus, das den Bedürftigen nicht aufnimmt, verdient nichts anderes, als zerstört zu werden.«

Ich liebe mein Heimatdorf mit einem Stück der Liebe, die ich für mein Vaterland empfinde. Mein Vaterland liebe ich mit einem Teil meiner Liebe für die Erde; und die Erde liebe ich von ganzem Herzen, denn sie ist der Zufluchtshafen der Menschheit; diese jedoch ist der Ausdruck des göttlichen Geistes.

Die Menschlichkeit ist der Geist des Allerhöchsten auf Erden, aber sie steht inmitten von Ruinen, verbirgt ihre Nacktheit unter Lumpen und ruft mit besorgter Stimme nach ihren Kindern. Diese jedoch sind damit beschäftigt, ihre Nationalhymnen zu singen, und während sie ihre Schwerter schleifen, können sie das Flehen der Mutter nicht hören.

Die Menschlichkeit wendet sich laut rufend an ihre Angehörigen, doch diese wollen sie nicht hören. Denn wäre einer da, der sie hörte und tröstend die Tränen der Mutter trocknete, hieße es sogleich: »Das ist ein Schwächling mit zuviel Gefühl.«

Die Menschlichkeit ist der irdische Ausdruck des Allerhöchsten, der Liebe und Güte predigt. Aber die Menschen spotten über solche Lehren. Jesus der Nazarener befolgte sie – und wurde gekreuzigt. Sokrates hörte die Stimme und ging ihr nach; auch er wurde getötet. Wer den Spuren von Jesus und Sokrates folgt, befindet sich auf dem Wege zur Göttlichkeit. Heute tötet man solche Menschen zwar nicht mehr, aber man verspottet sie und sagt: »Lächerlich gemacht zu werden ist schlimmer als der Tod!«

Jerusalem konnte den Nazarener ebensowenig töten wie Athen den Sokrates. Denn sie leben noch und werden ewig leben. Wer der Göttlichkeit folgt, kann niemals lächerlich gemacht werden, sondern wird immerdar leben.

Dritter Teil

Du bist mein Bruder, denn du bist ein Mensch; und beide sind wir Söhne des einzigen heiligen Geistes. Wir sind gleichgeartet, denn dieselbe Erde hat uns geschaffen.

Du lebst hier als mein Begleiter auf dem Pfad des Lebens und als mein Helfer im Verständnis der verborgenen Wahrheit. Du bist ein Mensch, und dies genügt, um dich wie einen Bruder zu lieben. Sprich über mich, was du willst, das Morgen wird dich hinwegnehmen, und deine Rede als Beweis für dein Urteil verwenden; dann wird dir Gerechtigkeit widerfahren.

Beraube mich meines gesamten Besitzes, denn meine Gier brachte mich zum Anhäufen von Schätzen; du hast ein Anrecht auf mein Los, als es dir genügt.

Mach mit mir, was du willst, meine Wahrhaftigkeit anzurühren wirst du nicht imstande sein.

Vergieße mein Blut und verbrenne meinen Körper, meinen Geist kannst du weder töten noch verletzen.

Feßle mich an Händen und Füßen und wirf mich in ein dunkles Gefängnis, mein Denken wirst du nicht bezwingen können, denn es ist frei wie der Wind am grenzenlosen Firmament.

Du bist mein Bruder, und ich liebe dich. Ich liebe dich, während ich in deiner Kirche opfere, in deinem Tempel knie und in deiner Moschee bete. Du und ich und alle Menschen sind Kinder einer Religion, deren verschiedene Wege nichts anderes darstellen als die Finger der liebenden Hand des Allerhöchsten. Diese streckt sich nach uns aus, bietet allen die Vervollkommnung des Geistes an und scheut sich davor, uns zu vereinnahmen.

Ich liebe dich ob deiner Wahrhaftigkeit, die aus deinem Wissen stammt; jener Wahrhaftigkeit, die ich aufgrund meiner Unwissenheit nicht sehen kann, die ich jedoch als göttlich erachte, denn sie ist das Wirken des Geistes. In der zukünftigen Welt wird deine Wahrhaftigkeit auf die meine treffen, und sie werden verschmelzen wie der Duft der Blumen. Als eine vollkommene und ewige Wahrhaftigkeit werden sie dann in der Ewigkeit von Liebe und Schönheit fortdauern und leben.

Ich liebe dich, denn du bist schwach in den Augen des harten Machthabers und arm in denen des geizigen Reichen. Ich weine deshalb und habe Mitleid mit dir. Doch hinter meinen Tränen sehe ich, wie du von der Gerechtigkeit umarmt wirst und wie du jenen vergibst, die dich verfolgen. Du bist mein Bruder, und ich liebe dich.

Vierter Teil

Du bist mein Bruder, aber weshalb zankst du mit mir? Warum überfällst du mein Land und versuchst, mich dazu zu bringen, jenen zu huldigen, die Ruhm und Macht anstreben?

Weshalb verläßt du Frau und Kinder und folgst dem Tod in ein weit entferntes Land denen zuliebe, die sich mit deinem Blute Ruhm erkaufen und hohes Ansehen mit den Tränen deiner Mutter?

Ist es ehrenhaft für einen Mann, seinen Bruder zu töten? Wenn du so denkst, dann erachte es als eine Opferung und errichte einen Tempel zu Ehren von Kain, der seinen Bruder Abel erschlug.

Ist Selbstverteidigung das oberste Gesetz der Natur? Wenn ja, weshalb drängt dich dann die Gier zur Selbstaufopferung, nur mit dem Ziel, deinen Brüdern Schmerz zuzufügen? Mein Bruder, nimm dich in acht vor dem, der sagt: »Die Liebe zum

Leben nötigt uns, dem Volk seine Rechte zu nehmen.« Ich sage dir nur dies: Die Rechte des anderen zu wahren ist die edelste und schönste Tat des Menschen. Wenn mein Leben von mir verlangt, andere zu töten, dann ist mein eigener Tod ehrenhafter; und falls ich keinen finde, der mich zur Rettung meiner Ehre tötet, werde ich nicht zögern, mir mit eigener Hand das Leben zu nehmen und um der Ewigkeit willen schon vor ihrem Kommen zu sterben.

Mein Bruder, Selbstsucht ist der Grund für blindes Vorrangdenken, das wiederum Nachkommenschaft zeugt, und diese bringt Ansehen und Macht hervor, die zu Zwietracht und Unterjochung führen. Die Seele glaubt an den Sieg von Weisheit und Gerechtigkeit über die finstere Vernunftlosigkeit. Sie leugnet die Macht, die Schwerter bereithält, um Unwissenheit und Unterdrückung zu verteidigen und sie gleichzeitig zu stärken – jene Macht, welche Babylon zerstörte, die Grundmauern Jerusalems erschütterte und Rom verwüstete. Es ist jene Macht, welche die Menschen veranlaßt, Verbrecher als große Männer zu bezeichnen, den Schriftstellern Achtung vor ihren Namen abverlangt und die Geschichtsschreiber dazu verführt, in ihren Berichten die Unmenschlichkeit dieser Männer auch noch zu loben.

Die einzige Gewalt, der ich gehorche, ist die Erkenntnis, daß man das Naturgesetz der Gerechtigkeit achtet und sich ihm unterwirft.

Welche Gerechtigkeit genießt Ansehen, wenn sie den Mörder tötet, den Räuber einsperrt oder ein benachbartes Land überfällt und seine Einwohner erschlägt? Was hält sie von einer Herrschaft, in welcher ein Mörder denjenigen bestraft, der tötet, und ein Dieb den Mann verurteilt, der stiehlt?

Du bist mein Bruder, und ich liebe dich. Und Liebe ist Gerechtigkeit mit all ihrer Kraft und Würde. Wenn die Gerechtigkeit meine Liebe zu dir nicht unterstützen würde – ohne auf deine Herkunft und Verwandtschaft zu achten –, wäre ich ein Betrüger, der die Garstigkeit der Selbstsucht unter dem Gewand der reinen Liebe versteckt.

Schluß

Meine Seele ist mein Freund, der mich in der Not und Pein des Lebens tröstet. Wer seiner Seele nicht hilft, ist ein Feind der Menschlichkeit, und wer menschliche Führung nicht in sich selbst findet, wird verzweifelt zugrunde gehen. Das Leben entsteht im Inneren und kommt nicht von außen.

Ich kam, um ein Wort zu äußern, und ich werde es jetzt tun. Sollte der Tod mich daran hindern, so wird es das Morgen sagen, denn dieses Morgen läßt niemals ein Geheimnis im Buch der Ewigkeit zurück.

Ich kam, um im Glanze der Liebe und im Licht der Schönheit zu leben. Beide sind der Widerschein Gottes. Ich lebe hier, und die Menschen können mich nicht aus dem Haus des Lebens vertreiben, denn sie wissen, daß ich auch im Tode leben werde. Und wenn sie mir die Augen ausstechen, werde ich die Melodie der Liebe und die Lieder der Schönheit hören.

Und wenn sie mir die Ohren zustopfen, werde ich die Berührung des Windes genießen, der mit dem Weihrauch der Liebe und dem Duft der Schönheit vermischt ist.

Und wenn sie mich in die absolute Leere stoßen, werde ich zusammen mit meiner Seele leben, denn sie ist das Kind der Liebe und der Schönheit.

Ich kam hierher, um für alle und mit allen zu leben, und was ich heute in meiner Einsamkeit tue, wird das Morgen zu den Menschen hintragen.

Was ich jetzt mit *einem* Herzen sage, wird morgen von vielen Herzen gesagt werden.

Asche der Zeiten und ewiges Feuer

Erster Teil

Im Frühjahr des Jahres 116 v. Chr.

Die Nacht war hereingebrochen, und die Stille hatte sich ausgebreitet, während sich in der Stadt der Sonne* das Leben dem Schlummer hingab. In den Häusern, die rund um die prächtigen Tempelanlagen inmitten von Oliven- und Lorbeerhainen standen, waren die Lichter erloschen. Das silberne Licht des Mondes fiel auf die weißen Marmorsäulen, die in der schweigenden Nacht wie Riesen in die Höhe ragten, die Tempel der Götter bewachten und bestürzt auf die Zedern des Libanon blickten, die windzerzaust auf den Kuppen der weit entfernten Hügel standen.

Zu dieser Stunde, da alle Seelen der Verlockung des Schlafes erlagen, betrat Nathan, der Sohn des Hohenpriesters, den Tempel der Ishtar. In seiner zitternden Hand hielt er eine brennende Fackel und entzündete damit die Lampen und Opferschalen, so daß der Duft von Myrrhe und Weihrauch den Raum bis in die hinterste Ecke erfüllte. Dann kniete er vor dem mit Elfenbein und Gold beschlagenen Altar nieder, streckte seine Hände flehend zu Ishtar empor und rief mit vor Qual erstickter Stimme:

»Hab Erbarmen mit mir, o große Ishtar, du Göttin der Liebe und der Schönheit! Zeige Mitleid und nimm die Hand des

---

* Gemeint ist Baalbek oder die Stadt des Baal, welche die Völker der Antike ›Die Stadt der Sonne‹ oder Heliopolis nannten: sie war zu Ehren des Sonnengottes Helios erbaut worden. Die Geschichtsschreiber hielten Baalbek für die schönste Stadt des Mittleren Ostens. Ihre Ruinen, die heute noch besichtigt werden, weisen in ihrer Architektur einen starken römischen Einfluß auf, der aus der Zeit der Besetzung Syriens durch die Römer stammt.

Todes von meiner Geliebten, die meine Seele nach deinem Willen erwählt hat … Weder die Heilmittel der Ärzte noch die Gebete der Priester und die Beschwörungen der Magier bewirken etwas. Nun kann nur noch dein heiliger Wille Rettung bringen. Du führst mich und bist meine Hilfe. Hab Mitleid mit mir und erhöre meine Gebete!* Blicke auf mein gebrochenes Herz und meine klagende Seele! Rette das Leben meiner Geliebten, damit wir uns an dem Geheimnis deiner Liebe erfreuen und die Schönheit der Jugend rühmen können, die das Mysterium deiner Macht und deiner Weisheit offenbart. Aus tiefstem Herzen rufe ich zu dir, erhabene Ishtar, und im Dunkel der Nacht suche ich nach deiner Barmherzigkeit. Höre mich, o Ishtar! Ich bin dein treuer Diener Nathan, der Sohn des Hohenpriesters Hiram. Von deinem Altar weihe ich alle meine Taten und Worte deiner Größe.

Ich liebe ein Mädchen und bin mit ihr verlobt.

Böse Geister haben ihrem Körper eine fremdartige Krankheit eingehaucht und ihr den Boten des Todes gesandt, der wie ein Gespenst an ihrem Bett steht, seine schwarzen Schwingen über sie breitet und seine scharfen Krallen nach ihr ausstreckt. Ich komme nun zu dir, um dich um Barmherzigkeit zu bitten. Rette diese Blume, die den Sommer des Lebens noch nicht genießen konnte. Erlöse sie vom Zugriff des Todes, und wir werden dich mit Freuden preisen, dir zu Ehren Weihrauch entzünden und an deinem Altar opfern; wir wollen duftendes Öl in deine heiligen Gefäße füllen und Rosen und Veilchen vor deinem Bild ausstreuen. Rette sie, o Ishtar, Göttin der Wunder, und laß die Liebe als Siegerin hervorgehen aus diesem Kampf der Freude gegen die Trauer.«**

Nathan wurde endlich ruhiger. Seine Augen waren voll

---

* Ishtar war die Göttin der Phönizier. Sie wurde in Tyrus, Sidon, Sur, Djabeil und Baalbek als die Überbringerin der Lebensfackel und Beschützerin der Jugend verehrt. Die Griechen nannten sie Aphrodite, die Göttin der Liebe und Schönheit, die Römer Venus.

** In der Zeit vor dem Islam glaubten die Araber, daß ein Geist, der einen Menschen liebt, imstande wäre, diesen von einer Heirat abzuhalten. Gelänge es ihm aber doch nicht, würde er die Braut verhexen und sie sterben lassen. Dieser Aberglaube hat sich in einigen kleinen Dörfern des Libanon bis heute gehalten.

Tränen, und er seufzte aus tiefstem Herzen, ehe er wieder sprach: »Ach, meine Träume sind erschüttert, o göttliche Ishtar, und mein Herz vergeht. Gib mich durch deine Gnade dem Leben zurück und errette meine Geliebte!«

In diesem Augenblick betrat einer seiner Diener den Tempel, ging auf ihn zu und flüsterte: »Herr, sie schlug die Augen auf und blickte umher, konnte Euch aber nicht entdecken; dann rief sie nach Euch, und ich bin so schnell wie möglich hierher gelaufen, um Euch zu holen.« Nathan eilte zurück, und der Diener folgte ihm.

Im Palast angekommen, betrat er sofort das Gemach der Kranken und beugte sich über ihr Lager. Er ergriff ihre abgemagerte Hand und küßte unentwegt ihre blassen Lippen, so als wolle er ihrem Leib Leben von seinem eigenen einhauchen. Sie bewegte ihr Haupt auf den seidenen Kissen und schlug die Augen auf.

Auf ihren Lippen zeigte sich der Abglanz eines Lächelns als schwaches Zeichen des Aufbäumens eines sich noch regenden Lebens.

Es war das Echo eines rufenden Herzens, das seinem Ende zustrebte. Und mit einer Stimme, die wie die schwachen Laute eines Kindes an der Brust seiner Mutter klang, sagte sie: »Die Göttin hat mich zu sich gerufen, o Leben meiner Seele, und der Tod ist gekommen, um mich von dir zu trennen. Aber fürchte dich nicht, der Wille der Göttin ist heilig, und was der Tod fordert, ist gerecht.

Ich gehe nun dahin und merke bereits, wie er näherkommt. Aber die Kelche unserer Liebe und Jugend sind noch gefüllt, und die blumenbestreuten Wege eines schönen Lebens liegen noch vor uns.

Mein Geliebter, ich habe die Arche des Geistes bestiegen und werde wieder in diese Welt kommen, denn die große Ishtar bringt die Seelen jener Liebenden zurück, die in die Ewigkeit aufgebrochen sind, ehe sie die Wonne der Liebe und das Glück der Jugend genießen konnten.

Wir werden uns wiedersehen, Nathan, und gemeinsam wollen wir dann den Tau aus den Kelchen der Lilien trinken, und auf den Feldern werden wir uns mit den Vögeln über die

Farben des Regenbogens freuen. Bis dahin, mein Geliebter, leb wohl!«*

Ihre Stimme wurde schwächer, und ihre Lippen zitterten wie eine einsame Blume im Morgenwind. Nathan schlang die Arme um sie und benetzte ihr Antlitz mit seinen Tränen. Er preßte seinen Mund auf ihre Lippen und spürte, daß sie kalt wie Eis waren. Fürchterlich schrie er auf, zerfetzte sein Gewand und warf sich auf den Leichnam; währenddessen schwebte seine zerrissene Seele zwischen den Höhen des Lebens und dem Abgrund des Todes.

In der Stille jener Nacht erwachten die Schlafenden, und Frauen und Kinder wurden in Schrecken versetzt, denn aus dem Palast des Hohenpriesters der Ishtar drang lautes Jammern und bitteres Wehklagen. Als der Morgen anbrach, kamen die Menschen, um Nathan ihr Mitgefühl auszudrücken, doch man sagte ihnen, er sei verschwunden. Vierzehn Tage später berichtete der Anführer einer Karawane, die aus dem Osten angekommen war, er habe Nathan draußen in der Wildnis gesehen; er sei mit einer Gazellenherde gewandert.

Jahrhunderte vergingen, und mit ihren unsichtbaren Füßen zertraten sie die Errungenschaften der Vergangenheit. Die Göttin der Liebe und der Schönheit hatte das Land verlassen, und eine fremde, launenhafte Gottheit übernahm ihren Thron. Sie zerstörte die herrlichen Tempel der Sonnenstadt und machte die prächtigen Paläste dem Erdboden gleich. Die blühenden Gärten und die fruchtbaren Felder trockneten aus, und nichts blieb an diesem Platze stehen außer Ruinen, welche die Geister der Vergangenheit heraufbeschwören und das Echo längst verklungener Hymnen zurückwerfen. Doch die schweren Zeiten, welche die Werke des Menschen zerbrachen, vermochten seine Träume nicht zu zerstören. Und sie waren auch unfähig, seine Liebe zu schwächen, denn Träume und Liebe leben immerdar im ewigen Geist. Sie mögen eine Zeitlang verschwunden

---

* Viele Asiaten sind von diesem Glaubenssatz überzeugt; sie entnehmen ihn ihren heiligen Schriften. Mohammed sagt: »Ihr waret tot, doch Er hat euch dem Leben wiedergegeben, und Er wird euch erneut töten und wird euch wieder erwecken, worauf ihr zu Ihm zurückkehren werdet.« Buddha sagt: »Gestern noch weilten wir in diesem Leben, doch heute kamen wir und werden nicht mehr aufhören zurückzugehen, bis wir vollkommen werden wie Gott.«

bleiben wie die Sonne, sobald die Nacht einbricht, oder wie die Sterne, wenn der Morgen naht: aber so sicher wie die Lichter des Himmels kehren sie wieder zurück.

Zweiter Teil

Im Frühling des Jahres 1890

Der Tag ging zur Neige, und die Natur bereitete sich auf den Schlaf vor; die Sonne zog ihre goldenen Strahlen aus der Ebene um Baalbek zurück. Ali El Husseini* führte seine Herde auf die Wiesen inmitten der Tempelruinen. Er ließ sich in der Nähe der alten Säulen nieder, die wie die Gebeine zahlloser auf dem Schlachtfeld gebliebener Soldaten anmuteten. Während Ali auf seiner Flöte spielte, weideten die Schafe friedlich um ihn herum.

Es wurde Mitternacht, und der Himmel streute die Saat des kommenden Tages in die tiefen Furchen der Dunkelheit. Alis Lider wurden schwer von den auftauchenden Traumbildern, und sein Geist ermattete unter dem Zug der Geister, die in der schrecklichen Stille aus dem verfallenen Gemäuer heraufstiegen. Er legte den Kopf auf die Arme, und der Schlaf breitete einen Schleier über seine Sinne, so wie sich ein leichter Nebel auf die Oberfläche eines stillen Sees legt. Ali vergaß sein irdisches Dasein und begegnete seinem geistigen, unsichtbaren Selbst, das voll von Träumen und Vorstellungen war, welche die Gesetze und Regeln der Menschen weit überstiegen. Vor seinen Augen erstand eine Vision, und die verborgenen Geheimnisse des Lebens offenbarten sich ihm. Seine Seele kannte keine Zeit mehr und stürzte sich in das Nichts; allein stand sie wohlgeformten Gedanken und glasklaren Empfindungen gegenüber. Zum ersten Mal in seinem Leben erkannte Ali die Ursachen des geistigen Hungers, der seiner Jugend Begleiter war. Es war ein Hunger, der alle Bitterkeit und Süße des Lebens ausglich … Ein Durst, der die Seufzer des Gefühls und die

* Die Husseins sind ein Teil eines arabischen Stammes, der in der Ebene von Baalbek in Zelten wohnt.

Ruhe der Genugtuung in Einklang brachte ... Eine Sehnsucht, die aller Ruhm dieser Welt nicht zu besiegen vermochte und die der Lauf der Zeit nicht wenden konnte. Ali verspürte in sich das Wogen einer seltsamen Empfindung und einer Art von Zärtlichkeit. Es war die Erinnerung, die aufflammte wie Weihrauch, wenn er ins Feuer geworfen wird. Es war eine übernatürliche Liebe, die mit sanften Fingern an sein Herz rührte, so wie die gefühlvollen Hände eines Musikers die Saiten einer Laute streicheln. Es war eine neue Kraft, die aus dem Nichts erstand und mächtig anwuchs; sie umfing Alis Geist mit einer Liebe, die schmerzhaft brannte, aber zugleich unsagbar süß war.

Ali blickte auf die Ruinen, und seine müden Augen wurden lebhaft, als er sich vorstellte, daß diese zerstörten Altäre vor langer Zeit in mächtigen, uneinnehmbaren und unvergänglichen Tempeln gestanden hatten. In seinen Blick kam Bewegung, und sein Herz schlug rascher. Wie ein Blinder, der plötzlich sehend geworden war, begann er zu erkennen und seine Gedanken zu sammeln ... Er erinnerte sich an die Lampen und Silberschalen, die um die Statue einer ehrfurchtgebietenden Göttin aufgestellt waren ... Er entsann sich der Priester, welche Opfergaben vor einem Altar niederlegten, der mit Elfenbein und Gold reich verziert war ... Es erschien ihm ein Bild von tanzenden Jungfrauen und Tambourinspielern und auch von Sängern, die das Lob der Göttin der Liebe und Schönheit verkündeten. All dies sah er vor seinem geistigen Auge, und er spürte, wie die Eindrücke sich in den Tiefen seines Herzens aus der Dunkelheit erhoben.

Aber die Erinnerung allein bringt nichts anderes zurück als das Echo von Stimmen, die vor langer Zeit gehört worden waren. Was also bedeutet diese eigenartige Beziehung zwischen solch starken Rückblicken und dem bisherigen Leben eines einfachen jungen Mannes, der in einem Zelt geboren worden war und seine Jugend damit verbracht hatte, in den Tälern die Schafe zu weiden?

Ali stand auf und ging zwischen den Ruinen hin und her, und mit einem Mal zogen die nagenden Erinnerungen den Schleier des Vergessens von seinem Gedächtnis. Als er an den großen, ausgehöhlten Eingang des Tempels kam, hielt er an. Es war, als ob eine magnetische Kraft ihn ergriffe und seine Füße festhielte. Als er hinabblickte, sah er eine zerbrochene Statue auf dem Boden liegen, und unter dem Druck einer unsichtbaren Macht brach er zusammen. Seine Seele wurde von Tränen überschwemmt, die wie Blut aus einer tiefen Wunde flossen, und sein Herzschlag stieg und fiel wie die Gezeiten des Meeres. Er seufzte tief und weinte bitterlich, denn er verspürte eine schmerzhafte Einsamkeit und eine bedrückende Entfernung, die sein Herz wie ein Abgrund von dem Herzen trennte, das in ihm gewohnt hatte, ehe er in dieses Leben getreten war. Er begriff, daß sein wahres Sein nichts anderes war als die Flamme jener brennenden Fackel, die Gott vor dem Beginn der Zeiten von seinem eigenen Selbst abgetrennt hatte. Er fühlte den federleichten Flügelschlag, der sein Herz berührte, und eine große Liebe nahm von ihm Besitz… eine Liebe, deren Kraft den Geist von der Welt des Wägens und des Messens trennt… eine Liebe, die spricht, sobald die Sprache des Lebens verstummt… eine Liebe, die wie ein blaues Leuchtfeuer auf den Weg gerichtet ist und mit ihrem unsichtbaren Licht die Führung übernimmt.

Diese Liebe oder das, was Gott in dieser Stunde der Stille in Alis Herz legte, hatte in ihm Gefühle erweckt, die süß und bitter zugleich waren, sie glichen den Dornen, welche an der Seite der schönsten Blumen wachsen.

Doch was verkörpert diese Liebe und woher kommt sie? Was will sie von einem Schäfer, der inmitten von Ruinen kniet? Ist sie ein Samenkorn, das ein Beduinenmädchen unachtsam in sein Herz streute? Oder ist sie ein heller Strahl, der hinter einer dunklen Wolke hervortritt, um das Leben zu erleuchten? Ist sie ein Traum, der in der stillen Nacht heranschleicht, um ihn zu verspotten? Oder ist sie eine Wahrheit, die von Anfang an da war und bleiben wird bis an das Ende der Zeit?

Ali schloß seine tränenfeuchten Augen, streckte wie ein Bettler die Hände aus und rief: »Wer bist du, der sich meinem Herzen so sehr genähert hat, den ich aber nicht erblicken kann; der eine gewaltige Mauer zwischen mich und mein wahres Selbst stellt und meine Gegenwart mit meiner vergessenen Vergangenheit verbindet? Bist du ein Schatten aus der Welt der Ewigkeit, der mir die Leere des Lebens und die Schwäche des

Menschengeschlechts aufzeigt? Oder bist du ein mächtiger Geist, der aus den Spalten der Erde aufgetaucht ist, um mich zu unterwerfen und zum Gespött der Jünglinge meines Stammes zu machen? Wer bist du, und was bedeutet diese sonderbare Macht, die mein Herz zugleich schwächt und ermuntert? Wer bin ich, und was stellt dieses eigenartige Selbst dar, das ich ›Ich‹ nenne? Hat das Wasser des Lebens einen Engel aus mir gemacht, als ich es trank, so daß ich nun die Geheimnisse des Universums sehen und hören kann, oder habe ich nur schlechten Wein getrunken, der mich vergiftet hat und mich erblinden ließ?«

Ali wurde ruhiger, aber seine Beklemmung nahm zu, und sein Geist weitete sich aus. Dann fuhr er fort: »O du, den die Seele mir offenbart und die Nacht verbirgt … O du wunderbarer Geist, der im Himmel meiner Träume schwebt!

Du hast Gefühle in mir erweckt, die wie Saatkörner unter einer weißen Schneedecke schlafen. Du kamst zu mir wie ein frischer Wind, der meinem hungrigen Selbst den Duft der himmlischen Blumen brachte. Du hast an meine Sinne gerührt und hast sie bewegt und erzittern lassen wie das Laub an den Bäumen. Laß mich dich jetzt sehen, wenn du ein menschliches Wesen bist, oder befiehl dem Schlaf, meine Lider zu schließen, damit ich innerlich deine Unermeßlichkeit wahrnehmen kann. Laß mich dich berühren, laß mich deine Stimme hören! Nimm den Schleier weg, der mein ganzes Sein umhüllt, und zerstöre die Mauer, die meine Göttlichkeit vor meinem forschenden Auge verbirgt. Gib mir Flügel, damit ich dir in die höchsten Regionen des Universums folgen kann, oder berühre meine Augen mit deinem Zauberstab, und ich komme mit dir in die Welt der Geister, falls du einer von ihnen bist. Und wenn du mich für würdig erachtest, so lege deine Hand auf mein Herz und nimm Besitz von mir.«

Ali flüsterte diese Worte in die unfaßbare Dunkelheit hinein, und vor ihm krochen die Geister der Nacht heran, als wären sie Dämpfe, die von seinen heißen Tränen herrührten. An den Tempelwänden erblickte er Phantasiegebilde in allen Farben des Regenbogens.

Auf diese Weise verging eine Stunde, in welcher Ali weinend seinen elenden Zustand beobachtete und auf das Pochen seines Herzens hörte. Er sah hinter die Dinge und konnte wahrnehmen, wie die Bilder des Lebens langsam entschwanden und durch einen Traum ersetzt wurden, der von fremdartiger Schönheit und furchterregender Größe war. Wie ein Prophet, der in die Sterne blickt und auf eine göttliche Eingebung wartet, stellte Ali Überlegungen an über die Kraft, die hinter diesen Vorstellungen stand. Er fühlte, wie sein Geist aus ihm heraustrat und durch den Tempel schwebte, als wäre er ein wertloses, unbekanntes Stück von ihm, das in den Ruinen verlorengegangen war.

Es dämmerte, und durch die Stille brauste der Morgenwind. Die ersten Strahlen der Sonne brachen hervor und erleuchteten jedes Teilchen der Luft; und der Himmel lächelte wie ein Schläfer, der im Traum das Bild seiner Geliebten erblickt. Die Vögel schlüpften aus den Mauerritzen und sangen in der Säulenhalle ihr Morgenlied.

Ali hielt die Hand vor die Stirn und blickte mit glasigen Augen auf das, was vor ihm lag. Wie Adam, nachdem ihm der Atem des Allmächtigen die Augen geöffnet hatte, sah er neue und absonderliche Dinge. Er rief seine Schafe herbei, und sie folgten ihm ruhig auf die saftigen Wiesen. Während er sie leitete, betrachtete er den Himmel; dabei glich er einem Philosophen, der über die Geheimnisse des Universums nachdenkt. Als er zu einem Bach kam, dessen Plätschern seinen Geist besänftigte, setzte er sich am Ufer unter einer Weide nieder. Ihre Zweige hingen weit in das Wasser hinein, als wollten sie aus den kühlen Tiefen trinken. Und der Morgentau glänzte auf dem Fell der Schafe, während sie inmitten von Blumen und Gras weideten.

Nach kurzer Zeit fühlte Ali, wie sein Herz erneut schneller schlug, und er begann sichtlich unruhig zu werden. Wie eine Mutter, die vom Schreien ihres Kindes aus dem Schlaf gerissen wird, sprang er auf. Und wie unter einem Zwang richtete er seine Augen auf die andere Seite des Baches und erblickte ein Mädchen, das einen irdenen Krug auf der Schulter trug. Langsam kam sie näher, und als sie das Ufer erreicht hatte, beugte sie sich nieder, um den Krug zu füllen. Dabei blickte sie zum anderen Ufer hinüber, und ihre Augen begegneten Alis Blicken. Sie schrie auf, ließ den Krug zu Boden fallen und wich zurück. Dann aber trat sie wieder vorwärts und starrte Ali ängstlich und von Zweifeln gequält an.

Eine Minute verging, und die Sekunden wurden zu glitzernden Lampen, die Herzen und Geist erleuchteten; und die Stille brachte verschwommene Erinnerungen zurück und deckte Bilder und Schauplätze auf, die weit entfernt von diesem Bach und diesen Bäumen lagen. Die beiden vernahmen einander in der lautlosen Stille, und jedes achtete auf die Seufzer des anderen Herzens, bis vollständiges Erkennen zwischen ihnen aufkam.

Ali, den eine geheimnisvolle Kraft ergriffen hatte, sprang über den Bach, näherte sich dem Mädchen und umarmte und küßte es. Bewegungslos stand die junge Frau da, als hätte ihr Alis sanfte Berührung jeden Willen genommen und alle Energie geraubt. Sie gab sich hin, wie der Duft des Jasmins sich dem Wind überläßt, der ihn hinauf an das weite Firmament trägt.

Sie legte den Kopf an Alis Brust wie das Opfer einer Folterung, das endlich Ruhe findet. Sie seufzte tief … es war ein Seufzer aufkommenden Glücks in einem gequälten Herzen; er gab Kunde von sich wieder regendem Leben, das auferstanden war, nachdem es verletzt und der Erde übergeben worden war.

Das Mädchen hob den Kopf und blickte Ali mit den Augen der Seele an. Es war der Blick eines menschlichen Wesens, das die herkömmliche Sprache für gering erachtet, aber einen Ausdruck besitzt, der unzählige Gedanken in den unausgesprochenen Worten des Herzens darreicht. Es war der Blick von jemandem, der die Liebe nicht als einen Geist in einer Hülle von Worten ansieht, sondern als die Wiederbegegnung von zwei Seelen nach langer Zeit, nachdem sie durch irdische Geschehnisse getrennt und nun durch Gott wieder zusammengeführt worden waren.

Die beiden Liebenden wandelten unter den Weidenbäumen, und die Gesondertheit von beiden brachte ihre Einheit zum Ausdruck. Sie waren *ein* Auge, das den Glanz der Glückseligkeit erschaute, und waren *ein* Ohr, das den Offenbarungen der Liebe lauschte.

Die Schafe weideten, und die Vögel schwebten am Himmel

und sangen das Lied des Morgens, der die Nacht verdrängt hatte. Als Ali und seine Geliebte ans Ende des Tals gelangten, ging gerade die Sonne auf und legte ein goldenes Gewand über die Hügel und Höhen. Die Liebenden setzten sich an einen Felsen, an dem Veilchen wuchsen. Das Mädchen blickte in Alis dunkle Augen, und der Wind liebkoste ihr Haar, als wolle er die schimmernden Flechten küssen. Sie spürte, wie ein geheimnisvolles, starkes Gefühl ihre willenlosen Lippen berührte, und mit bezaubernder, ernster Stimme sprach sie: »Ishtar hat unser beider Seelen aus einem anderen Leben in dieses zurückgeführt, so daß uns nun die Freuden der Liebe und der Glanz der Jugend nicht länger verwehrt sind, mein Geliebter.«

Ali schloß die Augen, denn der Klang ihrer Stimme hatte ihm die Bilder eines Traumes hergebracht, und er fühlte, wie er auf unsichtbaren Schwingen in ein fremdartiges Gemach getragen wurde. Dort sah er sich vor einem Bett stehen, auf dem der Körper eines Mädchens lag, dessen Schönheit der Tod an sich gerissen hatte. Ali stieß einen angsterfüllten Schrei aus, doch als er die Augen öffnete, sah er dasselbe Mädchen an seiner Seite sitzen. Auf ihren Lippen lag ein Lächeln, und in ihren Augen glänzte das Licht des Lebens. Alis Gesicht erhellte sich, und sein Herz wurde leicht. Die Trugbilder lösten sich langsam auf, und er vergaß die Vergangenheit samt ihren Schrecken. Die Liebenden umarmten einander und leerten gemeinsam den Kelch der Liebe, bis sie berauscht waren. Dann schliefen sie – jeder in den Arm des anderen gebettet –, bis der letzte Rest der Schatten zurückgewichen war vor der ewigen Macht, die sie erweckt hatte.

Die Rückkehr des Geliebten

Bei Einbruch der Nacht ergriffen die Feinde, von den Hieben der Schwerter und den Stichen der Lanzen schwer getroffen und verletzt, die Flucht. Da hißten unsere Truppen die Siegesfahnen und stimmten Triumphlieder an, und die stampfenden Hufe ihrer Pferde ließen den steinigen Grund des Tales erdröhnen.

Hinter dem Fam el Mizab ging der Mond auf, und aus dem mächtigen Felsen schien der Geist des Volkes mit emporzusteigen, während die Zedernwälder sich an die Brust des Libanon schmiegten.

Die Soldaten ritten weiter, und ihre Waffen funkelten im Mondlicht. Nahe gelegene Höhlen warfen das Echo ihrer Triumphgesänge zurück, bis sie einen Abhang erreichten. Plötzlich ließ sie das Wiehern eines Pferdes innehalten. Das Tier stand inmitten der grauen Felsen, als wäre es selbst aus Stein gehauen.

In der Nähe des Tieres fanden die Soldaten einen Leichnam, und die Erde um ihn herum war blutbefleckt. »Zeigt mir das Schwert dieses Mannes«, rief der Anführer, »und ich werde euch sagen, wem es gehört.«

Einige der Reiter saßen ab und stellten sich um den Toten. »Seine Finger haben sich um den Griff gekrallt«, rief einer dem Hauptmann zu. »Es wäre eine Schande, sie aufzubrechen.« Ein anderer meinte: »Dieses Schwert ist von ausströmendem Leben umhüllt worden, so daß das Metall gar nicht mehr sichtbar ist.«

Und ein dritter fügte hinzu: »Das Blut an der Hand und am Griff ist erstarrt und hat aus beidem eins gemacht.« Daraufhin stieg auch der Anführer vom Pferd, ging zu dem Leichnam und sagte: »Hebt seinen Kopf hoch und laßt den Mond ihm ins Gesicht scheinen, damit wir erkennen können, wer es ist.« Die Männer taten wie geheißen, und das Antlitz des Erschlagenen stellte sich unter dem Schleier des Todes voll Tapferkeit und Adel dar. Es war das Gesicht eines mannhaften Reiters, traurig und freudig zugleich; das Gesicht eines Mannes, der dem Feind mutig und dem Tod lächelnd entgegengetreten war; das Gesicht eines Helden, der an diesem Tage Zeuge eines Triumphes geworden war, der nun jedoch nicht mehr mit seinen Kameraden singen und den Sieg feiern konnte.

Als man ihm die seidene Kopfbedeckung abgenommen und den Staub der Schlacht von seinem blassen Antlitz entfernt hatte, rief der Hauptmann voll Schmerz: »Das ist Assabys Sohn! Welch schwerer Verlust!« Seufzend wiederholten die Männer den Namen. Dann verstummten sie, und ihr Herz, kurz vorher noch berauscht vom Sieg, wurde mit einem Male nüchtern. Sie hatten etwas erfahren, das größer war als der Glanz des Triumphs – den Verlust eines Helden. Wie Marmorstatuen umstanden sie den Schreckensort, stumm und sprachlos. So verfährt der Tod mit den Seelen der Helden, während er Frauen jammern und klagen läßt und Kinder weinen und schluchzen. Nichts ziemt sich für trauernde Männer mehr als die Stille, die ein starkes Herz ergreift wie die Krallen des Adlers die Kehle der Beute. Es ist jene Stille, die sich über Tränen und Schmerz erhebt und in ihrer Erhabenheit dem Betroffenen noch mehr Kummer und Leid bereitet, jene Stille, welche die Seele vom Gipfel des Berges in den Abgrund gleiten läßt. Es ist die Stille, die vom Nahen des Sturmes kündet; doch wenn der Sturm nicht auszubrechen vermag, so liegt es daran, daß sie stärker ist als er.

Die Männer nahmen das Gewand des jungen Helden ab, um nachzusehen, wohin der Tod seine eisernen Klauen geschlagen hatte. In der Brust klafften Wunden, die wie sprechende Lippen aussahen, so als wollten sie in der Ruhe der Nacht Kunde geben von menschlicher Tapferkeit.

Der Anführer kniete neben dem Leichnam nieder, und er entdeckte am Arm des erschlagenen Kriegers einen mit goldenen Fäden verzierten Schal. Und er erkannte die Hand, welche die Seide gesponnen, und die Finger, die den Stoff gewebt hatten. Er verbarg den Schal unter seinem Gewand und zog sich langsam zurück. Mit zitternder Hand bedeckte er sein betroffenes Gesicht. Diese Hand, die jetzt bebte, hatte noch vor kurzem voll Kraft die Feinde zerschmettert. Nun zitterte sie, denn sie hatte einen Schal berührt, der von liebenden Händen um den Arm eines Helden geschlungen worden war, der jetzt erschlagen dalag. Tot würde der Held auf den Schultern seiner Kameraden zu seiner Geliebten zurückkehren.

Die Seele des Hauptmanns war bis in ihr Innerstes aufgewühlt, und während er noch über die Grausamkeit des Todes sowie über das Mysterium der Liebe nachsann, meinte einer der Soldaten: »Wir wollen ihm unter dieser Eiche ein Grab ausheben; so können die Wurzeln sein Blut aufsaugen und die Äste aus seinem Körper Nahrung nehmen. Der Baum wird durch diese Kräfte unsterblich werden und einem Denkmal gleich den Hügeln und Tälern vom Mut und von der Stärke des Toten künden.«

»Laßt ihn uns zum Zedernwald tragen und ihn nahe der Kirche bestatten«, schlug ein anderer vor. »Dort werden seine Knochen bis in alle Ewigkeit vom Schatten des Kreuzes bewacht werden.«

Und ein dritter riet: »Begraben wir ihn doch hier, wo sein Blut die Erde benetzte, und lassen wir das Schwert in seiner rechten Hand. Stellen wir ihm die Lanze zur Seite und töten wir das Pferd über seinem Grab. Die Waffen mögen ihn in die Einsamkeit begleiten.«

»Man soll kein Schwert begraben, das mit dem Blut des Feindes befleckt ist, und kein Roß töten, das sich auf dem Schlachtfeld bewährt hat«, wandte einer ein. »Laßt seine Waffen nicht in der Einsamkeit zurück, denn sie sind an Taten und Kraft gewöhnt. Bringt sie den Verwandten des Toten als bedeutendes und wertvolles Erbe.«

»Wir wollen an seiner Seite niederknien und die Gebete des Nazareners sprechen, damit Gott ihm vergebe und unseren Sieg segne«, empfahl ein anderer.

Danach meinte einer: »Nehmt ihn auf die Schultern und macht aus unseren Schilden und Lanzen eine Totenbahre für ihn. Und laßt uns Triumphlieder anstimmen, damit die Lippen seiner Wunden lächeln, bevor sie die Erde des Grabes bedeckt.«

Ein weiterer schlug vor: »Wir wollen ihn auf sein Pferd heben und ihn mit den Schädeln der toten Feinde stützen. Wir geben ihm seine Lanze in die Hand und bringen ihn als Sieger in sein Dorf. Niemals hätte er sich dem Tod ergeben, ohne ihm auch die Seelen der Feinde aufzuladen.«

»Sollen wir ihn nicht am Fuße dieses Berges bestatten?« fragte ein anderer Soldat. »Das Echo der Höhlen wird sein Freund sein, und der murmelnde Bach wird Lieder für ihn singen. Seine Gebeine werden in der Abgeschiedenheit ruhen, wo die stille Nacht leicht und sanft dahinweht.«

»Nein«, entgegnete ihm einer, »laßt ihn nicht an diesem Ort, denn hier wohnen Langeweile und Einsamkeit. Warum bringen wir ihn nicht auf den Friedhof seines Dorfes? Die Geister unserer Vorfahren werden seine Gefährten sein, sie werden in der Nacht zu ihm sprechen und ihm von ihren Kriegen und ihren Ruhmestaten erzählen.«

Schließlich trat der Anführer der Soldaten in ihre Mitte und gebot Ruhe. Er seufzte und sprach: »Belästigt ihn nicht mit Erinnerungen an den Krieg und erzählt seiner Seele, die über uns schwebt, nichts von Schwertern und Lanzen. Laßt ihn uns lieber friedlich und still an den Ort seiner Geburt tragen, wo eine liebende Seele auf seine Heimkehr wartet … die Seele eines Mädchens, das auf seine Rückkehr vom Schlachtfeld hofft. Laßt ihn uns zu ihr bringen, damit sie noch einmal sein Gesicht sehen und einen letzten Kuß auf seine Stirn drücken kann.«

Die Soldaten trugen ihn auf ihren Schultern, als sie schweigend und mit gesenktem Blick weitermarschierten. Traurig trottete das Pferd des Gefallenen hinter ihnen her und ließ hin und wieder ein trauriges Wiehern vernehmen, das aus den Höhlen ringsum widerhallte, so daß es schien, auch diese hätten Anteil an der Trauer der Heimkehrenden.

Im Licht des Mondes zogen die Sieger über die von Dornen gesäumten Wege des Tales. Vor ihnen aber schritt der Tod, und der Geist der Liebe wies ihnen den Weg mit gebrochenen Schwingen.

Das Haus des Glücks

Betrübt sagte mir mein Herz Lebewohl und machte sich auf den Weg nach dem Hause des Glücks. Als es in der geheiligten Stadt, die der Seele geweiht ist, ankam, staunte es sehr, denn es konnte das, was es dort erwartet hatte, nicht finden.

In dieser Stadt gab es weder Macht noch Geld und auch keinerlei Amtsgewalt.

Da sprach mein Herz zur Tochter der Liebe: »Sage mir, wo ich die Zufriedenheit finden kann. Ich hörte, sie sei hierher gekommen, um sich mit dir zu treffen.«

Die Tochter der Liebe antwortete:

»Die Zufriedenheit ist schon gegangen, um dort ihre Botschaft zu verkünden, wo Neid und Bestechung herrschen. Hier bedürfen wir ihrer nicht.«

Das Glück strebt nicht nach Zufriedenheit, denn es ist eine irdische Erwartung, und seine Wünsche stehen im Einklang mit seinen Zielen; die Zufriedenheit jedoch ist eine tiefe Empfindung.

Die irdische Seele ist niemals zufrieden, denn immerzu strebt sie nach Höherem.

Mein Herz blickte auf das Leben der Schönheit und sprach: »Du bist allwissend, erkläre mir das Geheimnis der Frau.« Und das Leben der Schönheit sagte: »O Menschenherz! Die Frau ist dein eigenes Spiegelbild, und was immer du bist, ist auch sie. Wo immer du lebst, da wird auch sie leben. Sie ist wie die Religion, wenn diese nicht von Unwissenden ausgelegt wird; sie ist wie der Mond, sobald er sich nicht hinter Wolken versteckt; und sie ist wie ein sanfter Wind, der von unreinen Stoffen noch nicht vergiftet ist.«

Nun ging mein Herz hin zur Erkenntnis, welche die Tochter von Liebe und Schönheit ist, und bat sie: »Schenke mir Weisheit, damit ich sie mit den Menschen teilen kann.« Die Erkenntnis jedoch antwortete:

»Sprich nicht von Weisheit, sondern von Glück, denn das wahre Glück kommt nicht von außen, sondern hat seinen Ursprung im Allerheiligsten des Lebens. Bringe dich deshalb selbst den Menschen dar!«

Lied des Regens

Ich bin ein Netz aus Silberfäden, das die Götter
Vom Himmel fallen lassen. Die Natur nimmt mich auf,
Um ihre Täler und Felder zu schmücken.

Ich gleiche den herrlichen Perlen, welche
Die Tochter der Dunkelheit aus Ishtars Krone bricht,
Um die Gärten zu zieren.

Wenn ich weine, lachen die Hügel,
Wenn ich mich erniedrige, jauchzen die Blumen,
Und wenn ich mich beuge, erhebt sich alles.

Das Feld und die Wolken sind Liebende,
Und ich bin der Bote ihrer Gefühle.
Ich lösche des einen Durst
Und lind're des anderen Schmerz.

Die Stimme des Donners kündet mein Nah'n,
Der Regenbogen zeigt mein Entschwinden an.
Ich bin wie das Leben auf Erden,
Das mit dem Toben der Elemente beginnt
Und unter den breiten Schwingen des Todes erlischt.

Ich steig' aus dem Herzen der See empor,
Erhebe mich mit dem Winde
Und sinke herab beim Anblick des dürstenden Felds;
Millionenfach umarme ich Blumen und Bäume.

Wenn ich mit sanften Fingern die Fenster berühre,
Wird meine Botschaft zum frohen Willkommen;
Und alle können sie hören, doch nur
Der Empfindsame wird sie verstehen.

Obgleich mich die Hitze der Luft gebiert,
Bringe ich ihr dagegen den Tod;
So wie die Frau den Mann bezwingt
Mit der aus ihm strömenden Kraft.

Ich bin das Seufzen der See,
Das Lächeln des Feldes,
Das Weinen des Himmels.

Ebenso ist auch die Liebe zu betrachten:
Sie holt ihre Seufzer aus dem tiefen Meer des Gefühls herauf,
Ihr Lächeln strahlt vom bunten Feld des Geistes;
Und ihre Tränen stammen aus dem weiten Himmel der
Erinnerung.

Der Sturm

Erster Teil

Yusif El Fakhri war dreißig Jahre alt, als er sich von der bürgerlichen Gesellschaft abwendete und wegzog, um in einer Einsiedelei nahe dem Kedeesha-Tale im Nordlibanon zu leben. Den Menschen, die in dieser Gegend wohnten, kamen vielerlei Gerüchte über Yusif zu Ohren. So hieß es zum Beispiel, er stamme aus einer wohlhabenden und einflußreichen Familie, und er habe eine Frau geliebt, die ihn betrogen habe; deshalb suche er nun die Einsamkeit. Eine andere Geschichte lautete, er sei ein Dichter, der dem Tumult der Stadt entflohen sei und diesen Ort gewählt habe, um seine Gedanken niederzulegen und seinen Eingebungen folgen zu können. Manche waren davon überzeugt, daß er ein Mystiker sei, der sich mit der geistigen Welt begnüge. Die meisten aber dachten, er sei einfach verrückt.

Ich selbst vermochte mir keinerlei Urteil über ihn zu bilden, doch es war mir klar, daß tief in seinem Herzen ein Geheimnis verborgen sein mußte, das zu enträtseln mir nicht möglich schien, es sei denn in reiner Mutmaßung. Lange Zeit hatte ich auf eine Gelegenheit gehofft, diesen seltsamen Mann kennenzulernen. Auf vielerlei Art hatte ich versucht, seine Freundschaft zu gewinnen, um sein wahres Wesen zu erforschen, seine Lebensgeschichte zu erfahren und seine Ziele ausfindig zu machen; aber meine Bemühungen waren vergeblich. Als ich ihm zum ersten Mal begegnete – es war im Wald der Heiligen Zedern – grüßte ich ihn mit besonders gewählten Worten, doch er beantwortete meinen Gruß nur mit einem Kopfnicken und ging seiner Wege.

Ein anderes Mal sah ich ihn in der Nähe eines Klosters inmitten eines kleinen Weinberges stehen. Ich ging auf ihn zu, grüßte und sagte: »Die Bewohner dieser Gegend erzählen, das

Kloster sei im 14. Jahrhundert von den Syrern erbaut worden; wißt Ihr etwas von seiner Geschichte?« Kühl gab er zurück: »Ich weiß nicht, wer dieses Kloster errichtet hat, und es kümmert mich auch nicht.« Er wandte sich von mir ab, fügte aber noch hinzu: »Weshalb fragst du nicht deine Großeltern, die älter sind als ich und sicher mehr von der Geschichte dieser Gegend wissen?« Ich erkannte das Scheitern meines Bemühens, mit ihm ins Gespräch zu kommen, und belästigte ihn nicht weiter.

Zwei Jahre hindurch beschäftigte mich das seltsame Leben dieses Fremdlings und störte meine Träume.

Zweiter Teil

An einem Tag im Herbst streifte ich in den Hügeln herum, zwischen denen die Einsiedelei von Yusif El Fakhri lag. Plötzlich kam ein Unwetter auf, und es goß in Strömen. Der Sturm warf mich hin und her wie ein Boot, dessen Ruder und Mast gebrochen waren. Mit Mühe lenkte ich meine Schritte zu Yusifs Behausung und dachte: »Auf diese Gelegenheit habe ich lange gewartet. Der Sturm bietet die beste Gelegenheit, mir Zutritt zu verschaffen, und meine nassen Kleider sind Grund genug, einige Zeit bei ihm zu verweilen.«

In einem erbarmungswürdigen Zustand kam ich bei der Klause an. Ich klopfte, und der Mann, den zu treffen ich gehofft hatte, öffnete. Er hielt einen Vogel in der Hand, der am Köpfchen verletzt war und dessen Flügel gebrochen waren. Ich grüßte und sagte: »Ich bitte um Entschuldigung für die ärgerliche Belästigung. Doch der Sturm überraschte mich, als ich schon zu weit von daheim entfernt war.« Er runzelte die Stirn und sprach: »In dieser Wildnis hier gibt es eine Unzahl von Höhlen, in denen du Unterschlupf hättest finden können.« Dennoch verschloß er nicht die Tür vor mir, und mein Herz klopfte schneller in der Erwartung, meinen großen Wunsch endlich erfüllt zu bekommen. Sanft und liebevoll streichelte er den Vogel und zeigte auf diese Weise eine besondere Eigenschaft seines Wesens. Ich war erstaunt über die gegensätzlichen Charakterzüge dieses Menschen, der Mitleid und Herzlosigkeit in gleicher Weise in sich zu vereinen schien. Eine gespannte Stille herrschte, denn er ärgerte sich über meine Anwesenheit. Ich aber wollte unbedingt bleiben.

Als ob er meine Gedanken lesen könnte, blickte er auf und sagte: »Der Sturm ist sauber; er neigt sich zur Erde herab, um ihr säuerliches Fleisch wegzuräumen. Weshalb versuchst du, ihm zu entkommen?« Mit einem Anflug von Humor antwortete ich: »Der Sturm mag wohl kaum Salziges oder Saures, doch er neigt dazu, alles erstarren zu lassen, und ohne Zweifel fände er Gefallen daran, mich zu verzehren, wenn er mich in die Finger bekäme.« In vollem Ernst gab er zurück: »Der Sturm hätte dir eine große Ehre erwiesen, wenn er dich verschlungen hätte – und du wärst dieser Ehre gar nicht würdig gewesen.« »Dem stimme ich zu«, sagte ich. »Ich floh vor dem Sturm, da ich einer Ehre, die ich nicht verdient habe, auch nicht teilhaftig werden möchte.« Er wandte sich ab, um ein Lächeln zu unterdrücken. Dann ließ er sich auf einer Bank an der Feuerstelle nieder. Er lud mich ein, auszuruhen und meine Kleider zu trocknen. Ich konnte meine Befriedigung kaum verbergen.

Während ich ihm dankte, ließ ich mich ihm gegenüber auf einer Steinbank nieder. Er tauchte seine Finger in ein Gefäß mit einer öligen Flüssigkeit und strich sanft über den Kopf und die Flügel des Vogels. Ohne aufzublicken sagte er: »Diesen Vogel hat der Sturm von den Felsen herabgeworfen, so daß er nun zwischen Leben und Tod schwebt.« Ich suchte nach einer Erwiderung und antwortete: »Und er hat mich an Eure Tür getrieben, gerade rechtzeitig, um zu verhindern, daß mein Kopf verletzt und meine Flügel gebrochen wurden.« Er sah mich ernst an und sprach: »Ich wünschte, der Mensch hätte das Empfinden eines Vogels, und ich wünschte, der Sturm bräche ihm die Flügel. Denn er neigt zu Furcht und Feigheit, und sobald er spürt, daß sich ein Sturm erhebt, verkriecht er sich in die Spalten und Höhlen der Erde und versteckt sich.«

Da ich die Geschichte seiner selbsterwählten Einsamkeit erfahren wollte, forderte ich ihn heraus und sagte: »Sicher besitzen die Vögel Ehre und Mut, und der Mensch nicht. Er lebt im Schatten von Sitten und Gesetzen, die er für sich ersonnen und geschaffen hat. Die Vögel jedoch leben nach demselben freien ewigen Gesetz, das auch die Erde veranlaßt, ihre gewaltige

Bahn um die Sonne zu ziehen.« Als hätte er in mir einen verständigen Schüler gefunden, erhellte sich sein Antlitz, und seine Augen strahlten, als er rief: »Ausgezeichnet! Wenn du deinen eigenen Worten Glauben schenkst, solltest du die Zivilisation samt ihren korrupten Gesetzen und Überlieferungen hinter dir lassen und wie die Vögel dort leben, wo es nichts anderes gibt als das erhabene Gesetz des Himmels und der Erde.«

»Eine Überzeugung zu haben ist eine gute Sache, doch seine Ansichten auch zu verwirklichen – dazu gehört Kraft. Es gibt viele, die sprechen wie die brüllende See, aber ihr Leben ist seicht und abgestanden wie das Wasser eines Sumpfes. Und es gibt nicht wenige, die ihr Haupt über die Gipfel der Berge erheben, während ihr Geist untätig in der Dunkelheit der Höhlen verharrt.«

Erregt erhob er sich und setzte den Vogel auf ein Tuch am Fensterbrett. Dann warf er einige Bündel trockener Zweige ins Feuer und sagte: »Zieh deine Schuhe aus und wärme deine Füße, denn die Feuchtigkeit schadet deiner Gesundheit. Trockne deine Kleider und mache es dir bequem.«

Infolge Yusifs anhaltender Gastfreundlichkeit wurden meine Hoffnungen weiterhin genährt. Ich setzte mich näher ans Feuer heran, und der Dampf stieg aus meinem nassen Gewand. Während der Einsiedler an der Tür stand und in den grauen Himmel blickte, suchte mein Verstand eilig nach einer Gelegenheit, in seine Lebensgeschichte einzudringen. Ganz unschuldig fragte ich: »Lebt Ihr schon lange an diesem Ort?«

Ohne mich anzusehen, antwortete er mit ruhiger Stimme: »Ich kam hierher zu einer Zeit, da die Erde noch ohne Form war und leer; und Finsternis lag auf der Fläche der Tiefe. Und der Geist Gottes schwebte über den Wassern.«

Seine Worte versetzten mich in Schrecken. Ich bemühte mich, einen klaren Kopf zu behalten, und dachte: »Welch ein wundersamer Mensch! Wie schwer ist es, einen Weg zu seiner Wirklichkeit zu finden! Ich muß behutsam, langsam und geduldig vorgehen, bis sich seine Zurückhaltung in eine wirkliche Gesprächsbereitschaft wandelt und ich seine Eigenartigkeit verstehen lerne.«

Dritter Teil

Die Nacht breitete ihr schwarzes Gewand über die Täler, der Sturm heulte furchterregend, und der Regen nahm an Heftigkeit zu. Ich bildete mir ein, es käme abermals eine Sintflut, um alles Leben zu vernichten und den menschlichen Unrat von Gottes Erde hinwegzuschwemmen. Es schien, als hätte der Aufruhr der Elemente in Yusifs Herz eine Ruhe erzeugt, wie sie oftmals als Reaktion auf übermäßige Lebendigkeit eintritt und gleichzeitig Einsamkeit in Geselligkeit wandelt. Er zündete zwei Kerzen an, stellte einen Krug Wein vor mich hin und brachte ein Tablett, auf dem Brot, Käse, Oliven und einige getrocknete Früchte lagen. Sodann setzte er sich neben mich, und nachdem er sich für die mangelnde Fülle der Speisen entschuldigt hatte – aber nicht für ihre Einfachheit –, lud er mich ein, ihm Gesellschaft zu leisten.

Schweigsam teilten wir das Mahl und lauschten dem Geheul des Windes und dem Prasseln des Regens. Gleichzeitig betrachtete ich sein Gesicht und versuchte, sein Geheimnis herauszufinden, indem ich alle möglichen Gründe erwog, die seiner ungewöhnlichen Lebensweise zugrunde lagen. Nach dem Essen nahm er einen Kupferkessel vom Feuer und goß duftenden Kaffee in zwei Becher. Dann öffnete er eine kleine Schachtel und bot mir eine Zigarette an. Dabei nannte er mich ›Bruder‹. Ich nahm eine, trank meinen Kaffee und konnte kaum glauben, was ich da zu sehen bekam. Yusif lächelte mich an, und nachdem er einen tiefen Zug getan und einen Schluck Kaffee getrunken hatte, sagte er: »Zweifellos verwundert es dich, daß es hier Wein, Tabak und Kaffee gibt, und sicherlich erstaunt es dich auch, daß ich genügend zu essen habe und über eine gewisse Bequemlichkeit verfüge. Dein Staunen ist gerechtfertigt, denn du bist einer von vielen, die meinen, daß jemand, der fern von den Menschen lebt, auch fern des Lebens steht und deshalb auf alle seine Freuden verzichten muß.« Ich stimmte eilig zu. »Ja«, sagte ich, »die Weisen erzählen doch, daß einer, der sich von der Welt abkehrt, um alleine Gott zu dienen, auch alle Freuden und die ganze Fülle des Lebens hinter sich läßt, mit Gottes einfachen Gaben zufrieden ist und sich ausschließlich von Wurzeln, Beeren und Wasser ernährt.«

Nach einer gedankenschweren Pause erwiderte er: »Ich hätte Gott auch dienen können, solange ich unter seinen Geschöpfen weilte, denn dieser Dienst erfordert keine Einsamkeit. Ich verließ die Menschen nicht, um Gott zu sehen, denn im Hause meines Vaters und meiner Mutter sah ich ihn ständig. Ich ging von den Menschen weg, weil ihr Wesen nicht zu dem meinen paßte und ihre Träume mit meinen nicht übereinstimmten ... Ich trennte mich von ihnen, weil ich spürte, daß das Rad meiner Seele sich in eine einzige Richtung bewegte, gegen die Räder der anderen Seelen schlug und in deren entgegengesetzte Richtung lief. Ich entfernte mich von der menschlichen Kultur, da ich herausfand, daß sie einem alten, dürren Baum gleicht, der stark und furchteinflößend dasteht, mit seinen Wurzeln in das tiefe Dunkel der Erde reicht und mit den Ästen weit über die Wolken hinausragt; seine Blüten aber sind Neid, Laster und Verbrechen und seine Früchte Angst, Jammer und Klagen. Etliche Reformer haben versucht, ihm das Gute aufzupfropfen und seine Beschaffenheit zu verändern, doch sie blieben erfolglos. Enttäuscht, verfolgt und geschlagen starben sie.« Yusif lehnte sich zurück, als wolle er sehen, welchen Eindruck seine Worte auf mich gemacht hatten. Ich hielt es für das beste, ihm weiter zuzuhören. So fuhr er fort: »Nein, ich habe die Einsamkeit nicht aufgesucht, um zu beten und das Leben eines Eremiten zu führen ... denn ein Gebet, das ja der Gesang des Herzens ist, dringt an Gottes Ohr, auch wenn es mit dem Geschrei und Gekreisch Tausender Stimmen vermengt ist. Das Leben eines Einsiedlers zu führen bedeutet, Körper und Seele zu quälen und seine Neigungen zu unterdrücken – eine Daseinsweise, die mir zuwider ist, denn Gott hat unseren Leib als Tempel des Geistes geschaffen, und wir müssen uns des Vertrauens, das Gott in uns setzt, würdig erweisen und es bewahren.

Nein, mein Bruder, ich suchte die Einsamkeit nicht aus Glaubensgründen, sondern allein deshalb, um den Menschen zu entgehen und somit ihren Gesetzen, ihren Lehren und Überlieferungen, ihren Gedanken und Vorstellungen, ihrem Geschrei und Gejammer. Ich suchte die Einsamkeit, um die Gesichter derjenigen nicht mehr sehen zu müssen, die sich selbst verkaufen und zum gleichen Preis etwas erwerben, was geistig und körperlich minderwertiger ist als sie. Ich suchte die Einsamkeit, um jenen Frauen nicht zu begegnen, die stolz und übertrieben lächelnd einherspazieren, während in der Tiefe ihres vielschichtigen Herzens nur *eine* Absicht wohnt.

Ich suchte die Einsamkeit, um mich vor jenen eingebildeten Individuen zu verbergen, die das Bild des gesamten Wissens in ihren Träumen sehen und meinen, damit ihr Ziel bereits erreicht zu haben. Ich floh vor der menschlichen Gesellschaft, um denjenigen aus dem Weg zu gehen, die beim Erwachen nur ein Trugbild der Wahrheit sehen, die Welt aber glauben machen, sie hätten das Wesen des Wahren vollständig erkannt.

Ich verließ die Welt und suchte die Einsamkeit, da ich es leid war, Leuten gegenüber höflich zu sein, die glauben, Menschlichkeit sei eine Art Schwäche und Mitleid eine Form von Feigheit, dagegen aber meinen, Vornehmtuerei hinterlasse einen starken Eindruck.

Ich suchte die Einsamkeit, da meine Seele sich nicht mit denen gleichstellen wollte, die sich ernsthaft einbilden, Sonne, Mond und Sterne würden einzig und allein aus *ihren* Schatzkammern aufsteigen und ausschließlich in *ihren* Gärten untergehen.

Ich lief vor all denjenigen davon, die ein öffentliches Amt erstreben und das irdische Geschick der Menschen zerbrechen, indem sie ihnen goldenen Staub in die Augen streuen und ihre Ohren mit Geschwätz füllen.

Ich verließ die Priester, die nicht nach ihren Glaubensgrundsätzen leben und vom Volk aber das verlangen, was sie selbst nicht erfüllen.

Ich suchte die Einsamkeit, weil ich niemals von einem Menschen eine Gefälligkeit erhielt, wenn ich nicht den vollen Preis mit meinem Herzen bezahlte.

Ich suchte die Einsamkeit, da ich jene große, schreckliche Einrichtung, die man Zivilisation nennt, verabscheue – jene wohlausgewogene Ungeheuerlichkeit, die auf dem nie endenden Unheil des Menschengeschlechts aufgebaut wurde.

Ich suchte die Einsamkeit, denn in ihr tut sich ein erfülltes Leben für Körper, Geist und Seele auf. Ich entdeckte die endlosen Gefilde, auf denen das Licht der Sonne ruht, wo die Blumen ihren Duft verströmen und die Flüsse sich ihren Weg zum

Meer ersingen. Ich fand in den Bergen das jähe Erwachen des Frühlings, das bunte Sehnen des Sommers, die verschwenderischen Lieder des Herbstes und das wunderbare Geheimnis des Winters. Ich gelangte in diese ferne Ecke von Gottes Haus, da ich danach hungerte, die Geheimnisse des Alls zu erforschen und mich dem Throne des Allerhöchsten zu nähern.«

Yusif holte tief Atem, als wäre er von einer schweren Bürde befreit worden. Seine Augen leuchteten seltsam und verzaubert, und auf seinem Antlitz lag der Widerschein von Stolz, Willenskraft und Zufriedenheit.

Ich sah ihn eine kurze Zeit ruhig an und machte mir Gedanken über das, was sich mir enthüllt hatte. Schließlich sagte ich: »Ohne Zweifel habt Ihr in den meisten Dingen, von denen Ihr sprecht, recht und habt Euch gleichzeitig mit Eurer Beurteilung des sozialen Mißstands als guter Diagnostiker erwiesen. Ich bin der Ansicht, daß die kranke Gesellschaft unbedingt eines solchen Arztes bedarf, der sie entweder gesunden läßt oder sie tötet. Diese zerstörte Welt benötigt Eure Beachtung. Ist es demnach recht oder barmherzig, wenn Ihr Euch diesem leidenden Patienten freiwillig entzieht und ihm Eure Hilfe verweigert?«

Er blickte mich gedankenvoll an und sagte dann resigniert: »Seit Anbeginn der Welt haben die Ärzte versucht, die Menschen von ihren Krankheiten zu befreien. Manche benutzten Operationsmesser dazu, andere versuchten es mit Arzneien; doch die Seuche breitete sich unaufhaltsam aus. Mein Wunsch wäre es, daß der Kranke sich damit begnügen würde, in seinem schmutzigen Bett zu bleiben, um über sein ständiges Leiden nachzudenken. Statt dessen jedoch packt er jeden, der ihn besuchen kommt, am Genick und erwürgt ihn fast. Welch eine Ironie! Der böse Patient bringt den Doktor um, dann schließt er die Augen und flüstert: ›Er war ein großartiger Arzt!‹ Nein, mein Bruder, keiner auf Erden vermag es, der Menschheit eine Wohltat zu erweisen. Kein Sämann, so erfahren und geschickt er auch sein mag, kann ein Feld dazu bringen, im Winter zu sprießen.«

»Der Winter der Menschheit wird vorübergehen«, hielt ich ihm entgegen, »und dann kommt der herrliche Frühling. Die

Blumen wachsen gewiß wieder auf den Feldern, und die Bäche springen in den Tälern!«

Er runzelte die Stirn und sagte erbittert: »Ach! Hat Gott denn das Leben des Menschen und damit der gesamten Schöpfung in Jahreszeiten aufgeteilt? Wünscht sich irgendein Volk, das jetzt in Gottes Geist und Wahrheit lebt, auf dem Antlitz dieser Erde wiederzuerscheinen? Wird es jemals eine Zeit geben, in der sich der Mensch an der rechten Hand des Lebens niederläßt und dort auch bleiben kann, um sich am strahlenden Licht des Tages und an der friedlichen Stille der Nacht zu ergötzen? Kann solch ein Traum Wirklichkeit werden, nachdem die Erde mit menschlichem Fleisch übersät und mit Menschenblut getränkt wurde?«

Yusif erhob sich, streckte die Hand gegen den Himmel, als wolle er auf eine andere Welt deuten, und fuhr fort: »Für die Welt ist dies nichts als ein leerer Traum, doch ich finde für mich seine Erfüllung; und was ich hier entdecke, erfaßt jede Faser meines Herzens ebenso wie jede Stelle in den Tälern und auf den Höhen.« Mit erhobener Stimme sprach er: »Das einzige, von dem ich wirklich weiß, daß es wahr ist, ist das Schreien in meinem Innern. Ich lebe hier, doch in den Tiefen meiner Seele herrschen Hunger und Durst. Ich empfinde Freude, wenn ich das Brot und den Wein des Lebens aus den Gefäßen, die ich mit eigener Hand geschaffen habe, genieße. Und deshalb verließ ich die Wohnstätten der Menschen und kam hierher an diesen Ort, an dem ich bis zu meinem Ende bleiben werde.«

Erregt ging er auf und ab, während ich das Gehörte erwog und über seine Beschreibung der klaffenden Wunden in der menschlichen Gesellschaft nachdachte. Erneut wagte ich es, vorsichtig zu widersprechen: »Ich schätze Eure Meinung und Eure Bestrebungen hoch ein und respektiere Euer Verlangen nach Einsamkeit, aber ich weiß auch, daß dieses arme Volk während Eures Exils ein schweres Schicksal ertragen muß, denn es braucht einen verständigen Arzt, der ihm über seine Schwierigkeiten hinweghilft und seine Lebensgeister weckt.«

Kopfschüttelnd sprach er: »Dieses Volk ist wie jedes andere. Alle Menschen sind aus dem gleichen Stoff gemacht und unterscheiden sich nur in ihrem äußeren Erscheinungsbild, was jedoch ohne Belang ist. Das Elend unserer orientalischen Völker ist auch das Elend der Welt, und was du ›westliche Zivilisation‹ nennst, ist nichts anderes als das Trugbild einer tragischen Täuschung.

Heuchelei wird es immer geben, auch wenn ihre Fingerspitzen gefärbt und poliert sind; und der Betrug wird niemals aufhören, selbst wenn die Berührung mit ihm sanft und zart ist. Aus Falschheit wird nimmermehr Wahrheit werden, auch dann nicht, wenn man sie in seidene Gewänder steckt und in einem Palast wohnen läßt. Und aus Neid kann nicht Zufriedenheit werden, genausowenig wie aus Verbrechen Tugend. Die immerwährende Unterdrückung durch Lehren, Sitten und Überlieferung bleibt Knechtschaft, selbst wenn sie ihr Gesicht übermalt und ihre Stimme verstellt. Sklaverei wird Sklaverei bleiben in all ihrer Schrecklichkeit, auch wenn sie sich selbst Freiheit nennt.

Nein, mein Bruder, der Westen steht nicht über dem Osten und ist ihm auch nicht unterlegen, und das, was die beiden voneinander trennt, ist nicht mehr als der Unterschied zwischen Tiger und Löwe. Jenseits der Äußerlichkeit der Gesellschaft habe ich ein wahres und vollkommenes Gesetz gefunden, das zwischen Elend, Wohlstand und Unwissenheit den Ausgleich schafft. Es zieht kein Volk einem anderen vor und unterdrückt auch keine Nation, um dadurch eine andere reicher zu machen.«

»Dann ist Zivilisation gleichbedeutend mit Nichtigkeit«, rief ich aus, »und alles in ihr ist nichtig!« »Ja«, antwortete er rasch, »Zivilisation ist gleichbedeutend mit Nichtigkeit, und alles in ihr ist nichtig … Erfindungen und Entdeckungen sind nichts als Genuß und Bequemlichkeit für den Körper, sobald er müde ist. Der Sieg über die Entfernung und die Eroberung der Meere sind nichts anderes als hohle Früchte, welche die Seele nicht befriedigen, das Herz nicht stärken und den Geist nicht erheben, denn sie entsprechen nicht der Natur. Und jene Strukturen und Theorien, die der Mensch Wissen und Kunst nennt, sind Fesseln und goldene Ketten, die er hinter sich herzieht und an deren hellem Glitzern und volltönendem Klang er sich ergötzt. Es sind mächtige Gefängnisse, dessen Gitter der Mensch schon vor langer Zeit herzustellen begann, ungeachtet der Tatsache, daß er von innen nach außen baute und somit bald für immer sein eigener Gefangener werden würde. Jawohl, nichtig sind die Taten des Menschen und nichtig seine Bestrebungen, und alles auf Erden ist nichtig.« Er hielt kurz inne und fügte dann langsam hinzu: »Unter den Nichtigkeiten des Lebens gibt es nur ein Ding, das strahlend schön ist und ohnegleichen.« »Was ist es?« fragte ich mit zitternder Stimme. Er blickte mich lange an, schloß dann die Augen und legte seine Hände auf die Brust. Und während sein Antlitz aufleuchtete, sprach er mit ernster und überzeugter Stimme: »Es ist das Erwachen im Geiste; es ist das Erwachen im Innersten des Herzens; es ist eine überwältigende und großartige Kraft, die plötzlich in das Bewußtsein des Menschen dringt und ihm die Augen öffnet, so daß er das Leben inmitten einer Symphonie herrlichster Musik wahrnimmt. Es ist von einem hellen Lichterkranz umgeben, und der Mensch steht wie eine Säule der Schönheit zwischen der Erde und dem Firmament. Es ist eine Flamme, die plötzlich inmitten des Geistes auflodert, das Herz versengt und dadurch reinigt, sich über die Erde erhebt und in die unendlichen Weiten des Himmels entschwebt. Es ist eine Gesinnung, die das Innerste des einzelnen umhüllt, so daß er imstande ist, jeder Widersprüchlichkeit entgegenzutreten und sich gegen diejenigen aufzulehnen, die sich weigern, seine tatsächliche Bedeutung zu verstehen. Es ist eine geheimnisvolle Hand, die den Schleier von meinen Augen weggezogen hat, während ich noch ein Glied der menschlichen Gesellschaft war und mit meiner Familie, meinen Freunden und Landsleuten zusammenlebte.

Oftmals fragte ich mich: ›Was bedeutet dieses Universum, und weshalb unterscheide ich mich von den Menschen, die um mich sind; wieso kenne ich sie; wo bin ich ihnen begegnet und weshalb lebe ich bei ihnen? Bin ich ein Fremdling unter ihnen, oder sind sie es, die dieser Erde fremd sind, dieser Erde, die vom Leben eingerichtet wurde und mir den Schlüssel dazu anvertraute?‹«

Plötzlich wurde er still, als ob er sich an etwas erinnerte, was er vor langer Zeit gesehen hatte und das aufzudecken er sich scheute. Er streckte die Arme aus und flüsterte: »Dies alles widerfuhr mir vor vier Jahren, als ich die Welt verließ und an diesen öden Ort kam, um am Erwachen des Lebens teilzuhaben und gute Gedanken und wohltuende Stille zu genießen.« Er ging zur Tür und blickte in die Dunkelheit hinaus, als wolle er sich anschicken, mit dem Sturm zu sprechen. Doch seine Stimme zitterte, als er sagte: »Es ist ein Erwachen inmitten des Geistes; wer es kennt, vermag nicht darüber zu sprechen, und wer es nicht kennt, wird über dieses unwiderstehliche und herrliche Geheimnis des Seins niemals nachdenken.«

Vierter Teil

Eine Stunde war vergangen, Yusif El Fakhri schritt weiterhin im Raum auf und ab, blieb gelegentlich stehen und blickte in den unheimlichen, verdunkelten Himmel hinauf. Ich verhielt mich still und sann über die seltsame Verflechtung von Freude und Leid in seinem einsamen Leben nach.

Schließlich trat er zu mir und blickte mich lange an, als wolle er seinem Gedächtnis das Bild des Mannes einprägen, dem er die tiefsten Geheimnisse seines Lebens enthüllt hatte. Mein Gemüt war voll Unruhe und mein Blick getrübt. Gelassen und mit ruhiger Stimme sprach Yusif: »Ich gehe nun, um mit dem Sturm durch die Nacht zu wandern und so die Darstellung der Natur in der Nähe zu spüren. Ich tue dies vor allem im Herbst und im Winter. Hier hast du Wein und Tabak, fühle dich in dieser Nacht hier in meinem Heim wie bei dir zu Hause.«

Er hüllte sich in einen schwarzen Mantel und fügte lächelnd hinzu: »Schließe bitte die Tür, wenn du am Morgen gehst. Ich möchte nicht, daß jemand hereinkommt, während ich den Tag im Wald der Heiligen Zedern verbringe.« Dann trat er an die Tür, ergriff einen Wanderstab und sagte: »Wenn dich der Sturm wieder einmal überraschen sollte und du in dieser Gegend weilst, zögere nicht, in meiner Klause Zuflucht zu suchen … Ich hoffe aber, du wirst dich selbst dazu erziehen, den Sturm zu lieben und ihn nicht zu fürchten … Gute Nacht, mein Bruder!«

Er öffnete die Tür und ging mit erhobenem Haupt in die Dunkelheit hinaus. Ich schaute ihm nach, um zu sehen, welche Richtung er eingeschlagen hatte, doch er war meinem Blick entschwunden. Kurze Zeit noch vernahm ich den Hall seiner Schritte auf dem steinigen Grund des Tales.

Fünfter Teil

In dieser Nacht bewegten mich viele Gedanken. Als der Morgen kam, war der Sturm vorüber, der Himmel erschien klar, und die Berge und Ebenen wurden von den warmen Strahlen der Sonne erhellt. Auf meinem Weg in die Stadt zurück fühlte ich plötzlich das Erwachen des Geistes, von dem Yusif El Fakhri gesprochen hatte, und es zuckte in jeder Faser meines Bewußtseins. Sicherlich hätte man mein Zittern sehen können. Als ich wieder ruhig wurde, lag alles um mich herum in Schönheit und Vollkommenheit da.

Als ich die lärmende Menschenmenge erreichte, ihr Geschrei vernahm und ihr Treiben sah, hielt ich inne und sprach zu mir: »Es ist wahr, das Erwachen des Geistes ist das Wichtigste im Leben des Menschen und das einzige Ziel seines Daseins. Aber ist nicht die Zivilisation – in welch unglücklichen Formen sie auch auftreten mag – der Hauptantrieb für dieses Erwachen? Denn wie können wir die Existenz einer Sache leugnen, wo doch ihr tatsächliches Vorhandensein der untrügliche Beweis dafür ist, daß sie mit der angestrebten Leistung übereinstimmt? Die gegenwärtige Zivilisation mag ein nichtiges Ziel verfolgen, aber das ewige Gesetz hat dazu eine Leiter zur Verfügung gestellt, deren Sprossen zu einer freien Wesensart führen können.«

Ich sah Yusif El Fakhri niemals wieder, denn infolge meiner Anstrengungen, auf die Leiden der Zivilisation zu achten, hatten mich die Lebensumstände noch im Spätherbst desselben Jahres aus dem Nordlibanon verbannt, und ich war gezwungen, als Vertriebener in einem weit entfernten Land zu leben, in dem die Stürme bereits gebändigt waren. Aber in solch einem Land das Leben eines Einsiedlers zu führen ist eine Art verklärten Wahnsinns, denn die Gesellschaft auch dieses Landes ist krank.

Der erste Blick

Er ist der Zeitpunkt, in dem die Trunkenheit des Lebens durch das Erwachen abgetrennt wird. Er ist die Flamme, die zum erstenmal ins Innerste des Herzens leuchtet, der zauberhafte Klang, der zum erstenmal die silbernen Saiten der Seele erklingen läßt. Es ist der kurze Augenblick, welcher dem Geist die Geschehnisse der Zeit enthüllt und der vor den Augen die Taten der Nacht und die Werke des Bewußtseins ausbreitet. Er eröffnet die Geheimnisse der zukünftigen Ewigkeit. Dies ist der Same, den Ishtar, die Göttin der Liebe, verstreut und den die Augen des geliebten Wesens auf das Feld der Liebe säen, der von der Liebe zum Wachsen und von der Seele zur Frucht gebracht wird.

Der erste Blick der Geliebten ist wie der Geist, der über dem Antlitz des Wassers schwebt und der Himmel und Erde schuf, als der Herr sprach: »Es werde.«

Der erste Kuß

Er ist der erste Schluck aus dem Kelch, der mit dem Nektar des Lebens gefüllt ist. Er bedeutet die Trennung zwischen der Unsicherheit, die den Geist beirrt und das Herz bekümmert, und der Sicherheit, durch die unser Innerstes von Freude erfüllt wird.

Er ist der Anfang des Liedes vom Leben und der erste Akt im Schauspiel des vollkommenen Menschen. Er ist das Band, welches das Geheimnis der Vergangenheit mit dem Glanz der Zukunft eint; das Bindeglied zwischen der Stille der Gefühle und ihren Liedern. Er ist ein Wort, das, von vier Lippen geäußert, dem Herzen einen Thron erbaut, die Liebe zum König ausruft und der Treue eine Krone aufsetzt. Er ist wie die zarte Berührung der Fingerspitzen, sanften Winden gleich, wenn sie die Rose streicheln und einen Seufzer des Glücks und ein holdes Wehklagen hervorrufen.

Er ist der Beginn einer wundervollen Schwingung, welche die Liebenden aus der Welt von Maß und Zahl zu den Gefilden der Träume und Offenbarungen leitet.

Er ist die Vereinigung zweier duftender Blumen und die Vermischung ihres Wohlgeruchs zur Erschaffung einer dritten Seele.

Bedeutet der erste Blick das Saatkorn, das von der Göttin in den Ackerboden des menschlichen Herzens gelegt wird, so stellt der erste Kuß die erste Blüte am Baum des Lebens dar.

Die Ehe

In der Ehe wird durch die Liebe die Prosa des Lebens zu Hymnen und Liedern umgeformt; die Musik dazu wird nachts geschrieben und tagsüber gesungen. Hier zieht die verlangende Liebe den Schleier zurück und erleuchtet die dunklen Kammern des Herzens, indem sie eine Glückseligkeit schafft, die nur von der Wonne der Seele übertroffen wird, wenn sie Gott umarmt.

Die Ehe ist die Vereinigung zweier göttlicher Wesen, damit auf Erden ein drittes geboren werden kann. Sie ist das Aneinanderbinden zweier Seelen in heftiger Liebe, um die Trennung aufzuheben; die höhere Übereinstimmung, die zwei getrennte Einheiten zweier Seelen verbindet; der goldene Ring einer Kette, deren erstes Glied ein Blick und deren letztes die Ewigkeit ist. Sie ist der erfrischende Regen, der vom unbefleckten Himmel fällt, um die Gefilde der göttlichen Natur fruchtbar zu machen und zu segnen.

Bedeutet der erste Blick aus den Augen der Geliebten das Saatkorn, das in das Herz des Menschen gelegt wird, und die erste Berührung ihrer Lippen die erste Blüte am Baum des Lebens, so kann die Verbindung zweier Liebender in der Ehe als die erste Frucht aus der ersten Blüte dieser Saat angesehen werden.

Das Leben der Liebe

Frühling

Komm, Geliebte, laß uns zu den Hügeln wandern,
Denn zu Wasser wird schon der Schnee.
Das Leben erwacht und streift durch Berge und Täler.
Wir wollen den Spuren des Frühlings folgen hinaus auf
die Felder
Und dann die Gipfel der Hügel erklimmen, um über dem
grünen Land
Von unsern Gefühlen ergriffen zu werden.

Der junge Frühling hat nun sein Kleid,
Das er zur Winterszeit verborgen hielt,
Über Pfirsich- und Zitronenbäume gebreitet.
Nun glänzen sie wie Bräute im Festgewand der Nacht
von Kedre.*

Wie Liebende umarmen sich des Weinstocks Triebe,
Die Bäche tanzen über die Felsen
Und stimmen das Lied der Freude an.
Mit einem Male entsprießen der Natur die Blumen
So wie der Schaum der Brandung der übervollen See entquillt.

Komm, o Geliebte! Wir wollen aus dem Kelch der Lilie
Des Winters letzte Tränen trinken,
Und unser Geist wird ruhig werden beim Gesang der Vögel.
Sodann laß uns voll Heiterkeit im Windesrauschen wandern.

---

* Eine Nacht während der moslemischen Fastenzeit, in der Gott – wie man sagt – die Wünsche der Frommen erfüllt.

Wir wollen uns bei diesem Fels,
An dem die Veilchen sich verstecken, lagern;
Und wenn sie süße Küsse tauschen, laß uns es ihnen gleichtun.

Sommer

Laß uns auf die Felder geh'n, Geliebte,
Denn die Zeit der Ernte naht;
Die Sonne führt das Korn der Reife zu.
Laß uns der Erde Früchte pflegen, so wie der Geist
Das Korn der Freude nur aus der Saat der Liebe nährt,
Die tief in unser Herz gestreut ist.
Laß uns die Kammern füllen mit den Geschenken der Natur,
So wie das Leben unsre Herzen füllt mit endloser
 Verschwendung.
Die Blumen sollen unsre Bettstatt sein, der Himmel unsre
 Decke.
Und unser Haupt soll auf dem sanften Grase ruh'n.
Wir wollen nach des Tages Müh' entspannen
Und nur des Baches Murmeln hören.

Herbst

Laß uns hinausgeh'n und die Trauben ernten für die Kelter
Und dann den Wein in alte Krüge füllen,
So wie der Geist der Zeit das Wissen
In ewigen Gefäßen aufbewahrt.

Laß uns ins Haus geh'n, denn die Blätter fallen
Und decken die trockenen Blumen zu,
Die um den Sommer trauern.

Kehr heim, geliebtes Herz, die Vögel sind bereits
In wärmeres Gefild' gezogen und lassen unser kaltes Land
In seiner Einsamkeit zurück.
Jasmin und Myrthe haben keine Tränen mehr.

Laß uns zurückgeh'n, denn der müde Bach hat aufgehört
zu singen,
Der munt'ren Quelle Plätschern ist versiegt,
Das bunte Kleid der alten Hügel weggeräumt.

Komm, o Geliebte! Zu Recht ist die Natur nun müde
Und sagt dem Überfluß Lebwohl
Mit einem ruhigen und zufried'nen Lied.

Winter

Komm her zu mir, Gefährtin meines reichen Lebens,
Komm nah heran und laß den Winterhauch
Nicht zwischen uns! Setz dich zu mir an unsern warmen
Herd:
Das Feuer ist des Winters einz'ge Frucht.

Erzähle von der Herrlichkeit des Herzens,
Denn sie ist stärker als die schrillen Elemente
Vor unsrer Türe draußen.
Verschließ das Tor, verriegle alle Fenster,
Der Zorn des Himmels drückt auf meinen Geist!
Und wenn ich auf die schneebedeckten Felder schaue,
Muß meine Seele weinen.

Gieß in die Lampe Öl und laß sie nicht erlöschen,
Und stell sie neben dich, damit ich unter Tränen lesen kann,
Was dir das Leben ins Gesicht geschrieben hat.
Hole den neuen Wein herbei und laß uns trinken!
Wir wollen das Lied der Erinnerung singen und dabei
gedenken
Des sorglosen Säens im Frühling, der achtsamen Pflege
im Sommer
Und des reichen Lohns der Ernte im Herbst.

Komm her zu mir, Geliebte! Das Feuer erlischt
Und wird bald nur Asche sein.
Umarme mich, ich fürchte die Einsamkeit.

Der Schein der Lampe wird schwach, und der Wein,
Den wir gekeltert, läßt uns ermüden.
Wir wollen einander anseh'n, bevor wir die Augen schließen.
Halte mich fest und umarme mich!
Laß über unsre vereinigten Seelen den Schlummer kommen!
Küsse mich, denn der Winter hat alles gestohlen,
Nur die Biegsamkeit unserer Lippen nicht.

Wie nah du mir bist, o Ewigkeit!
Wie tief wird das Meer des Schlafes sein,
Und wie weit entfernt ist der Morgen!

Die Schöpfung

Gott trennte einen Teil seines Wesens von sich ab, stattete die neue Schöpfung mit Schönheit aus und segnete sie mit Güte und Freundlichkeit.

Dann reichte er ihr den Kelch der Glückseligkeit und sprach: »Trinke aus diesem Kelch nur dann, wenn du Vergangenheit und Zukunft vergessen hast, denn das Glück ist ein Produkt des Augenblicks.«

Und er reichte ihr den Kelch der Trauer und sprach: »Wenn du aus diesem Kelch trinkst, wirst du begreifen, warum die Freuden des Lebens so schnell vergehen, die Trauer jedoch im Überfluß vorhanden ist.«

Und Gott verlieh ihr die Liebe, die sie beim ersten Seufzer der Zufriedenheit für immer verlassen würde, und er schenkte ihr die Anmut, die beim geringsten Anzeichen von Schmeichelei schwinden sollte.

Er schenkte ihr die Weisheit des Himmels, um sie auf den rechten Weg zu führen, und in die Tiefe ihres Herzens setzte er ein Auge, um es ihr zu ermöglichen, auch das Unsichtbare zu sehen; und er weckte in ihr eine leidenschaftliche Hingabe an alle Dinge.

Er kleidete sie in das Gewand der Hoffnung, das die Engel aus den Streifen des Regenbogens gefertigt hatten; und er hüllte sie in den dunklen Mantel der Verwirrung, der den Dämmerzustand des Lebens und des Lichtes hervorruft.

Dann nahm Gott das verzehrende Feuer aus dem Schmelzofen des Zorns, den sengenden Wind aus der Wüste der Unwissenheit, rauhen Sand von der Küste der Selbstsucht und grobe Erde, die unter dem Fuß der Zeit lag – all dies mengte er zusammen und erschuf den Menschen.

Er verlieh ihm eine blinde Kraft, die wütet und in den Wahnsinn treibt und erst nach der Erfüllung eines Wunsches erlischt. Und er erweckte das Leben im Menschen mit der Vielfalt des Todes.

Und Gott lächelte und weinte. Er fühlte eine überströmende Liebe für den Menschen und gleichzeitiges Erbarmen – und deshalb stellte er ihn unter seinen Schutz.

Zwischen der Nacht und dem Morgen

Sei ruhig, mein Herz,
Das All kann dich nicht hören.
Sei ruhig, die Luft ist voller Klagen
Und hat für deine Lieder keinen Raum.

Sei ruhig, die nächtlichen Phantome
Beachten dein geflüstertes Geheimnis nicht;
Und auch die Reigen dunkler Schatten
Halten nicht vor deinen Träumen.

Sei ruhig, mein Herz, es dämmert bald;
Denn wer geduldig auf den Morgen wartet,
Wird ihn auch finden, und wer das Licht liebt,
Wird vom Lichte auch geliebt.

Sei ruhig, mein Herz, und hör mir zu!
Im Traume sah ich eine Nachtigall,
Die über dem Feuerschlund eines Vulkans
Ihr Lied sang; und ich erblickte eine Lilie,
Die aus dem Schnee heraus ihr Haupt erhob.
Ich nahm eine Paradiesjungfrau wahr,
Die nackt inmitten der Gräber tanzte.
Ich sah ein Kind mit Totenschädeln spielen;
Und dabei lachte es.

All diese Bilder konnte ich in meinem Traum erkennen.
Als ich jedoch erwachend um mich schaute,
Merkte ich, daß der Vulkan noch immer rauchte,
Die Nachtigall jedoch war nicht zu hören,
Und auch zu sehen war sie nicht.

Ich sah den Himmel Schnee auf Felder
Und auf Täler streuen, und unter seiner weißen Decke
Versteckte er die Lilien. Und in der Stille der
Vergangenheit entdeckt' ich eine Reihe Gräber,
Doch niemand tanzte oder betete in ihrer Mitte.
Auch einen Haufen Knochen konnt' ich finden,
Jedoch es lachte nur der Wind.

Als ich erwachte, sah ich Gram und Leid.
Was war denn mit der Freude und der Süße
Meines Traums geschehen? Wohin war seine Schönheit
Nun entschwunden? Auf welche Weise
Haben sich die Bilder aufgelöst?

Kann eine Seele denn geduldig sein,
Solange sie der Schlaf mit Phantasien
Voll Hoffnung und Verlangen stärkt?

Gib acht, mein Herz, vernimm meine Geschichte:
Gestern noch glich meine Seele einem Baum,
Der seine Wurzeln tief ins Erdreich streckte
Und dessen Äste die Unendlichkeit erreichten.
Im Frühling blühte meine Seele
Und trug im Sommer Früchte.

Sobald der Herbst kam, sammelte ich diese Früchte ein
Und legte sie auf eine Silberschale.
Ich stellte sie für die Passanten an den Straßenrand;
Ein jeder, der vorüberkam, nahm eine Frucht
Und ging zufrieden weiter.

Doch als der Herbst vergangen war,
Und als aus seiner Wonne Klage wurde,
Sah ich, daß in der Schale noch eine Frucht geblieben war.
Ich nahm sie mir und aß sie auf.
Jedoch sie schmeckte bitterer als Galle
Und war so sauer wie ungereifte Trauben.
Da sagte ich: »Weh mir, ich habe einen Fluch
Den Menschen in den Mund gelegt und ihnen Leid gebracht!

Was hast du mit dem süßen Saft gemacht, o Seele,
Den deine Wurzeln aus der Erde sogen?
Und mit dem Duft, den du vom Himmel nahmst?«
Voll Zorn riß ich den alten, starken Baum
Mit allen seinen Fasern aus der tiefen Erde.

Ich riß ihn fort von der Vergangenheit
Und nahm ihm die Erinnerung an tausend Lenze
Und tausendfachen Herbst. Ich pflanzte ihn
An eine and're Stelle. Da stand er nun
In einem Feld weitab vom Pfad der Zeit.
Am Tag und in der Nacht war ich in Kümmernis
Um ihn und sagte mir: »Die Wachsamkeit
Wird uns den Sternen näher bringen.«

Mit Blut und Tränen goß ich ihn und sagte:
»Würzig ist das Blut und süß die Tränen.«
Und als der Frühling wiederkam,
Begann mein Baum zu blühen.
Im Sommer trug er Früchte, und im Herbste
Sammelte ich alle in einer gold'nen Schale.
Und wieder stellte ich sie an die Straße;
Doch keiner, der vorbeiging, wollte eine haben.

Da nahm ich eine Frucht und führte sie an meine Lippen
Und stellte fest, daß sie so süß wie Honig war,
Berauschend wie der Wein aus Babylon und duftend wie
Jasmin.
Ich rief: »Die Menschen wollen keine Wohltat haben
In ihrem Munde und im Herzen keine Wahrheit,
Denn die Wohltat ist der Tränen Tochter,
Und die Wahrheit ist der Sohn des Blutes.«

Ich verließ die laute Stadt und setzte mich
Im Schatten des Baumes meiner Seele nieder,
Der einsam auf dem Felde wuchs, das weit entfernt
Vom Pfad des Lebens liegt.

Sei ruhig, mein Herz, bis sich der Morgen naht;
Sei ruhig und vernimm meine Geschichte:
Meine Gedanken waren gestern noch einem Boote gleich,
Das auf den Wogen des Meeres dahinfuhr;
Es ließ sich vom Wind von einer Küste zur anderen tragen.
Auf meinem Boot gab es nichts außer sieben Gefäßen,
Und in jedem davon war eine Farbe des Regenbogens enthalten.
Als ich es leid war, mich auf dem Antlitz der See
Fortzubewegen, sprach ich zu mir:
»Ich will mit dem leeren Boot meiner Gedanken
Zurückkehren auf die Insel meiner Geburt.«

Und ich bestrich mein Boot so gelb wie die Sonne
Und grün wie das Herz des Frühlings.
Es bekam ein Blau wie der Himmel
Und das Rot einer Anemone.
Auf den Mast und die Ruder malte ich bunte Figuren,
Sie sollten die Aufmerksamkeit fesseln und das Auge blenden.
Als ich mit meiner Arbeit fertig war,
Schien mein Boot die Vision eines Sehers zu sein,
Die zwischen zwei endlosen Räumen segelte,
Zwischen Himmel und Meer.

Endlich betrat ich die Insel, wo ich geboren war.
Im Hafen schon wurd' ich mit fröhlichen Liedern empfangen.
Die Menschen führten mich in die Stadt,
Sie sangen und schlugen das Tamburin.

Diesen Empfang gab es nur,
Weil mein Boot schön bemalt war;
Doch keiner kam, um das Inn're zu sehen.
Es fragte auch keiner, was ich gebracht
Von jenseits der See.
Und niemand nahm wahr, daß das Schiff leer war,
Denn der äußere Schmuck blendete alle.
Daraufhin sagte ich mir:

»Ich habe das Volk in die Irre geführt;
Mit sieben Töpfen voll Farbe täuschte ich es.«

Ich bestieg das Boot meiner Gedanken erneut
Und setzte die Segel.
Ich besuchte die Inseln des Ostens
Und sammelte Myrrhe, Weihrauch und Sandelholz;
Und alles brachte ich auf mein Boot …
Ich durchstreifte die Inseln des Westens
Und fand kostbares Elfenbein,
Rubine, Smaragde und seltene Steine …
Ich fuhr zu den Inseln des Südens und nahm
Glänzende Schwerter, Speere und allerlei Waffen mit …
Ich belud das Boot meiner Gedanken
Mit den erlesensten und kostbarsten Dingen der Welt.

Dann segelte ich wieder zurück
Zu der Insel meiner Geburt und dachte:
»Die Menschen werden mich abermals rühmen,
Aber diesmal mit ehrlichem Grund,
Und sie werden mich in die Stadt führen
Und meine Leistungen würdigen.«

Doch als ich den Hafen erreichte,
War niemand erschienen, der mich willkommen hieß …
Ich ging durch die Straßen meines früheren Ruhms,
Doch keiner würdigte mich eines Blicks …
Ich stellte mich auf den Marktplatz
Und sprach zu den Menschen von den Schätzen
Auf meinem Boot; doch sie lachten mich aus
Und nahmen keine Notiz von mir.

Ich kehrte zum Hafen zurück,
Tief enttäuscht und mit verwirrtem Herzen.
Und als ich mein Boot in Augenschein nahm,
Bemerkte ich etwas, das mir während der Reise
Entgangen war. – »Die Wogen der See«, rief ich,
»Haben die Farben und die Figuren,
Mit denen das Schiff verziert war, weggeschwemmt;

Nun sieht es aus wie ein Skelett!«
Tatsächlich hatten Wind und Wellen und die Sonnenglut
Bewirkt, daß des Bootes bunte Farben verschwanden.
Es sah nun aus wie ein zerlumptes graues Kleid.
Inmitten der Schätze hatte ich die Veränderung
Gar nicht bemerkt, denn durch den Inhalt des Schiffes
War dieses Mal *ich* geblendet worden.

Ich hatte die wertvollsten Dinge der Erde gesammelt,
Setzte sie in einer schwimmenden Kiste aufs Meer
Und war damit zu meinem Volke gesegelt.
Doch die Menschen verachteten mich
Und konnten mich nicht sehen, denn ihre Augen
Waren zuvor mit leerem Glanz geblendet worden.
Zu dieser Stunde verließ ich das Boot meiner Gedanken
Und suchte die Stadt der Toten auf.
Dort setzte ich mich inmitten der Gräber nieder
Und versenkte mich in ihr Geheimnis.

Sei ruhig, mein Herz, bis die Dämmerung kommt.
Sei ruhig, denn der rasende Sturm lacht
Über dein Flüstern und die Höhlen der Täler
Verschlucken das Echo deiner schwingenden Saiten.

Sei ruhig, mein Herz, bis der Morgen sich naht.
Denn wer sein Kommen geduldig erwartet,
Wird bei Anbruch des Tages
Den Lohn der Liebe erhalten.

Es dämmert bereits. Sage mir,
Ob du bereit bist, mein Herz.
Der Morgen naht … Weshalb sprichst du nicht?
Hat nicht die Stille der Nacht
Ein Lied in dir hinterlassen,
Mit dem du den Morgen begrüßt?

Hier erheben sich nun Schwärme von Tauben,
Und die Nachtigall fliegt in das Tal zurück.
Bist du imstand, mit den Vögeln zu fliegen,

Oder hat dir die schreckliche Nacht
Deine Flügel gebrochen?
Die Schäfer lassen die Herden aus ihren Zäunen heraus;
Hat dir das nächtliche Trugbild noch Kraft gelassen,
Um ihnen hinaus auf die saftigen Wiesen zu folgen?
Die jungen Männer und Frauen eilen bereits in den
    Weinberg;
Wirst du es ihnen auch gleichtun können?
Steh auf, mein Herz, und geh mit dem Morgen,
Denn die Nacht ist vorbei, und die Furcht vor der
    Dunkelheit
Hat sich mitsamt ihren schwarzen Gedanken
Und ihren gespenstischen Träumen verflüchtigt.

Steh auf, mein Herz, und singe,
Denn wer den Morgen nicht mit einem Lied begrüßt,
Ist und bleibt ein Kind der Dunkelheit.

Das Göttliche im Menschen

Als der Frühling erwachte und die Natur sich in der Sprache der Bäche und Flüsse und durch das Lächeln der Blumen vernehmen ließ, war die menschliche Seele voll Glück und Zufriedenheit.

Plötzlich jedoch geriet die Natur in Zorn und zerstörte die schöne Stadt. Da vergaß der Mensch ihr Lachen, ihre Lieblichkeit und ihre Güte.

Eine blind wütende und furchterregende Kraft hatte in einer Stunde zerstört, was in Generationen errichtet worden war. Gnadenloser Tod ergriff Mensch und Tier mit seinen Klauen und streckte sie nieder.

Verheerende Feuer verschlangen die Bewohner und ihre Habe; tiefschwarze und angsteinflößende Nacht verhüllte die Schönheit des Lebens unter einem Leichentuch aus Asche. Die Elemente wüteten fürchterlich und vernichteten die Menschen, ihre Wohnstätten und alles, was sie geschaffen hatten.

Inmitten dieser furchtbaren Zerstörung, die aus dem Inneren der Erde kam, inmitten all des Elends und der Ruinen stand die arme Seele, betrachtete das Geschehen und erwog betrübt die Schwachheit des Menschen gegenüber der Allmacht Gottes. Sie machte sich Gedanken über den Feind des Menschen, der sich in den tiefsten Erdschichten und in den höchsten luftigen Höhen verbarg. Sie hörte das Klagen der Mütter und der hungrigen Kinder und nahm Anteil an ihrem Leid. Die Barbarei der Elemente und die Schwachheit der Menschen ließen sie daran denken, wie diese gestern noch im Schutze ihrer Häuser geschlafen hatten und heute als heimatlose Flüchtlinge um ihre prächtige Stadt klagten, Freude sich in Kummer und ihr Friede sich in Krieg gekehrt hatten. Sie litt mit den gebrochenen Herzen, welche von den eisernen Klauen der Trauer, Not und Verzweiflung gepackt worden waren.

Grübelnd und leidend stand die Seele da und zweifelte an

der Gerechtigkeit des göttlichen Gesetzes, durch das alle Kräfte dieser Welt zusammengehalten werden, und sie flüsterte: »In der ganzen Schöpfung existiert eine ewige Weisheit, die Vernichtung und Zerstörung verursachen kann, aber auch unendliche Schönheit hervorbringt. Feuer, Donner und Sturm gehören zur Erde so wie Neid, Haß und Niedertracht zum Menschen.«

Während das trauernde Volk den Himmel mit Seufzen und Klagen erfüllte, besann ich mich in der Erinnerung all der Mahnungen, Unglücksfälle und dramatischen Geschehnisse, die auf der Bühne der Zeit aufgeführt worden waren.

Ich sah die Menschen im Laufe der Geschichte Türme, Paläste, Städte und Tempel auf dem Antlitz der Erde errichten; und ich sah, wie sich die Erde in ihrer Wut daraufstürzte und sie in ihren Schoß zurückwarf.

Ich habe kräftige Männer gesehen, die uneinnehmbare Festungen errichteten, und ich beobachtete Künstler, die diese Mauern mit Gemälden verschönerten. Und dann sah ich, wie die Erde sich auftat, ihren Rachen weit aufsperrte und alles verschlang, was kunstfertige Hände und kluge Köpfe geschaffen hatten.

Da wußte ich, daß die Erde einer wunderschönen Braut gleicht, die keinerlei Juwelen von Menschenhand braucht, um ihre Anmut zu erhöhen, sondern daß sie zufrieden ist mit dem grünen Gras ihrer Felder, dem goldenen Sand ihrer Gestade und den kostbaren Steinen ihrer Berge.

Und ich sah auch den Menschen, der unter allen Lebewesen als auserwählt gilt. Wie ein Riese stand er inmitten von Wut und Zerstörung und verhöhnte die Erde in ihrem Zorn und spottete über die Wut der Elemente. Er stand wie ein Leuchtturm zwischen den Trümmern von Babylon, Ninive, Palmyra und Pompeji und sang den Lobgesang seiner Unsterblichkeit:

Mag die Erde nehmen,
was ihr gehört;
ich, der Mensch, bin ohne Ende.

Lied des Schicksals

Der Mensch und ich sind Liebende,
Und Sehnsucht treibt uns zueinander.
Doch ach! Ein Gegenspieler steht dazwischen
Und will uns Unheil bringen.
Er ist sehr grausam und besitzergreifend,
Und leere Köder legt er aus:
Es ist der irdische Besitz.
Er folgt uns nach, wo wir auch hingeh'n,
Und blickt uns wie ein Wächter an,
Bringt Unrast über den Geliebten.

Ich suche meinen Freund im Walde,
Unter den Bäumen und am See.
Doch kann ich ihn nicht finden,
Denn irdischer Besitz
Hat ihn in den Lärm der Stadt gelockt
Und ihn auf einen Thron
Metall'ner Reichtümer gesetzt.

Ich rufe ihn mit der Erkenntnis Stimme
Und mit der Weisheit Lied.
Er aber hört mich nicht,
Denn irdischer Besitz
Hat ihn dorthin geführt,
Wo Geiz und Sehnsucht ihre Wohnung haben.

Ich such' ihn auf dem Felde der Zufriedenheit,
Doch bleibe ich auch dort allein.
Denn mein Rivale hat den Freund
Zu Unersättlichkeit und Gier gesperrt
Und hält ihn dort mit gold'nen Ketten fest.

Ich rufe in der Morgendämmerung
Beim ersten Lächeln der Natur.
Jedoch er hört mich nicht,
Denn Übermaß hat seine schwer berauschten Sinne
Mit krankhaft tiefem Schlaf beschwert.

Zur Zeit der Abenddämmerung
Versuch' ich, ihn zu überreden,
Wenn Stille herrscht und alle Blumen ruh'n.
Jedoch ich höre nichts von ihm,
Denn seine Angst vor dem, was morgen ist,
Verdunkelt sein Gehirn.

Ich weiß, er sehnt sich, mich zu lieben,
Und all sein Tun verlangt nach mir;
Doch findet er mich nur in Gottes Taten.
Er sucht mich in den Tempeln seines Ruhms,
Die er auf den Gebeinen anderer errichtet hat,
Und zwischen seinen Gold- und Silberbergen
Ruft er mir leise zu.
Doch kann er mich nur finden,
Wenn er zum Hause der Bescheidenheit gelangt,
Das Gott am Strom der Leiden aufgerichtet hat.

Er bittet mich, den sagenhaften Schatz mit ihm zu teilen,
Doch ich will nicht vom gottgegeb'nen Weg abweichen,
Will das Gewand der Schönheit nicht verlieren.
Er sucht nach einem Mittelweg voll Täuschungen,
Ich suche nur den Weg zu seinem Herzen.
Er quetscht sein Herz in enge Zelle,
Ich möcht' es gern mit meiner Liebe weiten.

Mein Liebster hat gelernt, wie er nach meinem Feinde,
Dem irdischen Besitze, rufen muß.
Ich aber will ihn lehren, mit seiner Seele Augen
Des Mitleids Tränen zu vergießen
Und dabei Seufzer der Zufriedenheit zu äußern.
Der Mensch ist mein Geliebter;
Ich möchte ihm zu eigen sein.

Eine Vision

Mitten auf dem Felde, in der Nähe eines Flusses mit kristallklarem Wasser, erblickte ich einen Vogelkäfig, der offenbar von Meisterhand gefertigt worden war. In einer Ecke dieses Käfigs lag ein toter Vogel; in einer anderen standen zwei Schalen, die eine für Wasser, die andere für Körner; doch beide waren leer. Ich blieb ehrerbietig stehen, als würden der tote Vogel und das Rauschen des Flusses Ruhe und Andacht verlangen und der Prüfung und Betrachtung durch Herz und Sinne würdig sein.

Als mein Blick und meine Gedanken wieder klar waren, stellte ich fest, daß das arme Geschöpf verdurstet und verhungert war, obwohl es neben einem Fluß und inmitten eines fruchtbaren Feldes, der Wiege des Lebens, sich aufgehalten hatte. Es glich einem reichen Manne, der in seinem eisernen Tresor eingesperrt ist und umgeben von all seinem Gold Hungers stirbt.

Plötzlich sah ich, wie sich der Käfig vor meinen Augen in ein menschliches Skelett verwandelte. Der tote Vogel nahm die Gestalt eines Menschenherzens an, das aus einer tiefen Wunde blutete; doch diese Wunde ähnelte den Lippen einer klagenden Frau, und eine Stimme drang heraus, die sprach: »Ich bin das menschliche Herz. Ich bin gefangen im irdischen Sein und bin ein Opfer irdischer Gesetze.

Im göttlichen Feld der Schönheit, am Ufer des Lebensflusses, bin ich in einen Käfig von Vorschriften gesperrt, die von Menschen geschaffen wurden.

Ich sterbe inmitten der herrlichen Schöpfung, weil sich niemand um mich kümmerte, und weil ich abgehalten wurde, die Freigebigkeit Gottes zu genießen.

Alles Schöne, das meine Liebe und mein Verlangen weckt, bedeutet gemäß der menschlichen Meinung Schande, und alles Gute, nach dem ich mich sehne, gilt nichts nach deren Beurteilung.

Ich bin das verlorene Herz des Menschen, das in den schmutzigen Kerker seiner Verordnungen eingesperrt und mit Fesseln irdischer Macht angekettet wurde. Ich sterbe und werde von der lachenden Gesellschaft vergessen, deren Zunge gebunden ist und in deren Augen keine Tränen zu entdecken sind.«

All diese Worte vernahm ich, und ich sah, wie sie mit einem Strom immer dünner werdenden Blutes aus dem verwundeten Herzen flossen; aber der Schleier vor meinen Augen und das Schreien meiner Seele hinderten mich daran, noch mehr zu sehen und zu hören.

Geheimnisse des Herzens

So wie der Tod das Leben umhüllt, bedeckten die Schwingen der nächtlichen Stille ein prächtiges Haus. Drinnen saß eine junge Frau an einem Tisch aus Elfenbein, stützte ihr schönes Haupt in die Hände und glich auf diese Weise einer welkenden Lilie, deren Blüten sich abwärts neigen. Ziellos blickte sie im Raum umher, denn sie fühlte sich unglücklich wie eine Gefangene und versuchte, die Wände ihres Kerkers mit den Augen zu durchdringen, um mitansehen zu können, wie das Leben im Triumphzug der Freiheit vorüberzog.

Die Stunden vergingen wie die Schatten der Nacht und waren erfüllt von der Trauer dieser jungen Frau, die unter dem Strom ihrer Tränen die qualvolle Einsamkeit spürte. Als sie den Druck des Leids nicht länger ertragen konnte und merkte, daß die verborgenen Geheimnisse des Herzens vollends Besitz von ihr ergriffen, nahm sie die Feder, und während sich ihre Tränen mit der Tinte vermischten, begann sie zu schreiben:

»Meine geliebte Schwester,

Wenn sich im Innersten Geheimnisse ansammeln und die Augen vom Weinen zu brennen beginnen, wenn die Brust zerbersten möchte, weil sie die wachsende Einengung des Herzens nicht mehr erträgt, dann kann man für solch einen Irrgarten nur den Vergleich mit einer Welle finden, die an einen Felsen brandet. Traurige Menschen empfinden Lust beim Klagen, den Liebenden widerfährt im Traum Ruhe und Trost, und der Unterdrückte verspürt Wonne, sobald er Zuneigung erhält. Ich schreibe Dir heute, denn ich fühle mich wie ein Dichter, der sich schöne Dinge vorstellt und ihren Eindruck in Verse kleidet, weil eine göttliche Macht ihn dazu treibt. Ich bin wie das Kind eines Armen, das nach Nahrung schreit, weil es der Hunger dazu veranlaßt; dabei nimmt es keine Rücksicht auf das Los seiner armen, sorgenden Mutter und ihr Leid.

Höre meine schmerzliche Geschichte, liebe Schwester, und

weine mit mir, denn das Weinen gleicht dem Gebet und die Tränen des Mitleids bedeuten Erbarmen, stammen sie doch aus einer lebendigen, fühlenden Seele und werden nicht nutzlos vergossen.

Es war der Wille meines Vaters, daß ich einen vornehmen, reichen Mann heirate. Mein Vater handelte wie die meisten Reichen, deren einziges Lebensziel darin besteht, ihren Wohlstand zu vergrößern, aus Angst vor Armut noch mehr Geld in ihren Schatztruhen anzuhäufen und sich durch Großzügigkeit beim Adel einzuschmeicheln, um gegen schlechte Zeiten gerüstet zu sein. Ich wurde mit all meiner Liebe und meinen Träumen das Opfer auf einem verhaßten goldenen Altar und erwarb ein Ansehen, das ich verschmähe. Ich achte meinen Gatten, denn er ist großzügig und gütig zu allen. Er ist bestrebt, mich glücklich zu machen, er verschwendet sein Gold, um mein Herz zu erfreuen, doch ich habe herausgefunden, daß all dies nicht soviel wert ist wie ein einziger Augenblick wahrer, göttlicher Liebe. Lach nicht über mich, liebe Schwester; ich weiß genau, was das Herz einer Frau braucht – dieses klopfende Herz, das wie ein Vogel im unendlichen Himmel der Liebe schwebt… Es gleicht einem Gefäß, das mit dem Wein der Vergangenheit gefüllt ist, der für die dürstenden Seelen gekeltert wurde… Es gleicht einem Buch, auf dessen Seiten die Kapitel über Glück und Unglück, Freude und Leid und über Lachen und Weinen geschrieben wurden; aber niemand vermag dieses Buch zu lesen außer dem wahren Gefährten, der die andere Hälfte der Frau ist und der für sie geschaffen wurde am Anbeginn der Welt.

Ich wurde unter vielen Frauen sehr bekannt, sowohl durch das Streben meiner Seele als auch durch die Überzeugung meines Herzens, denn ich merkte, daß meine prächtigen Pferde, die herrlichen Kutschen, meine glitzernden Schätze und mein erlauchter Adelstitel nicht soviel bedeuten wie der Blick eines armen jungen Mannes, der geduldig wartet und die Schläge der Verbitterung und der Not erleidet. Dieser Jüngling wird vom grausamen Willen meines Vaters unterdrückt und ist im engen und trübsinnigen Gefängnis des Lebens eingesperrt…

Versuche bitte nicht, mich zu trösten, denn das Unheil, durch das ich die Kraft meiner Liebe erkannt habe, ist mein größter Trost. Nun blicke ich durch meine Tränen hindurch und warte darauf, daß der Tod kommt und mich dorthin führt, wo ich den Gefährten meiner Seele treffen und umarmen werde, so wie ich es vor unserem Eintritt in diese fremde Welt tat.

Denke nicht schlecht von mir, ich erfülle meine Pflicht als treue Ehefrau und komme in Ruhe und Geduld den Gesetzen und Vorschriften der Menschen nach. Ich verehre meinen Gatten mit meinem Gefühl, achte ihn mit meinem Herzen und schätze ihn mit meiner Seele. Aber es gibt etwas, das mich von ihm abhält, denn Gott überließ einen Teil von mir meinem Geliebten, noch ehe ich ihn kannte. Der Himmel wollte, daß ich mein Leben mit einem Mann verbringe, der nicht für mich bestimmt ist, doch ich vergeude mein Leben, wenn ich in stiller Ergebenheit seinen Willen erfülle. Wenn sich die Tore der Ewigkeit nicht auftun, bleibe ich mit meiner halben Seele zurück und schaue auf die Vergangenheit, welche gleichzeitig diese Gegenwart ist. Ich werde auf das Leben blicken wie der Frühling auf den Winter und die Hindernisse des Lebens betrachten wie jemand, der nach einem rauhen Pfad den Gipfel des Berges erreicht hat.«

An dieser Stelle hörte die junge Frau zu schreiben auf, schlug die Hände vor das Gesicht und weinte bitterlich. Ihr Herz weigerte sich, seine heiligsten Geheimnisse der Feder anzuvertrauen. Und so suchte sie Trost bei ihren Tränen, die sich rasch auflösten und mit der milden Luft vermengten, dort, wo die Seelen der Liebenden und die Geister der Blumen ihre Zuflucht finden.

Nach einer Weile griff sie erneut zur Feder und schrieb: »Erinnerst Du Dich an diesen Jüngling? Siehst Du noch seine strahlenden Augen und auch die Anzeichen von Trauer auf seinem Antlitz? Hörst Du noch das Lachen, das wie das Weinen einer Mutter klang, die man von ihrem einzigen Kinde wegreißt? Vernimmst Du noch seine klare Stimme, die wie das Echo aus einem weit entfernten Tal klang? Siehst Du noch, wie er dasaß und nachdenklich und sehnsuchtsvoll auf seine Umgebung blickte und mit seltsamen Worten sprach und wie er sein Haupt neigte und seufzte, als fürchtete er, die Geheimnisse seines großen Herzens zu offenbaren? Erinnerst Du Dich an seine Träume und Vorstellungen? Weißt Du, daß all dies einem Jüngling innewohnt, den die Menschheit zu ihren Kindern zählt, auf den aber mein Vater mit Hochmut hinabblickt, obgleich jener weit über dem irdischen Streben steht und edler ist als jeder ererbte Adel?

Du weißt, liebe Schwester, daß ich in dieser kleinen Welt eine Märtyrerin und ein Opfer der Unwissenheit bin. Wirst Du Verständnis haben für eine Frau, die in der Stille dieser entsetzlichen Nacht ihr eigenes Ich ausgießt und Dir die Geheimnisse ihres Herzens offenbart? Ich bin sicher, Du wirst mich verstehen, denn ich weiß, daß die Liebe auch Dein Herz heimgesucht hat.«

Es graute schon der Morgen, als sich die junge Frau dem Schlummer überließ und hoffte, süßere und sanftere Träume zu finden als diejenigen, die ihr im Wachsein beschieden waren.

Das Brautbett*

Das Brautpaar verließ den Tempel, Kerzenträger schritten voran, und die Priester und Freunde folgten. Junge Männer und Frauen begleiteten den Hochzeitszug mit ihrem Gesang, und der Himmel war erfüllt von Liedern des Glücks.

Als der Zug das Haus des Bräutigams erreicht hatte, nahm das jungvermählte Paar in einem großen Gemach auf erhöhten Sitzen Platz. Die Festgäste ließen sich auf seidenen Kissen und Ruhebetten aus Samt nieder, und der Raum war voll von Menschen, die ihre Glückwünsche darbringen wollten. Die Diener reichten Speisen und Getränke, und die Feiernden begannen, auf das Wohl des Paares zu trinken. Während die Musiker ihren Instrumenten einschmeichelnde Töne entlockten und der Klang der Gläser sich den Schlägen des Tamburins anpaßte, führten die Mädchen einen anmutigen Tanz auf und bewegten ihre biegsamen Glieder zu den Klängen der Musik. Die Zuschauer betrachteten in heiterer Stimmung das Geschehen und sprachen dem Weine immer mehr zu.

Einige Stunden später hatte sich die Szene von einer fröhlichen und vergnügten Hochzeitsfeier in ein derbes Trinkgelage gewandelt: Hier ist ein junger Mann, der das ganze Gefühl seines Herzens verströmt und einem reizvollen Mädchen seine augenblickliche, jedoch fragliche Liebe offenbart; dort ist ein anderer Jüngling, der einer Frau Schmeicheleien sagen will, aber Schwierigkeiten hat, die schön zurechtgelegten Worte über seine vom Wein betäubte Zunge zu bringen. Ab und zu vernimmt man einen älteren Mann, der die Musikanten drängt, ein bestimmtes Lied aus seiner Jugendzeit zu spielen. In einer anderen Gruppe macht eine Frau einem Mann schöne

* Diese Geschichte ereignete sich gegen Ende des 19. Jahrhunderts im Nordlibanon und wurde mir von jemandem zugetragen, der mit einer der handelnden Personen verwandt war und die beschriebenen Vorgänge selbst miterlebte.

Augen, aber dieser starrt voll Leidenschaft auf ihre Nebenbuhlerin. In einer Ecke betrachtet eine grauhaarige Frau lächelnd die Mädchen und versucht, unter ihnen eine Ehefrau für ihren einzigen Sohn zu finden. Am Fenster lehnt eine verheiratete Frau und ergreift die Gelegenheit, mit ihrem Liebhaber Pläne zu schmieden, indessen ihr Mann vollkommen betrunken ist. Es scheint, als wollten alle die Früchte des Augenblicks genießen und darüber hinaus die Vergangenheit und die Zukunft vergessen.

Die schöne Braut verfolgte das Geschehen mit sorgenvollen Augen. Sie fühlte sich wie eine Gefangene hinter den Eisenstäben eines Kerkers. Während sie im Festsaal umherblickte, entdeckte sie einen jungen Mann, der still und allein dasaß, wie ein verwundeter Vogel, der vom übrigen Schwarm zurückgelassen worden war. Er hatte die Arme vor der Brust verschränkt, als ob er sein Herz vor dem Zerbersten bewahren wollte. Er starrte auf etwas Nichtsichtbares, das im Raum schwebte, und schien sich vollkommen in eine Welt der Dunkelheit zurückgezogen zu haben.

Gegen Mitternacht steigerte sich der Übermut der Gäste bis zu völliger Ausgelassenheit, und sie konnten ihre Gefühle und ihre Zungen nicht mehr unter Kontrolle halten.

Der Bräutigam, ein älterer Mann, der ebenfalls bereits betrunken war, überließ seine Braut sich selbst und mischte sich unter seine Gäste; er trank mit den Feiernden weiter und goß auf diese Weise Öl in die Flamme seiner Trunkenheit.

Auf ein Zeichen der Braut hin kam ein Mädchen und setzte sich neben sie; die Braut blickte sich nach allen Seiten um und flüsterte ihr dann mit zitternder Stimme zu: »Ich bitte dich, Susan, im Namen unserer Freundschaft und bei allem, was dir auf dieser Welt teuer ist, geh zu Saleem hin und sage ihm, er möge im Garten unter dem Weidenbaum auf mich warten. Ersuche ihn, meinem Wunsche nachzukommen. Erinnere ihn an vergangene Zeiten und versichere ihm, daß ich sterbe, falls ich ihn nicht treffe. Teile ihm mit, daß ich ihm meine Sünden bekennen muß und daß ich ihn bitten will, mir zu vergeben; sage ihm auch, daß ich alle Geheimnisse meines Herzens vor ihm ausbreiten werde. Geh nun und hab keine Angst.«

Susan überbrachte wortgetreu die Botschaft der Braut, und

Saleem blickte sie an wie ein Dürstender, der einen weit entfernten Bach erspäht, und sagte mit ruhiger Stimme: »Ich werde im Garten unter dem Weidenbaum warten.« Er verließ das Haus, und nach einigen Minuten folgte ihm die Braut, indem sie sich ihren Weg durch die Zecher bahnte. Als sie in den Garten kam, schaute sie zum Haus zurück wie eine Gazelle, die vor einem Wolf flieht. Dann eilte sie zum Weidenbaum, wo der Jüngling sie erwartete. Als sie vor ihm stand, umschlang sie ihn mit ihren Armen und sprach unter Tränen: »Höre mich an, Geliebter! Es tut mir leid, daß ich voreilig und gedankenlos war. Ich bin so voll Reue, daß mein Herz vor Trauer bricht. Ich liebe dich und sonst keinen; und ich werde dich bis ans Ende meines Lebens lieben. Man hat mich belogen, als man mir erzählte, du liebtest eine andere, und Najeebee betrog mich, als sie mir sagte, du hättest dich in sie verliebt; sie tat dies, um mich dazu zu veranlassen, ihren Vetter zum Mann zu nehmen, so wie es die Familie schon lange geplant hatte. Nun bin ich verheiratet, doch du bist der einzige, den ich liebe, nur du bist mein wahrer Bräutigam. Der Schleier wurde jetzt von meinen Augen gezogen, und die Wahrheit ist nah. Ich kam hierher, um dir bis ans Ende des Lebens zu folgen, und ich werde nicht zu dem Mann zurückkehren, den Falschheit und ein engherziger Brauch als meinen Gatten ausgesucht haben. Laß uns forteilen, Geliebter, und diesen Ort im Schutz der Nacht verlassen. Wir wollen zur Küste fliehen und dort ein Schiff besteigen, das uns in ein weit entferntes Land bringt, in dem wir unbelästigt leben können. Laß uns aufbrechen, und wenn es dämmert, werden wir vor dem Zugriff des Feindes sicher sein. Ich habe genug Juwelen, so daß wir uns für den Rest des Lebens um nichts mehr sorgen müssen ... Weshalb sagst du nichts, Saleem? Warum schaust du mich nicht an? Weshalb küßt du mich nicht? Hörst du denn nicht das Weinen meiner Seele und das Schreien meines Herzens? Sprich, und laß uns schnell diesen Ort verlassen! Die Zeit, die wir hier verlieren, ist kostbarer als Diamanten und wertvoller als eine Königskrone.«

Ihre Stimme war schmeichelnder als das Flüstern des Lebens und ängstlicher als der Klageruf des Todes, sanfter als ein Flügelschlag und tiefer als die Botschaft der Wogen ... Es war eine Stimme, in welcher Hoffnung und Verzweiflung, Freude und Leid, Glück und Unglück, Lebenshunger und Todessehnsucht in gleicher Weise vertreten waren. Der Jüngling hörte ihr zu, doch es kämpften in ihm Liebe und Ehre gegeneinander ... Die Ehre, die dem Geist entgegentritt, und die Liebe, welche Gott in das menschliche Herz pflanzt ... Nach langem Schweigen hob er sein Haupt, wandte die Augen ab, und während das Mädchen vor Furcht zitterte, sprach er: »Kehre zu deinem Schicksal zurück, denn nun ist es zu spät. Der Rausch ist der Besonnenheit gewichen. Kehre zurück, ehe dich die Gäste hier entdecken und sagen, du würdest deinen Gatten in der Hochzeitsnacht betrügen; so wie du mich während meiner Abwesenheit betrogen hast.« Als dies das Mädchen hörte, bebte es wie eine Blume im Sturm und sagte schmerzerfüllt: »Ich werde niemals in dieses Haus zurückgehen. Ich habe es für immer verlassen und fühle mich nun wie ein Gefangener, der den Ort seiner Verbannung verläßt ... Stoß mich nicht zurück und sage nicht, ich hätte dich betrogen. Die Hände, die dein und mein Herz verbanden, sind stärker als die des Emirs und des Priesters, die meinen Körper einem unzumutbaren Bräutigam ausliefern. Es gibt keine Macht, die dich mir wegnehmen kann ... nicht einmal der Tod vermag unsere Seelen zu trennen, denn was der Himmel vorgesehen hat, wird nur der Himmel verändern.«

Saleem täuschte Gleichgültigkeit vor und versuchte, sich aus ihrer Umarmung zu befreien; dann erwiderte er: »Verlaß mich! Ich liebe eine andere so sehr, daß ich dein Dasein in dieser Welt vergessen habe. Najeebee sagte die Wahrheit, als sie dir erzählte, ich würde sie lieben. Geh zu deinem Mann zurück und sei ihm ein treues Weib, so wie es das Gesetz vorschreibt.«

Voll Verzweiflung begehrte das Mädchen auf: »Nein, nein! Ich glaube dir nicht, Saleem! Ich weiß, daß du mich liebst, ich kann es in deinen Augen lesen. Wenn ich in deiner Nähe bin, fühle ich deine Liebe. Niemals werde ich dich verlassen und in das Haus meines Mannes zurückkehren, niemals, solange mein Herz schlägt. Ich kam hierher, um dir bis ans Ende der Welt zu folgen. Führe mich dorthin, Saleem, oder vergieß mein Blut und nimm mir mein Leben.« Ebenso streng wie vorher entgegnete Saleem: »Laß mich los, oder ich schreie! Dann kommen die Leute in den Garten und bringen Schande über dich vor Gott und den Menschen; und meine geliebte Najeebee wird dich auslachen und stolz über dich triumphieren!«

Als Saleem versuchte, sich aus ihren Armen zu lösen, wandelte sie sich von einer hoffnungsvollen, gütigen, bittenden Frau in eine wilde Löwin, die ihre Jungen verloren hat, und schrie außer sich: »Niemand wird jemals über mich triumphieren und mir meine Liebe nehmen!« Nach diesen Worten zog sie einen Dolch aus ihrem Hochzeitskleid und stieß ihn blitzschnell in des Jünglings Herz. Wie ein schwacher Ast, der vom Sturm gebrochen wird, fiel er zu Boden. Sie beugte sich über ihn, in der Hand den blutbefleckten Dolch. Der junge Mann öffnete die Augen, und seine Lippen zitterten, als er stammelte: »Komm, Geliebte! Komm her, Lyla, und verlaß mich nicht! Das Leben ist schwächer als der Tod, aber der Tod ist schwächer als die Liebe. Hörst du das grausige Gelächter der Feiernden im Haus drinnen und das Klingen der Becher, o Geliebte? Lyla, du hast mich vom Leid des Lebens erlöst. Laß mich die Hand küssen, welche die Ketten zerbrach und mich befreite. Küß mich und vergib mir, daß ich nicht ehrlich gewesen bin.

Lege deine Hand, wenn du sie vom Blut gereinigt hast, auf mein vergehendes Herz, stecke mir den Dolch in die rechte Hand und sage den Leuten, ich hätte mir selbst das Leben genommen.« Er rang nach Atem und flüsterte: »Ich liebe dich, Lyla, und niemals liebte ich eine andere. Selbstaufopferung ist ehrenhafter, als mit dir zu fliehen. Küsse mich, o Geliebte meiner Seele! Küsse mich, Lyla ...« Er legte die Hand auf sein blutendes Herz und hauchte sein Leben aus. Lyla blickte zum Haus hin und rief voll Verzweiflung: »Erwacht aus eurer Betäubung, denn die Hochzeit findet hier statt! Braut und Bräutigam erwarten euch! Kommt und schaut euch unser weiches Bett an! Wacht auf, ihr Narren und Trunkenbolde, und eilt hierher, damit wir euch die Wahrheit von Liebe, Tod und Leben offenbaren können!« Ihre kreischende Stimme drang in jeden Winkel des Hauses und fand ihren Widerhall in den Ohren der Gäste. Sie taumelten zur Tür, traten hinaus und blickten sich um. Als sie die Szene von tragischer Schönheit wahrnahmen und die weinende Braut sahen, die sich über Saleem beugte, wichen sie erschrocken zurück. Keiner wagte es heranzutreten. Es schien, als hätten das Blut, das aus dem Herzen des Jünglings strömte, und der Dolch in der Hand der Frau sie so gebannt, daß sie wie erstarrt stehenblieben. Lyla sah auf den Geliebten und stöhnte voll Bitterkeit: »Kommt her, ihr Feiglinge! Fürchtet euch nicht vor dem Anblick des Todes, dessen Großartigkeit euch in eurer Bedeutungslosigkeit vom Herankommen abhält. Habt keine Angst vor diesem Dolch, er ist ein göttliches Gerät und lehnt es ab, eure sündigen Leiber und eure leeren Herzen zu berühren. Schaut auf diesen schönen Jüngling ... er ist mein Geliebter, und ich tötete ihn, weil ich ihn liebte ... er ist mein Bräutigam, und ich bin seine Braut. Wir suchten nach einem Bett, das unserer Liebe würdig war in einer Welt, die ihr mit eurer Unwissenheit und euren Traditionen wertlos gemacht habt. Deshalb wählten wir dieses Bett. Wo ist die verrückte Frau, die meinen Geliebten verleumdete und behauptete, er hätte sie geliebt? Wo ist sie, die meinte, über mich triumphieren zu können? Wo ist Najeebee, diese Höllenschlange, die mich täuschte? Wo ist die Frau, die euch hierher lockte, um das Fortgehen meines Geliebten zu feiern und nicht die Hochzeit des Mannes, den sie für mich ausgesucht hat? Meine Worte mögen euch seltsam erscheinen, aber auch die Hölle kann das Lied der Sterne nicht verstehen. Erzählt euren Kindern, daß ich meinen Geliebten in der Hochzeitsnacht getötet habe. Mein Name wird wie ein Fluch auf euren schmutzigen Lippen liegen, doch eure Enkel werden mich segnen, denn die Zukunft tritt ein für die Freiheit der Wahrheit und des Geistes. Und du, mein ahnungsloser Gatte, der du meinen Körper, aber nicht meine Liebe kaufen konntest, dessen Eigentum ich zwar bin, dem ich aber niemals gehören werde, bist ein Sinnbild für den unglückseligen Zustand eines Volkes, das in der Dunkelheit nach dem Licht sucht und darauf wartet, daß aus dem Felsen Wasser springt. Du bist das Symbol eines Landes, in dem die Blindheit und die Dummheit herrschen, und du vertrittst eine Menschheit, die imstande ist, Kehlen durchzuschneiden und Hände abzuhacken, um auf diese Weise an Halsketten und Armbänder heranzukommen. Ich vergebe dir jetzt, denn eine glücklich scheidende Seele verzeiht die Sünden aller Menschen.«

Nach diesen Worten hob Lyla den Dolch, und wie ein Dürstender seine Lippen an den Rand des Glases legt, so setzte sie ihn sich an die Brust und stach zu. Sie fiel neben dem Geliebten hin wie eine Lilie, deren Stengel von einer scharfen Sichel abgemäht wurde. Die Frauen starrten entsetzt auf das Geschehen und schrien vor Schreck auf; einige wurden sogar ohnmächtig. Die Hochzeitsgäste näherten sich den beiden Opfern in Verlegenheit und Ehrerbietung. Die Sterbende blickte auf, und während ihr das Blut aus dem Herzen strömte, sprach sie: »Bleibt weg von uns und trennt unsere Körper nicht, denn wenn ihr eine derartige Sünde begeht, wird der Geist, der über euch ist, herabkommen und euch töten. Laßt die durstige Erde unser Blut aufsaugen, damit sie uns in ihren Schoß aufnehme. Sie möge uns beschützen, so wie sie die Samenkörner vor dem Schnee bewahrt, bis der Frühling kommt und neues Leben einkehrt.«

Sie schob sich näher an den Geliebten heran, preßte ihre Lippen auf die seinen, die schon erkaltet waren, und sprach ihre letzten Worte: »Sieh nur, mein einziger und ewig Geliebter! Sieh unsere Freunde, wie sie voll Argwohn vor unser Bett treten! Hörst du, wie sie mit den Zähnen knirschen und ihre Finger quetschen? Du hast lange auf mich gewartet, Saleem. Hier bin ich nun und habe Ketten und Fesseln zerbrochen. Laß uns zur Sonne hin eilen, denn wir haben uns schon zu lange in dieser beschränkten, dunklen Welt aufgehalten. Vor meinen Augen schwindet alles, und ich sehe nur noch dich, Geliebter! Hier sind meine Lippen, mein größter Schatz auf Erden; nimm meinen letzten Atemzug aus ihnen entgegen! Komm, Saleem, wir wollen gehen! Die Liebe hat schon ihre Schwingen ausgebreitet und steigt in das große Licht empor.«

Sie ließ ihr Haupt auf seine Brust fallen, ihre Augen waren weit geöffnet und blickten erstarrt auf ihn.

Stille breitete sich aus, als hätte die Würde des Todes den Menschen die Kraft genommen und sie an jeglicher Bewegung gehindert. Da trat der Priester, der zuvor die Hochzeitsfeierlichkeiten durchgeführt hatte, heran, deutete mit dem Finger auf das im Tod vereinte Paar und schrie: »Verflucht seien die Hände, die diese blutbefleckten, sündigen Leichen anrühren! Verflucht seien die Augen, die wegen dieser beiden schlechten Seelen Tränen vergießen! Laßt die Leiber von Sodoms Sohn und Gomorrhas Tochter an diesem verseuchten Orte liegen, bis die wilden Tiere sie in Stücke gerissen haben und das Gebein in alle Winde verstreut ist. Geht jetzt nach Hause und hütet euch vor der Beschmutzung durch diese Sünder! Verschwindet, ehe euch die Flammen der Hölle ergreifen, denn wer hier verweilt, wird von der Kirche ausgeschlossen und darf niemals mehr den Tempel betreten oder in der Gemeinschaft von Christen zu Gott beten!«

Susan, welche die letzte Botschaft der Braut an Saleem überbracht hatte, trat mutig vor den Priester hin, blickte ihn unter Tränen an und sagte: »Ich werde hierbleiben, du mitleidloser Ketzer, und werde sie bewachen, bis der Morgen kommt. Dann will ich unter dieser Weide ein Grab schaufeln und sie im Garten ihres letzten Kusses bestatten. Verlaßt diesen Ort, denn Schweine verabscheuen den Duft des Weihrauchs und Diebe fürchten sich vor dem Herrn des Hauses und meiden die aufgehende Sonne. Eilt in eure verruchten Betten, die Lobgesänge der Engel werden nicht in eure Ohren dringen, da diese mit dem Mörtel grausamer und törichter Gesetze verstopft sind.«

Langsam zerstreute sich die Menge, zusammen mit dem finster blickenden Priester. Susan blieb zurück und wachte über Lyla und Saleem wie eine Mutter, die ihre Kinder in der Stille der Nacht behütet. Und als alle gegangen waren, warf sie sich zu Boden und weinte gemeinsam mit den trauernden Engeln.

Die Zauberin

Gestern noch saß die Frau, die ich geliebt habe, in diesem stillen Raum, ruhte auf diesem Diwan und trank edlen alten Wein aus einem Kristallkelch.

Aber dieser Traum stammt von gestern, denn die Frau, die mein Herz geliebt hat, brach auf nach einem fremden Ort und ging in das Land des Vergessens und der Leere.

Der Abdruck ihrer Finger haftet noch an meinem Spiegel, den Duft ihres Atems verspüre ich in den Falten meines Gewandes, und den Widerhall ihrer lieblichen Stimme kann man in diesem Raume noch immer wahrnehmen.

Doch die Frau, die mein Herz geliebt hat, ist zu einem weit entfernten Ort aufgebrochen, welcher das Tal der Verbannung und des Vergessens genannt wird.

Neben meinem Bett hängt ein Bildnis dieser Frau. Die Liebesbriefe, die sie mir schrieb, habe ich in einer silbernen Schatulle, die mit Smaragden und Korallen verziert ist, aufbewahrt. All dies wird bei mir bleiben bis morgen, wenn der Wind es in die Vergessenheit treiben wird, dorthin, wo nur stummes Schweigen herrscht.

Die Frau, die ich geliebt habe, gleicht den Frauen, denen ihr euer Herz schenkt. Sie ist von seltener Schönheit, so als wäre sie von Gott gemacht, sanft wie die Taube, klug wie die Schlange, stolz und anmutig wie der Pfau, wild wie der Wolf, lieblich wie der weiße Schwan und furchterregend wie die schwarze Nacht. Sie ist aus einer Handvoll Erde und einem Becher Meeresschaum geschaffen.

Ich habe diese Frau von Kindheit an gekannt. Ich bin ihr auf die Felder gefolgt und ergriff den Saum ihres Gewandes, wenn sie in den Straßen der Stadt wandelte. Ich habe sie seit den Tagen meiner Jugend gekannt, und ich habe den Schatten ihres Gesichts auf den Seiten der Bücher, die ich las, gesehen. Im Murmeln des Baches vernahm ich ihre himmlische Stimme.

Ihr eröffnete ich die Zwiespältigkeiten meines Herzens und die Geheimnisse meiner Seele.

Die Frau, die mein Herz geliebt hat, ist an einen kalten, öden und weit entfernten Ort gegangen – ins Land der Leere und des Vergessens.

Diese Frau, die von meiner Seele geliebt, heißt *Leben* und ist wunderschön. Sie erobert alle Herzen, nimmt uns als Pfand und stillt unser Verlangen mit Versprechungen. Das *Leben* gleicht einer Frau, die in den Tränen ihrer Verehrer badet und das Blut ihrer Opfer als Salbe benutzt. Ihr Gewand ist der helle Tag, besetzt mit der Dunkelheit der Nacht. Sie macht das menschliche Herz zu ihrem Liebhaber, aber von einer Hochzeit will sie nichts wissen.

Das Leben ist eine Zauberin,
Die uns mit ihrer Schönheit verführt –
Doch wer ihre Tücken kennt,
Wird ihrer Verführung entgehen.

Der Dichter aus Baalbek

Baalbek im Jahre 112 v. Chr.

Glänzende Leuchter erhellten den Palast, und der aus schimmernden Schalen aufsteigende Weihrauch erfüllte den Saal mit Wohlgeruch. Umgeben von Priestern und Stammesfürsten saß der Emir auf seinem goldenen Thron. Wie Bronzestatuen im gleißenden Sonnenlicht verharrten Wachen und Sklaven.

Nach dem Verklingen der Hymnen verneigte sich einer seiner Ratgeber vor dem Emir, und die Gelassenheit des Alters strahlte von ihm aus, während er sprach: »Erhabener und gütiger Fürst! Gestern kam ein Weiser aus Indien in unsere Stadt. Er glaubt an die Unterschiede in den Religionen, spricht von Dingen, die schwer zu verstehen sind, und predigt die Lehre von der Seelenwanderung und Wiedergeburt. Der Geist, so behauptet er, wandere von einer Generation zur nächsten, in dem Bestreben, immer mehr vollkommene Träger zu finden, um eines Tages selbst göttlich zu werden. Dieser Weise bittet um eine Audienz, um dir seine Glaubenslehre darlegen zu können.«

Der Emir lächelte und sagte: »Es kommen viele seltsame und wundervolle Dinge aus Indien. Ruf den Mann herbei, damit wir seine Weisheit hören können.«

Alsbald kam ein dunkelhäutiger alter Mann herein und trat in würdiger Haltung vor den Herrscher. Seine großen braunen Augen kündeten von tiefen Geheimnissen. Er verneigte sich, hob sein Haupt, und seine Augen leuchteten, während er zu sprechen begann.

Er erklärte, wie der Geist von einem Körper zum anderen gelangt, von den guten Taten des jeweiligen Trägers bewegt und geprägt von den Erfahrungen, die er in jedem neuen Leben mache. Der Geist strebe nach Herrlichkeit, die ihn erhöhe, und sein Wachstum werde durch die Liebe gefördert, die ihn und seinen Träger glücklich und unglücklich zugleich sein lasse …

Dann ging der Philosoph näher auf die Art ein, in welcher der Geist sich in seinem Verlangen nach Vollkommenheit von einem Ort zum anderen bewegt, und so in der Gegenwart für Sünden büße, die in der Vergangenheit geschehen seien, und wie er in dem einen Dasein ernte, was im anderen gesät worden sei.

Der Wesir bemerkte Unruhe und Überdruß auf dem Gesicht des Emirs, und er flüsterte dem Weisen zu: »Für den Augenblick hast du genug gesprochen. Bitte verschiebe den Rest deines Vortrags auf unser nächstes Treffen.«

Daraufhin entfernte sich der Weise, setzte sich zu den Priestern und Stammesfürsten und schloß die Augen, als sei er des ständigen Blicks auf die Tiefen des Lebens müde.

Stille trat ein, dem Traumzustand eines Propheten vergleichbar. Schließlich blickte sich der Emir um und fragte: »Wo ist unser Dichter, wir haben ihn schon seit Tagen nicht gesehen. Er wohnte doch sonst stets unseren Zusammenkünften bei.«

»Vor einer Woche«, antwortete einer der Priester, »sah ich ihn im Säulengang des Ishtar-Tempels sitzen. Er starrte mit glasigem und trauervollem Blick auf das ferne abendliche Zwielicht, als schweifte eines seiner Gedichte in den Wolken umher.«

»Gestern«, ergänzte ein Stammesfürst, »begegnete ich ihm im Schatten der Weiden und Zypressen. Ich grüßte ihn, doch er antwortete nicht, sondern verharrte in seine Gedanken und Betrachtungen vertieft.«

Und der Obereunuch fügte hinzu: »Heute traf ich ihn im Garten des Palastes. Sein Gesicht war blaß und hager und seine Augen voller Tränen.«

»Geht und sucht diese unglückliche Seele«, ordnete der Emir an, »denn sein leerer Platz in unserer Mitte beunruhigt uns.«

Daraufhin begaben sich die Sklaven und Wachen auf die Suche nach dem Dichter. Der Emir, die Priester und Stammesfürsten blieben im Saal und warteten. Nach kurzer Zeit kam der Oberste der Eunuchen zurück, warf sich dem Fürsten zu Füßen und stammelte: »Der Dichter liegt tot im Garten des Palastes; wir haben ihn soeben gefunden.«

Von Schmerz ergriffen eilte der Emir aus dem Palast. Die Fackelträger liefen ihm voraus, und die Priester und Fürsten folgten ihm. Am Ende des Gartens, bei den Mandel- und Granatapfelbäumen, fiel das matte Licht der Fackeln auf den toten Jüngling. Wie eine verwelkte Rose lag sein Leichnam auf dem grünen Gras.

»Schaut nur, wie er seine Laute umarmt. Man könnte meinen, die beiden seien ein Liebespaar, das sich gelobt hat, gemeinsam zu sterben«, sagte ein Diener.

Ein anderer meinte: »Noch immer starrt er auf das Herz des Universums, wie er es im Leben getan hat; noch immer, so scheint es, betrachtet er die Bewegungen eines unbekannten Gottes inmitten der Planeten.«

Der Hohepriester wandte sich an den Emir und sprach: »Laßt ihn uns morgen im Schatten des Tempels der Ishtar beerdigen, und laßt die Einwohner der Stadt dem Leichenzug folgen. Junge Männer sollen seine Lieder singen, und Jungfrauen werden Blumen auf sein Grab streuen. Es muß eine Gedenkfeier werden, die seines Genius würdig ist.«

Der Emir stimmte zu, ohne seine Augen vom Antlitz des jungen Dichters abzuwenden, das unter dem Schleier des Todes erblaßt war.

»Wir haben seine reine Seele vernachlässigt, solange er lebte. Er hat das Universum mit seinem leuchtenden Geist erfüllt und im All den Wohlgeruch seiner Seele verbreitet. Wenn wir ihn jetzt nicht ehren, werden uns die Götter und Geister der Wälder und Täler verachten und uns fortan schmähen. Laßt ihn uns an der Stelle begraben, an der er seinen letzten Atemzug tat, und laßt ihm seine Laute im Arm. Wenn ihr ihn ehren und ihm huldigen wollt, so sagt euren Kindern, der Emir habe ihn vernachlässigt und dieser allein sei schuldig an seinem einsamen und erbärmlichen Tod.« Sodann fragte der Herrscher: »Wo ist der indische Weise?« Dieser trat vor und antwortete: »Hier bin ich, mein Fürst.«

»Sage uns, Weiser«, bat der Emir, »ob die Götter mich jemals dieser Welt wiederbringen und auch den verstorbenen Dichter ins Leben zurückführen werden? Wird mein Geist im Körper des Sohnes eines großen Königs wiedererstehen, und wird die Seele des Dichters in den Körper eines anderen Genies schlüpfen? Wird ihn das geheiligte Gesetz vor das Antlitz der Ewigkeit stellen, auf daß er Gedichte über das Leben verfaßt? Wird er wiedererweckt werden, damit ich ihn ehren und ihm meine Anerkennung bezeugen kann, indem ich ihn mit wertvollen Geschenken und Gaben überhäufe, die sein Herz ermuntern und seine Seele beflügeln?«

Auf diese Fragen gab ihm der Weise folgende Antwort: »*Der Geist wird erreichen, wonach die Seele verlangt.* Das heilige Gesetz, erhabener Fürst, bringt uns den Frühling wieder, sobald der Winter vorbei ist; und ebenso wird es auch dich als Herrscher und ihn als begnadeten Dichter wieder zurückführen.«

Das Herz des Emirs wurde von Zuversicht ergriffen, und Freude spiegelte sich auf seinem Antlitz wider. Nachdem er in seinen Palast zurückgekehrt war, dachte er lange über die Worte des Weisen nach: »*Der Geist wird erreichen, wonach die Seele verlangt.*«

Kairo im Jahr 1912 n. Chr.

Nachdem der Mond aufgegangen war, lag sein Licht wie ein silberner Schleier über der Stadt. Der Fürst stand an der Brüstung seines Palastes, blickte in den hellen Nachthimmel und gedachte der Zeiten, die dieses Land an den Ufern des Nils bereits erlebt hatte. Das innere Auge des Herrschers sah die Völker Ägyptens von der Zeit der Pyramiden an bis hin zur Errichtung des Palastes von Abadan.

Seine Gedanken hatten ihn weit fortgetragen, und nachdem er bereits bis in den Bereich der Träume vorgestoßen war, sprach der Fürst zu dem Sänger, der ihn begleitete: »Meine Seele ist erschöpft, ich möchte jetzt ein Lied hören.«

Der Sänger verbeugte sich und begann mit einem vorislamischen Lied. Doch noch bevor er mehrere Strophen wiedergeben konnte, unterbrach ihn der Herrscher und befahl: »Laß uns etwas anderes hören … etwas, das erst kürzlich entstanden ist.«

Wieder verneigte sich der Sänger und trug Verse eines Dichters aus Hadramaut vor. Erneut unterbrach ihn der Fürst und sagte: »Ein neueres … ein viel neueres Gedicht!«

Der Sänger legte die Hand an die Stirn, als ob er versuchte, sich alle Verse der zeitgenössischen Dichter ins Gedächtnis zu rufen. Dann begannen seine Augen plötzlich zu leuchten, sein Gesicht erhellte sich, und ganz bezaubert fing er an, wunderschöne Verse in beruhigendem Rhythmus zu singen.

Der Herrscher war berauscht von diesem Gesang, und er hatte das Gefühl, als zöge ihn eine verborgene Hand aus seinem Palast in eine weit entfernte Gegend. »Wer hat diese Verse verfaßt?« erkundigte er sich begeistert. Und der Sänger erwiderte: »Der Dichter von Baalbek.«

Dieser alte Name brachte Bilder vergangener Zeiten in das Gedächtnis des Fürsten zurück. In der Tiefe seines Herzens erwachten die Schatten der Erinnerung und traten vor sein Auge. Durch einen Nebelschleier nahm er die Erscheinung eines toten Jünglings wahr, der seine Laute umarmte, und sah ihn umringt von Priestern und Stammesfürsten.

Wie das Licht der Morgendämmerung die Träume vertreibt, so verflüchtigte sich auch die Vision des Herrschers. Er erhob sich und ging in den Palast, und mit ausgebreiteten Armen sprach er die Worte Mohammeds: *»Du warst tot, und er hat dich wieder lebendig gemacht. Er wird dich zu den Toten führen und dir dann wieder Leben geben. Danach wirst du zu ihm zurückkehren.«*

Der Fürst blickte zu seinem Begleiter und sagte: »Wir können uns glücklich schätzen, den Dichter von Baalbek in unserem Lande zu haben, und es wird unsere oberste Pflicht sein, ihn zu ehren und ihm unsere Freundschaft zu erweisen.«

Nach einer Weile ehrerbietiger Stille fügte er leise hinzu: »Der Dichter gleicht einem Vogel von besonderer Art. Er steigt aus den höchsten Regionen herab, um bei uns zu verweilen und zu singen. Wenn wir ihn nicht ehren, breitet er seine Schwingen aus und fliegt wieder zu seiner Heimstatt zurück.«

Da die Nacht zu Ende war, legte der Himmel sein Sternenkleid ab und hüllte sich in ein Gewand, das von der Kraft des Morgens gewirkt war. Die Seele des Fürsten aber wurde von den seltsamen Geschehnissen des Daseins und dem geheimen Wissen des Lebens überflutet.

Süßes Gift

Ein Morgen von majestätischer Schönheit lag über dem Nordlibanon, als sich die Einwohner des Dorfes Tula im Innenhof ihrer kleinen Kirche, die mitten unter den Wohnhäusern stand, versammelten. Aufgeregt sprachen sie über das plötzliche und unerwartete Weggehen von Farris Rahal, der seine junge Frau, mit der er kaum ein halbes Jahr verheiratet war, verlassen hatte.

Scheich Farris Rahal war das Oberhaupt der Dorfgemeinschaft. Er hatte seine Ehrenstellung von seinen Vorfahren geerbt, die schon Jahrhunderte hindurch die Geschicke von Tula gelenkt hatten. Obwohl er noch nicht einmal siebenundzwanzig Jahre alt war, besaß er hervorragende Fähigkeiten, die ihm die Bewunderung und Hochachtung aller Fellachen eintrugen. Als Farris Rahal Susanna heiratete, meinten die Leute: »Welch ein glücklicher Mann ist doch dieser Farris Rahal. Er hat alles erreicht, was sich ein Mensch vom Leben erhoffen kann – und dabei ist er noch so jung!«

An dem Morgen aber, als die Einwohner von Tula aufwachten und merkten, daß der Scheich all sein Geld zusammengerafft hatte, auf sein Pferd gestiegen und ohne Abschied fortgeritten war, kam Verwirrung auf, und man fragte sich, weshalb er seine Frau, sein Heim, seine Ländereien und seinen Besitz verlassen hatte.

Aus Gründen der Tradition und der geographischen Lage leben die Stämme des Libanon in engem Kontakt miteinander. Sie teilen ihre Freuden und ihre Sorgen, und bei jeder Gelegenheit kommen die Dorfbewohner zusammen, um über alles mögliche zu sprechen. Man hilft einander, so gut es geht, und kehrt wieder zur Arbeit zurück, bis das Schicksal ein erneutes Zusammentreffen ermöglicht.

Eine solche Gelegenheit bot sich den Leuten von Tula an

diesem Tag. Man hatte einen Grund, sich bei der Kirche zu treffen und über die Abreise des Scheichs zu sprechen, und es gab verschiedene Ansichten über seinen außergewöhnlichen Schritt.

Zur gleichen Zeit kam auch Vater Estephan, das Oberhaupt der örtlichen Kirchengemeinde, an, und auf seinen erschöpften Zügen konnte man untrügliche Zeichen tiefer Sorge erkennen. Er betrachtete die Versammlung einen Augenblick, dann sagte er: »Fragt nicht... Stellt mir keine Fragen! Heute vor Tagesanbruch klopfte Scheich Farris an meine Tür. Er führte sein Pferd mit sich und war tief bekümmert. Als ich über die ungewohnte Zeit seines Besuchs eine Bemerkung machte, gab er zur Antwort: ›Vater, ich komme, um mich zu verabschieden, denn ich werde über den Ozean segeln und niemals wieder in dieses Land zurückkehren.‹ Er übergab mir einen versiegelten Brief, der an seinen besten Freund, Nabih Malik, gerichtet war, und bat mich, ihm diesen auszuhändigen. Dann bestieg er sein Pferd und brach nach Osten hin auf. Ich hatte keinerlei Gelegenheit, den Grund seiner ungewöhnlichen Abreise zu erfahren.«

Einer der Dorfbewohner bemerkte hierzu: »Ohne Zweifel wird uns sein Schreiben das Geheimnis seines Weggehens enthüllen, denn Nabih Malik ist sein engster Vertrauter.« Ein anderer fügte hinzu: »Habt Ihr seine Frau schon gesehen, Vater?« Der Priester antwortete: »Ich suchte sie nach dem Morgengebet auf. Sie stand am Fenster und starrte mit leeren Augen auf etwas Unsichtbares. Sie kam mir vor wie jemand, dem alle Sinne geschwunden sind; und als ich versuchte, sie über Farris auszufragen, sagte sie nur: ›Ich weiß es nicht! Ich weiß es nicht!‹ Dann weinte sie wie ein kleines Kind, das plötzlich zur Waise geworden ist.«

Als der Priester seine Erzählung beendet hatte, wurde die Menge von einem Gewehrschuß aufgeschreckt, der offenbar im südlichen Teil des Dorfes gefallen war. Gleich darauf war das bitterliche Weinen einer Frau zu vernehmen. Einen Augenblick standen die Leute wie gelähmt da, dann aber rannte alles zum Ort des Geschehens. Furcht und eine böse Vorahnung hatten die Menschen ergriffen. Als sie den Garten am Haus des Scheichs erreicht hatten, wurden sie Augenzeuge eines schrecklichen Bildes, das den Tod zum Urheber hatte: Nabih Malik lag auf dem Boden, und aus seiner Brust floß Blut. Susanna, die Frau von Scheich Farris Rahal, stand neben ihm, raufte sich die Haare, zerriß ihre Kleider, warf die Arme hoch und schrie: »Nabih ... Nabih ... warum hast du das getan?« Die Umstehenden wunderten sich, und es war, als hätte die unsichtbare Hand des Schicksals mit eisigen Fingern an ihre Herzen gerührt. In Nabihs rechter Hand fand der Priester den Brief, den er ihm am Morgen ausgehändigt hatte. Ohne daß die Leute es merkten, steckte er ihn flink unter seinen Talar.

Man trug Nabih zu seiner unglücklichen Mutter, die vor Schreck über den Tod ihres Sohnes einen Schock erlitt und ihm kurz darauf in die Ewigkeit nachfolgte. Susanna wurde langsam ins Haus geleitet; auch sie schwebte zwischen Leben und Tod.

Tief gebeugt vor Gram kehrte Vater Estephan heim. Er schloß die Tür hinter sich, holte seine Brille und begann mit leiser, zitternder Stimme den Brief zu lesen, den er dem toten Nabih aus der Hand genommen hatte:

»Mein teuerster Nabih,

ich muß das Dorf meiner Väter verlassen, denn meine dauernde Anwesenheit bringt Dir, meiner Frau und mir selbst nur Kummer. Du bist von edler Gesinnung und verdammst den Verrat eines Freundes oder Nachbarn. Obwohl ich weiß, daß Susanna unschuldig und tugendhaft ist, weiß ich auch, daß die aufrichtige Liebe, die Dein Herz und das ihre verbindet, über Deine Kraft und über mein Vertrauen geht. Ich vermag nicht länger mehr gegen Gottes Willen anzukämpfen, so wie ich auch das Fließen des mächtigen Kadeesha-Stroms nicht aufhalten kann.

Du warst mein bester Freund, Nabih, seit wir als Kinder auf den Feldern spielten. Und bei Gott, glaube mir, Du bleibst mein Freund. Ich bitte Dich, auch in Zukunft so gut von mir zu denken wie bisher. Sage Susanna, daß ich sie liebe und daß ich ihr Unrecht tat, als ich sie in eine ungewollte Ehe führte. Sage ihr, daß mein Herz jedesmal blutete, wenn ich in der Nacht aufwachte und sah, wie sie vor dem Jesusbild kniete, weinte und sich vor Qual an die Brust schlug.

Es gibt keine schlimmere Strafe für eine Frau, als zwischen einem Manne, den sie liebt, und einem anderen, von dem sie geliebt wird, zu stehen. Susanna litt an diesem ständigen schmerzlichen Zwiespalt, aber sie erfüllte ihre ehelichen Pflichten still und mit großer Würde. Sie versuchte, ihre Liebe zu Dir zu unterdrücken, aber es gelang ihr nicht.

Ich ziehe nun in ein fernes Land und werde niemals wiederkehren, denn ich kann einer wahren und ewigen Liebe, die von Gottes ausgebreiteten Armen umfangen wird, nicht im Wege stehen. Möge er Euch beide in seiner unerforschlichen Weisheit segnen und bewahren.

FARRIS«

Vater Estephan faltete den Brief zusammen und steckte ihn in die Tasche. Dann setzte er sich an das Fenster, das sich gegen das weit entfernte Tal hin öffnete. Er versank in tiefes Grübeln und stellte kluge und angestrengte Überlegungen an. Plötzlich sprang er auf, als hätte er hinter seinen verworrenen Gedankengängen ein schreckliches Geheimnis gefunden, das mit teuflischer Schlauheit und List ersonnen war. Er rief aus: »Wie scharfsinnig du doch bist, Farris! Wie ungeheuerlich und doch wie einfach ist dein Verbrechen! Du sandtest ihm Honig, der mit dem tödlichen Gift vermischt war, und stecktest den Tod in einen Brief! Als Nabih die Waffe auf sein Herz richtete, war es dein Finger, der abdrückte; und es war deine Willenskraft, die ihn in den Abgrund stürzte … Wie klug du doch bist, Farris!«

Zitternd setzte er sich wieder, schüttelte das Haupt und strich sich den Bart glatt. Auf seine Lippen trat ein Lächeln, das in seiner Tiefsinnigkeit schrecklicher war als das Geschehene. Er schlug sein Gebetbuch auf und begann darin zu lesen. Gelegentlich hielt er inne, hob den Kopf und hörte auf das Weinen und Klagen der Frauen, das von Tula, dem Dorf in der Nähe der Heiligen Zedern des Libanon, bis zu ihm drang.

Jugend und Hoffnung

Die Jugend wies mich an, ihr zu folgen, und wir kamen auf ein abgelegenes Feld. Sie hielt an und sah den Wolken nach, die wie weiße Lämmer über uns am Himmel dahinzogen. Danach betrachtete sie die kahlen Bäume, die ihre Äste wie bittende Arme in die Höhe reckten.

Ich fragte: »Wo befinden wir uns jetzt?«

»Wir stehen am Feld der Verwirrung«, antwortete sie, »sei auf der Hut.«

»Laß uns sogleich umkehren«, bat ich, »denn ich fürchte mich vor der Trostlosigkeit dieses Ortes, und der Anblick der Wolken und kahlen Bäume betrübt meine Seele.«

Doch sie sprach: »Hab Geduld. Verwirrung ist der Beginn des Wissens.«

Da blickte ich umher und sah eine Gestalt, die voll Anmut auf uns zukam, und ich fragte: »Wer ist diese Frau?«

»Das ist Melpomene, die Tochter des Zeus und Muse des Trauerspiels«, antwortete die Jugend.

»O glückliche Jugend«, rief ich, »was will das Trauerspiel von mir, wo du doch an meiner Seite bist?«

»Sie ist gekommen«, erwiderte die Jugend, »um dir die Erde und ihre Leiden zu zeigen; denn wer das Leid nicht gesehen hat, vermag auch die Freude nicht zu erkennen.«

Da legte die Erscheinung die Hand auf meine Augen, und als sie sie wieder hob, war die Jugend fort, und ich stand alleine und ohne mein irdisches Gewand da und rief: »Tochter des Zeus, wo ist die Jugend?«

Melpomene gab keine Antwort, sondern schlug ihre Flügel um mich und trug mich auf den Gipfel eines hohen Berges. Unter mir sah ich die Erde, und alles darauf entfaltete sich wie die Seiten eines Buches, auf denen die Geheimnisse der Unendlichkeit geschrieben stehen. Ehrfürchtig stand ich neben der Jungfrau, dachte über das Geheimnis der Menschheit nach und versuchte, die Sinnbilder des Lebens zu enträtseln.

Traurige Dinge nahm ich wahr: Ich sah Engel des Glücks mit den Teufeln des Elends ringen, und zwischen ihnen stand der Mensch, einmal von der Hoffnung, ein andermal von der Verzweiflung angezogen.

Ich sah, wie Liebe und Haß mit dem menschlichen Herzen spielten. Die Liebe verheimlichte des Menschen Schuld und machte ihn trunken mit dem Wein der Unterwürfigkeit, des Lobes und der Schmeichelei, während der Haß seine Leidenschaft erregte und seine Augen und Ohren vor der Wahrheit verschloß.

Und ich sah die Stadt dahocken wie ein Straßenmädchen, welches das Kleid des Menschen zu erhaschen versucht. Von ferne nahm ich die fruchtbaren Felder wahr, die über das Leid des Menschen weinten.

Ich sah Priester, listig wie Füchse, und manch falschen Messias, der des Menschen Glück zu vereiteln trachtete und sich gegen sie verschwor.

Ich sah den Mann, der laut um die Erlösung durch die Weisheit bat. Diese aber hörte ihn nicht an, denn sie gedachte der Verachtung, die er ihr hatte zukommen lassen, als sie ihn ehedem in den Straßen der Stadt anredete.

Ich sah fromme Prediger voll Ehrfurcht gen Himmel blicken; ihre Herzen aber waren tief in den Höhlen des Neides eingegraben.

Ich sah einen jungen Mann, der das Herz eines Mädchens mit süßen Worten zu gewinnen trachtete; aber ihrer beider Gefühle schlummerten, und ihre Göttlichkeit war weit entfernt.

Ich sah die Gesetzgeber, wie sie träge plauderten und ihre Ware auf den Marktplätzen der Falschheit und Heuchelei verkauften.

Ich sah Ärzte, die mit den Seelen der Einfältigen und Gutgläubigen ihr Spiel trieben. Ich sah den Unwissenden beim Weisen sitzen, und beide erhoben ihre Vergangenheit auf den Thron des Ruhms, schmückten ihre Gegenwart mit den Gewändern des Überflusses und bereiteten ihrer Zukunft ein prunkvolles Ruhebett.

Ich sah den Armen säen und den Mächtigen ernten; und die

Unterdrückung, fälschlicherweise Gesetz genannt, stand dabei und hielt Wache.

Ich sah die Diebe der Unwissenheit, welche die Schatzkammern des Wissens plünderten, während die Schildwache der Erleuchtung in den tiefen Schlaf der Trägheit gesunken war.

Und ich nahm zwei Liebende wahr; doch die Frau war wie eine Laute in der Hand des Mannes, der nicht darauf zu spielen versteht und nur Mißklänge erzeugt.

Und ich sah die Armeen des Wissens die Stadt des ererbten Vorrechts belagern; doch ihre Zahl war gering, und sie wurden bald zerstreut.

Ich sah, wie die Freiheit einsam einherging, an die Türen klopfte und um Schutz flehte, aber niemand achtete auf ihre Bitten. Dann nahm ich wahr, wie die Verschwendung mit großem Prunk vorüberschritt und wie die Menge ihr, der vermeintlichen Freiheit, zujubelte.

Ich sah die Religion in den Büchern begraben, und der Zweifel hatte ihren Platz eingenommen.

Ich sah Menschen, die das Gewand der Duldsamkeit als Deckmantel für ihre Feigheit trugen, und sie nannten die Faulheit Nachsicht und die Furcht Gefälligkeit.

Ich sah den Störenfried am Tische des Wissens sitzen. Er erging sich in Torheiten, aber die Gäste blieben ruhig.

In den Händen des Verschwenders sah ich Gold als Hilfe für üble Taten; und der Geizhals benutzte es als Lockmittel für den Haß. Aber beim Weisen sah ich kein Gold.

Als ich all dies erblickte, rief ich voll Schmerz: »O Tochter des Zeus, ist dies wirklich die Erde? Ist dies der Mensch?«

»Es ist der Weg der Seele, den du hier siehst. Er ist mit harten Steinen gepflastert und von Dornen eingesäumt. Du siehst hier nur den Schatten des Menschen, die Nacht. Warte, bis der Morgen anbricht!«

Sanft legte sie mir ihre Hand auf die Augen, und als ich sie wegnahm, schritt die Jugend an meiner Seite; vor uns aber, als Führerin, konnte ich die Hoffnung erkennen.

Zwei Kinder

Ein König stand auf der Empore seines Palastes und sprach zu einer großen Menschenansammlung: »Laßt mich euch und dem gesamten Land die Geburt eines Prinzen mitteilen. Er wird den Namen meiner altehrwürdigen Familie tragen, und ihr werdet gewiß stolz auf ihn sein. Da er der Stammhalter eines großen und bedeutenden Geschlechts ist, hängt von ihm die glückliche Zukunft dieses Reiches ab. Singt nun und freuet euch!« Und mit Lob- und Dankgesängen ließen die Menschen ihre Stimmen empor zum Himmel steigen. Sie hießen den neuen Tyrannen willkommen, der ihre Nacken unter das Joch der Gewalt beugen, ihre Leiber auszehren und ihre Seelen niedermetzeln würde. Dieses Schicksals wegen sang das Volk und trank ausgelassen auf das Wohl des neuen Herrschers.

Zur gleichen Zeit trat ein anderes Kind ins Leben und in dieses Königreich. Während die Menge der Gewalt huldigte und sich durch das Absingen von Lobliedern auf einen kommenden Despoten selbst erniedrigte und während die Engel des Himmels über die Schwäche der Menschen und ihre Versklavung weinten, hing eine kranke Frau ihren Gedanken nach. Sie wohnte in einer alten, herabgekommenen Hütte, und das Neugeborene, das in zerfetzten Windeln neben ihr auf der harten Bettstatt lag, war am Verhungern. Die junge Frau lebte in Armut und Elend, denn die Menschen hatten sich nicht um sie gekümmert, nachdem ihr Mann unter der Gewaltherrschaft des Königs gestorben war. Sie war allein geblieben, bis Gott ihr in dieser Nacht einen kleinen Gefährten gesandt hatte, auf daß dieser ihr dereinst die Arbeit abnehmen und ihr eine Stütze im Leben sein würde.

Als sich die Menschenmenge aufgelöst hatte und wieder Ruhe eingekehrt war, nahm die arme Witwe ihr Kind auf den Arm, blickte es an und ließ ihre Tränen über sein Gesicht laufen, als ob sie es damit taufen wollte. Und mit kraftloser Stimme sprach sie zu ihm: »Weshalb hast du die jenseitige Welt verlassen und bist herabgestiegen, um mit mir die Bitterkeit des irdischen Lebens zu teilen? Warum hast du dich von den Engeln und dem unendlichen Firmament getrennt und bist in dieses erbärmliche Land der Menschen gekommen, wo Unterdrückung, Angst und Hartherzigkeit herrschen? Außer meinen Tränen habe ich nichts, was ich dir geben könnte. Willst du, daß ich dich mit ihnen anstatt mich Milch stille? Ich habe keine seidenen Kleider, die ich dir anziehen könnte. Werden dich meine zitternden nackten Arme wärmen? Die Tiere weiden auf den Wiesen und kehren in ihren sicheren Stall zurück, und die Vögel picken die Samen auf und schlafen friedlich in den Bäumen, doch du, mein geliebtes Kind, hast nichts außer einer liebenden, aber notleidenden Mutter.«

Sie legte das Kind an ihre vertrocknete Brust und umschlang es mit den Armen, als wollte sie den vorherigen Zustand wiederherstellen und aus zwei Körpern einen machen. Sie richtete ihre brennenden Augen zum Himmel und rief: »Gott, habe Erbarmen mit meinen unglückseligen Landsleuten!«

In diesem Augenblick rissen die Wolken auseinander und gaben das Angesicht des Mondes frei. Seine Strahlen durchdrangen die Balken des armseligen Hauses und fielen auf zwei entseelte Körper.

Wir und ihr

Wir sind die Sühne der Trauer,
Und ihr seid die Kinder der Freude.
Die Trauer jedoch ist das Bild eines Gottes,
Der nicht im Bereich böser Herzen wohnt.

Wir sind mit Trauer behaftete Wesen, aber diese
Ist viel zu gewaltig, um in beengten Herzen zu leben.
Und wenn ihr lächelt, dann weinen wir; derjenige aber,
Der einmal durch seine eigenen Tränen geläutert wurde,
Wird rein sein für immer.

Ihr habt kein Verständnis für uns,
Wir aber bieten euch Freundschaft an.
Ihr werdet vom Flusse des Lebens getragen
Und werft keinen Blick auf uns;
Wir jedoch sitzen am Ufer, sehen euch zu
Und lauschen auf eure fremden Stimmen.

Ihr könnt unsern Ruf nicht vernehmen,
Denn der Tumult der Tage hat eure Ohren verstopft,
Die zudem verschlossen sind durch die Gleichgültigkeit,
Mit der ihr seit Jahren die Wahrheit vertratet.
Wir hören jedoch euren Gesang, denn das Flüstern der
 Nacht
Hat unsere Herzen geöffnet. Wir nehmen euch
Unter dem Zeigefinger des Lichtes wahr,
Ihr jedoch könnt uns nicht sehen, denn wir stehen
In der erleuchteten Dunkelheit.

Wir sind die Söhne der Trauer,
Die Dichter, Propheten und Musiker.
Und aus den Fasern uns'rer Herzen weben wir

Den Mantel der Gottheit; und die Saat unserer Seelen
Legen wir in die Hände der Engel.

Ihr seid die Kinder des irdischen Frohsinns.
Ihr legt euer Herz in die Hände der Leere,
Denn die Berührung mit ihr
Ist sanft und verlockend.
Ihr wohnt im Hause der Unwissenheit,
Denn dort ist kein Spiegel, der euch
Den Blick in eure Seele gewährt.

Wir seufzen; und unsere Seufzer bewirken
Das Flüstern der Blumen, das Rascheln der Blätter,
Das Murmeln der Bäche.

Wenn ihr uns verspottet, klingt euer Hohn
Wie klappernde Knochen, wie rasselnde Ketten
Und wie das Gejammer der Unterwelt.
Weinen wir aber, dann fallen die Tränen
Mitten ins Herz des Lebens hinein,
So wie der Tau vom Auge der Nacht ins Herz des
dämmernden Morgens.
Doch wenn ihr lacht, fließt euer Hohn
Wie das Gift einer Viper in eine offene Wunde.

Wir weinen und empfinden Mitleid mit dem verirrten Pilger
Und der verlaßnen Witwe; ihr aber lacht und freut euch,
Wenn ihr den Glanz des Goldes seht.

Wir weinen und vernehmen auch
Die Klagen des Betrogenen und das Gestöhn des
Unterdrückten;
Ihr aber lacht, denn ihr hört nur
Den hellen Klang der weingefüllten Becher.

Wir weinen, denn unser Geist ist gegenwärtig
Von Gott getrennt. Ihr aber lacht, und völlig unbekümmert
Haltet ihr euch an der Erde fest.

Wir sind die Söhne der Trauer,
Und ihr die Kinder der Freude ... Wir wollen
Das Ergebnis uns're Trauer an den Taten eurer Freude
Vor dem Angesicht der Sonne messen ...

Ihr habt auf den Herzen von Sklaven
Die Pyramiden errichtet; doch diese stehen
Auf Sand und erinnern für alle Zeiten
An uns're Unsterblichkeit und euer Verschwinden.

Auf den Gebeinen der Schwachen habt ihr
Babylon erbaut; und Ninives Paläste
Steh'n auf den Gräbern der Armen.
Babylon ist heute nur noch der Fußabdruck eines Kamels
In der Wüste, und seine Geschichte wird den Völkern
erzählt,
Die uns verehren, euch aber verfluchen.

Wir meißelten Ishtar aus einem Marmorblock;
Und der Stein verlor seine Starrheit
Und spricht durch seine Verwandlung.

Wir schrieben und spielten sodann auf der Harfe
Die sanften Lieder des Nahawand. Und des Geliebten Seele
Kam aus den Himmelshöhen zu uns herabgeschwebt;
Mit Worten und mit Taten verklärten wir das höchste Wesen;
Wobei die Worte gleichsam zum Wort Gottes wurden
Und die Taten zu der Engel überwältigender Liebe.

Ihr folgt dem Vergnügen, von dessen Klauen
In den Arenen von Rom und in Antiochia
Tausende Märtyrer zerrissen wurden ...
Wir aber folgen der Stille, deren behutsame Finger
Die Ilias schrieben sowie das Buch des Hiob
Und Jeremias' Klagen.

Ihr legt euch mit der Wollust nieder, die
Eines Weibes Seele auf tausendfache Art berührt
Und Scham und Angst erzeugt ... Doch wir

Umarmen nur die Einsamkeit, aus deren Schatten
Die Schönheiten Hamlets und Dantes erwuchsen.

Ihr sucht nur der Begierde zu gefallen,
Durch deren scharfes Schwert schon Ströme
Warmen Blutes flossen … Wir aber wünschen uns
Die Wahrheit zur Gefährtin, durch deren Hände
Wir die Kenntnis von dem großen Herzen
Des Lichtes erhielten.

Wir sind die Söhne der Trauer, und ihr seid
Die Kinder der Freude. Aber Trauer und Freude werden
Durch einen engen und steinigen Weg getrennt.
Eure geistigen Pferde können ihn nicht betreten
Und eure prächtigen Kutschen ihn nicht befahren.

Wir haben Mitleid mit eurer Verblendung in dem Maß,
Wie ihr uns're Großzügigkeit haßt.
Und zwischen Mitleid und Haß steht die Zeit völlig verwirrt.
Wir kommen zu euch als Freunde, ihr aber bekämpft uns
  wie Feinde.
Und zwischen Freundschaft und Feindschaft
Liegt eine Schlucht, in welcher nur
Blut und Tränen fließen.

Wir bauen für euch Paläste, ihr aber schaufelt nur Gräber
Für uns. Und zwischen dem schönen Palast und dem
  finsteren Grab
Wandert die Menschheit wie eine Wache
Mit eisernen Waffen auf und ab.

Wir streuen Rosen auf euren Weg, doch ihr legt
Dornen in unser Bett. Und zwischen den Dornen und
  den Rosen
Schläft unruhig die Wahrheit.

Seit dem Beginn dieser Welt bekämpft ihr
Mit großer Kraft uns're grundgütige Macht.
Und wenn ihr nur eine Stunde lang Oberhand habt,

Dann quakt ihr so freudig wie Frösche im Wasser.
Doch wenn wir euch besiegen und eine Zeitlang bezähmen,
Verhalten wir uns wie schweigende Riesen.

Ihr kreuzigtet Jesus, habt ihn verspottet
Und spucktet auf ihn; jedoch er kam wieder
Und überwand die Geschlechter.
Er wandelte wie ein Held unter euch
Und erfüllte das All mit Schönheit und Ehre.

Den Sokrates habt ihr vergiftet und Paulus gesteinigt,
Ihr brachtet Ali Talib um und meucheltet Madhat Pasha.
Sie wurden dennoch unsterblich
Und leben mit uns im Angesichte der Ewigkeit.

Ihr aber lebt im Gedächtnis des Menschen
Wie ein Leichnam auf Erden; ihr werdet
Keinen finden, der euch
Im Dunkel des Nichtseins und des Vergessens begräbt,
Welches ihr suchtet im irdischen Sein.

Wir sind die Söhne der Trauer,
Und die Trauer ist eine satte Wolke, aus welcher
Wissen und Wahrheit auf die Menschheit strömen.
Ihr seid die Kinder der Freude,
Aber wie weit eure Freude auch reichen mag,
Das Gesetz Gottes wird sie mit den himmlischen Winden
Zerstreuen und in nichts auflösen.
Denn sie ist nur eine dünne Säule aus Rauch.

Jenseits des Schleiers

Um Mitternacht wachte Rachel auf und starrte gebannt auf die Decke ihres Schlafzimmers. Sie vernahm eine Stimme, die sanfter klang als das Flüstern des Lebens, schauriger als das Wehklagen aus der Hölle, zarter als der Schlag weißer Flügel und tiefer als das Rauschen der Meereswogen … In dieser Stimme lagen gleichzeitig Hoffnung und Verzweiflung, Freude und Trauer, Lebenslust und Todessehnsucht. Rachel schloß die Augen und seufzte tief. Sie rang nach Luft, als sie sprach: »Die Dämmerung hat gerade das äußerste Ende des Tales erreicht; wir sollten uns auf den Weg machen, um der Sonne zu begegnen.« Ihre Lippen verzerrten sich und gaben Kunde von einer tief verletzten Seele.

In diesem Augenblick trat der Priester an ihr Bett und berührte ihre Hände – sie waren kalt wie Eis. Und als er seine Hand auf ihr Herz legte, mußte er feststellen, daß es reglos war wie die Vergangenheit und still wie das Geheimnis seines eigenen Inneren.

In tiefer Verzweiflung senkte er sein Haupt. Seine Lippen zitterten, als wollten sie eine Beschwörung aussprechen, um nächtliche Trugbilder in weit entfernte Gegenden zurückzuschicken.

Der Priester kreuzte die Arme der Frau über ihrer Brust und blickte dann zu einem Manne hin, der in einer dunklen Ecke des Zimmers saß. Voll Mitleid sprach er zu ihm: »Deine geliebte Frau hat den großen Kreis des Lichtes erreicht. Komm, mein Bruder, laß uns niederknien und beten.«

Der trauernde Mann hob den Kopf und starrte mit leeren Augen ins Nichts. Doch plötzlich änderte sich sein Gesichtsausdruck, so als ob er mit einem Male den Geist eines unbekannten Geistes begreifen würde. Er raffte sich auf und trat voll Ehrfurcht an das Bett seiner Frau. Dort kniete er neben dem Geistlichen nieder, der ein Gebet sprach und über der

Toten das Zeichen des Kreuzes machte. Der Priester legte dem gramgebeugten Ehemann die Hand auf die Schulter und sprach mit ruhiger Stimme zu ihm: »Geh ins Nebenzimmer, Bruder, du bedarfst dringend der Ruhe.«

Der Mann gehorchte, ging ins Zimmer nebenan und legte sich dort erschöpft auf ein schmales Bett. Einige Augenblicke später befand er sich bereits in der Welt des Schlafes wie ein kleines Kind, das in den Armen seiner liebevollen Mutter Zuflucht sucht.

Der Priester aber stand wie eine Statue in der Mitte des Zimmers, und ein sonderbarer Zwiespalt hatte ihn erfaßt. Mit Tränen in den Augen blickte er zunächst auf den kalten Körper der jungen Frau, dann sah er durch den Vorhang, der die beiden Zimmer voneinander trennte, auf ihren Gatten, der sich dem Schlafe hingegeben hatte. Eine Stunde, die länger als ein Zeitalter zu dauern schien und schrecklicher war als der Tod selbst, verging, und noch immer stand der Geistliche zwischen den beiden weggetretenen Seelen. Die eine träumte von einem Feld, das nach einem harten Winter auf den kommenden Frühling wartet, die andere ruhte bereits in der Ewigkeit.

Der Priester näherte sich dem Leichnam der jungen Frau und kniete nieder wie vor einem Altar. Er nahm ihre kalte Hand in die seine und führte sie an seine zitternden Lippen. Dann blickte er auf ihr Gesicht, über dem bereits der leichte Schleier des Todes lag. Und mit einer Stimme, die zugleich ruhig war wie die Nacht, tief wie ein Abgrund und stockend wie des Menschen Hoffen, sprach er unter Tränen: »O Rachel, Braut meiner Seele, höre mich an! Endlich vermag ich es auszusprechen! Der Tod hat mir die Lippen geöffnet, so daß ich dir nun ein Geheimnis enthüllen kann, das tiefer ist als das Mysterium des Lebens selbst. Der Schmerz hat meine Zunge gelöst, und ich vermag dir meine Qual mitzuteilen, die schrecklicher ist als die größte Pein. Höre den Schrei meiner Seele, o reiner Geist, der du nun zwischen Himmel und Erde schwebst! Denke zurück an den jungen Mann, der auf dich wartete, wenn du vom Felde kamst, und der dich, hinter den Büschen versteckt, anblickte, da er sich vor deiner Schönheit fürchtete. Höre den Priester, der Gott dient und nun ohne Scham nach dir ruft, jetzt, da du die Stadt der Ewigkeit erreicht hast. Meine Liebe zu dir war so groß, daß es mir sogar möglich war, sie vor dir zu verbergen!«

Nach dieser Offenbarung seiner Gefühle beugte sich der Priester hinab und drückte ihr drei lange, innige Küsse auf Stirne, Augen und Mund.

In diese Küsse ließ er das ganze Geheimnis seiner Liebe strömen, aber auch den Schmerz und die Qual der vergangenen Jahre. Dann zog er sich in eine Ecke zurück, warf sich auf den Boden, und ein Schütteln erfaßte ihn wie einen Baum im Herbstwind. Es schien, als hätte die Berührung mit dem kalten Antlitz der Frau den Geist der Reue in ihm erweckt. Er vergrub sein Gesicht in den Händen und flüsterte: »Gott, vergib mir meine Sünde! Vergib mir meine Schwachheit, Herr! Ich konnte nicht länger widerstehen, das, was du ohnehin schon weißt, zu offenbaren. Sieben Jahre lang vergrub ich dieses Geheimnis in meinem Herzen, bis der Tod kam und es mir entriß. Hilf mir, o Gott, diese furchtbare und zugleich schöne Erinnerung zu ertragen, die mir die Wonne des Lebens schenkte und mir zugleich deinen Zorn zuzog. Vergib mir, Herr, und verzeihe mir meine Schwäche!«

Ohne nochmals auf den Leichnam der jungen Frau zu blicken, setzte er seine Klagen fort, bis der einbrechende Abend einen rosigen Schimmer auf die beiden stillen Gestalten warf und der einen den Zwiespalt von Liebe und Religion klarmachte, der anderen aber den Frieden des Lebens und des Todes zeigte.

Friede

Nachdem der Sturm die Äste der Bäume abgebrochen und das Korn auf den Feldern verwüstet hatte, kam er allmählich zur Ruhe. Am Nachthimmel funkelten die Sterne wie Splitter von Blitzen, und über allem herrschte Stille. Es schien, als wäre in der Natur nie ein Krieg ausgetragen worden.

Um diese Zeit betrat eine junge Frau ihre Kammer, kniete an ihrem Lager nieder und weinte bitterlich. Ihr Herz war voll Angst, und als sie endlich ihre Lippen auftat, sprach sie: »O Herr, bringe ihn sicher nach Hause! Ich habe keine Tränen mehr, Gott der Liebe und der Barmherzigkeit! Meine Ausdauer läßt nach, und das Unheil sucht Oberhand über mich zu gewinnen. Befreie ihn, Herr, aus den eisernen Klauen des Krieges und rette ihn vor einem gnadenlosen Tod; denn er ist schwach und wird von den Mächtigen beherrscht. O Herr, rette ihn vor dem Feind, der auch dein Feind ist! Halte ihn ab von dem Wege, der zum Tor des Todes hinführt! Laß mich ihn wiedersehen oder komm und bringe mich zu ihm!«

Ohne ein Wort zu sprechen, betrat ein junger Mann den Raum. Um seinen Kopf trug er einen Verband, der mit Blut durchtränkt war. Er näherte sich der jungen Frau und begrüßte sie mit einem Lächeln unter Tränen. Dann nahm er ihre Hand, führte sie an seine heißen Lippen, und mit einer Stimme, die alles vergangene Leid in sich trug, aber dennoch die Freude des Wiedersehens verriet, sprach er, ohne über die Wirkung seiner Worte sicher zu sein: »Fürchte dich nicht vor mir! Ich bin der Gegenstand deiner Bitte. Freue dich, denn der Friede hat mich dir wiedergegeben und die Menschheit hat das zurückbekommen, was ihr die Gier entreißen wollte. Sei nicht mehr traurig, sondern lächle, meine Geliebte! Lasse dich nicht verwirren, die Liebe verfügt über eine Kraft, die den Tod vertreibt; und sie besitzt einen Zauber, der den Feind besiegt. Ich bin es wirklich, dein Geliebter. Glaube nicht, daß ich nur ein Trugbild bin, das sich aus dem Haus des Todes aufmachte und der Heimat der Schönheit einen Besuch abstattet.

Fürchte dich nicht, ich bin die Wirklichkeit, die ohne Feuer und Schwert gekommen ist, um den Menschen vom Triumph der Liebe über den Tod zu berichten. Ich bin das Wort, das den Beginn von Frieden und Glück verheißt.«

Der junge Mann verstummte, und anstelle seiner Worte sprachen nun die Tränen seines Herzens. Die Engel der Freude schwebten über dem Haus, und zwei liebende Herzen wurden wieder eins.

Als es dämmerte, gingen die beiden hinaus auf die Felder. Sie betrachteten die Schönheit der Natur, die vom Sturm angeschlagen war. Nach einer Weile des Schweigens blickte der Soldat nach Osten und sprach zu seiner Geliebten: »Sieh nur, die Dunkelheit bringt die Sonne hervor.«

Das ehrgeizige Veilchen

Ein hübsches, wohlriechendes Veilchen lebte einst friedlich unter seinen Freunden und wiegte sich glücklich inmitten anderer Blumen in einem einsam gelegenen Garten. Eines Morgens, als noch die Tautropfen auf ihm lagen, hob es sein Haupt und sah um sich. Es erblickte eine stattliche, schöne Rose, die stolz dastand und weit in den Himmel hineinreichte wie eine brennende Flamme in einer smaragdfarbenen Lampe.

Das Veilchen öffnete seine blauen Lippen und sprach: »Wie unglücklich bin ich doch unter diesen Blumen und welch niedrige Stellung nehme ich in ihrer Gesellschaft ein! Die Natur hat mich klein und armselig geschaffen ... Ich wohne ganz nah an der Erde und kann mein Haupt nicht in den blauen Himmel recken und mein Gesicht der Sonne zuwenden, so wie es die Rosen tun.«

Die Rose vernahm die Worte ihrer Nachbarin und lachte: »Was redest du da! Du bist vom Glück begünstigt, aber du begreifst es nicht. Die Natur hat dir Duft und Schönheit verliehen, was sie nicht jedem gewährt ... Tu diese Gedanken ab und sei zufrieden! Bedenke, daß derjenige, der sich selbst erniedrigt, erhöht wird, doch der, der sich selbst erhöht, wird erniedrigt.«

Das Veilchen antwortete: »Du versuchst mich zu trösten, da du das besitzt, was ich begehre ... Du kränkst mich schon durch die Tatsache, daß du groß bist ... Wie leidet das Herz eines Unglücklichen unter der Belehrung eines Glücklichen! Und wie streng ist doch der Starke, wenn er als Ratgeber vor dem Schwachen steht!«

Als die Natur die Unterhaltung zwischen den beiden Blumen hörte, kam sie herbei und sprach zum Veilchen: »Was ist denn mit dir geschehen, mein Kind? In all deinen Worten und Taten bist du bisher bescheiden und sanftmütig gewesen. Hat dich der Neid erfaßt und deine Sinne verwirrt?« Das Veilchen antwortete mit flehender Stimme: »O große und gnädige Mutter, die du voll Liebe und Wohlwollen bist, ich bitte dich von ganzem Herzen, meinen Wunsch zu erhören: Laß mich für einen Tag eine Rose sein.«

Da antwortete die Natur: »Du weißt nicht, was du verlangst, und bist dir des Unheils nicht bewußt, das sich hinter deinem blinden Ehrgeiz verbirgt. Wenn du eine Rose würdest, könnte es dir leid tun, doch die Reue würde dir nichts mehr nützen.« Das Veilchen aber beharrte auf seinem Wunsch und bat: »Verwandle mich in eine große Rose, damit ich voll Stolz mein Haupt erheben kann. Was auch geschehen mag, ich will damit einverstanden sein.« Nun gab die Natur nach und sagte: »O du dummes, eigensinniges Veilchen! Ich werde deiner Bitte entsprechen, doch wenn du Schaden davonträgst, mußt du dich bei dir selbst beschweren.« Die Natur streckte ihre Zauberhand aus und berührte die Wurzeln des Veilchens, das sich sogleich in eine hochgewachsene Rose verwandelte, die alle anderen Blumen im Garten überragte.

Am Abend verdunkelte sich der Himmel mit schwarzen Wolken, und die wütenden Elemente störten mit Donnergrollen die Ruhe des Gartens, überschütteten ihn mit Regengüssen und ließen Sturmböen über ihn hinwegbrausen. Der Orkan brach die Äste der Bäume ab, entwurzelte die Pflanzen und knickte die Stengel der großen Blumen. Nur die kleinen Gewächse, die nahe der freundlich gesinnten Erde wohnten, verschonte er. Jenem einsam gelegenen Garten wurde durch das Rasen des Himmels großer Schaden zugefügt, und als der Sturm sich wieder legte und der Himmel heller wurde, lagen alle Blumen zerschlagen am Boden. Keine von ihnen war dem Zugriff der Naturgewalten entkommen außer einer Gruppe von kleinen Veilchen, die sich an der Gartenmauer versteckt hatten.

Eines der Veilchen hob den Kopf und betrachtete das Unheil, das den Blumen und Bäumen geschehen war. Dann lächelte es und sprach zu seinen Gefährten: »Seht nur, was der Sturm mit den überheblichen Blumen angerichtet hat!« Ein anderes meinte: »Wir sind zwar klein und leben nah an der Erde, doch vor dem Zorn des Himmels sind wir sicher.« Und ein drittes fügte hinzu: »Der Sturm kann uns nichts anhaben, weil wir nicht groß sind.«

In diesem Augenblick erblickte die Königin der Veilchen jene verwandelte Artgenossin neben sich, welche der Orkan abgebrochen und wie einen müden Soldaten auf einem Schlachtfeld in das nasse Gras geworfen hatte. Und die Königin sprach zu ihrem Volk: »Seht her, meine Kinder, und denkt darüber nach, was der Neid diesem Veilchen, das nur eine Stunde lang eine stolze Rose war, angetan hat. Laßt die Erinnerung an diesen Anblick eine Mahnung für die Zukunft sein!«

Die sterbende Rose bewegte sich schwach, nahm ihre letzten Kräfte zusammen und sprach ganz ruhig: »Ihr seid zufriedene und bescheidene Dummköpfe. Ich hatte niemals Angst vor dem Sturm. Gestern war ich noch mit dem Leben zufrieden, doch diese Zufriedenheit stand wie eine Mauer zwischen meinem Sein und dem anstürmenden Leben und überließ mich einem krankhaften, schwerfälligen Frieden und der Trägheit des Geistes. Ich hätte das Leben, das ihr hier führt, indem ihr euch zur Erde beugt, ebenfalls haben können ... Ich hätte auf den Winter gewartet, damit er mich mit Schnee zudeckt und dem Tod überläßt, der mit Sicherheit auch die Veilchen holt ... Aber ich bin jetzt glücklich, denn ich habe das Geheimnis des Alls außerhalb meiner kleinen Welt erforscht ... solches habt ihr noch nicht getan. Ich hätte den Neid, dessen Wesensart gehobener ist als die meine, wohl überwinden können, doch als ich der Stille der Nacht lauschte, hörte ich, wie die himmlische Welt zur irdischen sagte: ›Das Streben nach dem Jenseits des Lebens ist das wesentliche Ziel unseres Seins.‹ In diesem Augenblick erhob sich mein Geist, und mein Herz sehnte sich nach einer Stellung, die höher war als mein begrenztes Dasein. Ich merkte, daß in der Tiefe das Lied der Sterne nicht zu vernehmen ist, und von da an begann ich, gegen meine Niedrigkeit zu kämpfen und mich nach dem zu sehnen, was mir nicht zusteht, bis sich meine Auflehnung in eine gewaltige Kraft und mein Verlangen in einen schöpferischen Willen wandelte. Die Natur, die der erhabene Gegenstand unserer tieferen Träume ist, erfüllte meinen Wunsch und machte mit ihrer Zauberhand eine Rose aus mir.«

Sie verstummte für kurze Zeit und fuhr dann mit schwacher Stimme, in der jedoch Stolz und Befriedigung lagen, fort: »Eine Stunde lang lebte ich als stolze Rose, und für kurze Zeit glich ich einer Königin. Ich habe das All durch die Augen der Rose betrachtet, ich vernahm das Flüstern des Firmaments durch ihre Ohren und berührte den Saum des Lichts mit ihren Blütenblättern. Gibt es hier jemanden, der solche Ehre für sich in Anspruch nehmen könnte?« Nach diesen Worten neigte die Rose ihr Haupt und hauchte: »Nun werde ich sterben, denn meine Seele hat ihr Ziel erreicht. Ich habe endlich mein Wissen erweitert und kenne die Welt jenseits der engen Höhle, in der ich geboren wurde. Dies ist der Sinn des Lebens … Dies ist das Geheimnis des Seins.« Ein Zittern ging durch sie hindurch, langsam schlossen sich ihre Blütenblätter, und sie tat ihren letzten Atemzug mit einem himmlischen Lächeln auf den Lippen. Es war ein Lächeln, das von der Erfüllung einer Hoffnung und dem Erreichen eines Lebenszieles sprach … ein Lächeln des Sieges … ein göttliches Lächeln.

Mein Geburtstag

An diesem Tag vor fünfundzwanzig Jahren
Gab meine Mutter mich der Welt.
An diesem Tage senkte mich die große Stille
In die Arme eines Seins, das voll von
Klagen, Tränen und Konflikten ist.

Und fünfundzwanzig Male habe ich
Die Sonne nun umrundet.
Doch öfter noch tat dies der Mond bei mir.
Ich weiß nichts über die Geheimnisse des Lichts
Und habe auch noch nicht die rätselhafte Dunkelheit begriffen.

Ich reiste fünfundzwanzig Jahre lang
Zusammen mit der Erde, mit Sonne, Mond und Sternen
Durch die Unendlichkeit; doch meine Seele
Wartet noch darauf, die ewigen Gesetze zu verstehen,
So wie die Meeresgrotte vom Klang der Wogen widerhallt,
Sich aber nie mit Wasser füllt.

Das Leben ist im Sein der Himmelsordnungen
Verwoben, doch achtet es nicht
Auf die ungebund'ne Macht des Firmaments.
Die Seele singt das Lob von Ebbe und von Flut
Mit einer wunderbaren Melodie,
Erkennt jedoch seine Bedeutung nicht.

Durch fünfundzwanzig Jahre hat die Hand der Zeit
Mein Leben aufgezeichnet;
Ich bin ein lebend' Blatt im Buche der Unendlichkeit
Und doch soviel wie nichts; vielleicht ein vages Wort
Von schwieriger Bedeutung, das einmal nichts,
Dann wieder viel verheißt.

In jedem Jahr an diesem Tag
Ist meine Seele voll Gedanken und Erinnerungen;
Und sie gebieten Halt dem Schritt des Lebens,
Enthüllen mir die Schreckensbilder böser Nächte
Und fegen sie hinweg, so wie das Wolkenfeld
Am Horizont vom Wind verblasen wird.
Und sie verschwinden dann im fernsten Winkel
    meines Hauses,
So wie das Rauschen eines nah geleg'nen Flusses
Im fernen Tal verebbt.

Und jedes Jahr an diesem Tag
Besuchen mich die Geister, die meine Seele schufen.
Sie kommen aus der Ewigkeit, versammeln sich um mich
Und singen Trauerlieder der Erinnerung.
Dann ziehen sie sich flink zurück, entschwinden
    meinem Blick
Wie Vögel, die auf dem leeren Tennenboden
Kein Futter finden und voll Enttäuschung
Nach einem lohnenderen Ort entschweben.

An diesem Tag gedenk' ich der Vergangenheit,
Durch die mein Sinn verwirrt und mein Herz unruhig wurde.
Ich seh' auf sie, wie ich in einen trüben Spiegel schaue,
In dem ich nichts erblicke als totenähnliche Gesichter,
Wie sie im Lauf der Jahre mir begegneten.
Ich blicke wieder hin und sehe, wie mein Ich
Mich selbst in meiner Trauer anstarrt,
Und möchte Antwort von der Trauer, doch sie bleibt stumm.
Wär' sie imstand zu sprechen, erwiese sich ihr Wort
Noch süßer als das Lied der Freude.

In fünfundzwanzig Lebensjahren
Liebte ich sehr viele Dinge.
Oft war es das, was and're Menschen haßten,
Doch was sie liebten, wies ich weit von mir.

Was ich seit den Kindertagen liebte,
Lieb' ich heute noch und werd' es immer lieben.

Denn die Liebe ist Gottes größtes Geschenk
An die Menschheit:
Sie wird dem, der mit ihr gesegnet wurde,
niemals genommen.
Ich liebe den Tod und gebe ihm schöne Namen,
Mit Liebesworten verkläre ich ihn,
Doch heimlich und leise nur,
Denn der Zuhörer Spott wär' mir gewiß.

Obgleich ich dem Tod gegenüber
Zuneigung hege, habe ich mich
Auch in das Leben verliebt, denn Leben und Tod
Bedeuten mir gleich viel hinsichtlich
Reiz, Zauber und Anziehungskraft.
Sie arbeiten beide Hand in Hand,
Wenn sie meine Sehnsucht und Zuneigung nähren
Und Liebe und Leid mit mir teilen.

Ich liebe die Freiheit, und meine Liebe zu ihr
Wuchs mit dem Wissen darüber,
Daß alle Menschen der Knechtschaft,
Der Unterdrückung und der Gewalt angehören
Und daß sie den schreckenerregenden Götzenbildern
gehorchen,
Die in vergangenen Zeiten errichtet
Und mit den Lippen von Sklaven glattgeküßt wurden.

Bei all meiner Liebe zur Freiheit
Hege ich eine Zuneigung zu diesen Sklaven.
Sie küßten, von Blindheit geschlagen, in seliger
Unachtsamkeit
Die Klauen von reißenden Bestien.
Auch das Gift der lächelnden Schlangen spürten sie nicht;
Und ohne es zu bemerken, schaufelten sie sich
Ihr Grab mit eigener Hand.

Die Liebe zur Freiheit ist meine bedeutendste Liebe,
Sie gleicht einem Mädchen voll Schönheit und Anmut,
Das in der Einsamkeit aber verwelkt und verblüht.

Unerkannt und ohne willkommen zu sein
Wandelt sie wie ein Gespenst
Zwischen den Menschen umher;
Und wenn sie am Straßenrand steht
Und den Reisenden zuruft,
Schenkt man ihr keine Beachtung.

Ich habe in fünfundzwanzig Jahren gewiß auch
Das Glück geliebt – so wie alle.
Ich war auf der Suche danach, konnte es aber
Auf menschlichen Pfaden nicht finden.
Auch nicht die Spur seiner Tritte
Sah ich im Sand vor den prächtigen Häusern der Menschen.
Ich hörte auch nicht den Widerhall seiner Stimme
Aus den hohen Fenstern der Tempel.

Ich suchte das Glück in der Einsamkeit,
Und als ich ihm nahekam, hörte ich
Meine Seele leise sagen:
»Das Glück, das du suchst, gleicht einer Jungfrau,
Die in der Tiefe des Herzens geboren und aufgezogen wird;
Sie verläßt aber niemals den Ort ihrer Geburt.«
Und als ich mein Herz weit auftat,
Um endlich das Glück zu finden,
Sah ich in seiner Wohnung
Nur seinen Spiegel, sein Bett und sein Kleid;
Das Glück selbst war nicht da.

Ich liebe die Menschheit und liebe in gleichem Maße
Alle drei Arten menschlicher Wesen …
Die, welche das Leben schmähen,
Diejenigen, die es segnen,
Und schließlich die, welche darüber nachsinnen.
Ich liebe die erste Art um ihrer Nöte willen,
Die zweite ob ihrer Großzügigkeit,
Die dritte in ihrer Friedfertigkeit und Erkenntniskraft.

Und so vergingen fünfundzwanzig Jahre in Liebe
Und finden ihr Ende im Nichts.

Die Tage und Nächte eilten dahin
Und kamen vom Wege des Lebens ab.
Sie flatterten fort, so wie im Herbst
Die trockenen Blätter der Bäume
Vom Winde verblasen werden.

Heut hielt ich inne auf meinem Weg:
Ein müder Wanderer, der zwar noch nicht
Den vorgegeb'nen Ort erreicht hat,
Jedoch versucht herauszufinden, wo er steht.
Ich sende meinen Blick in jede Richtung,
Doch finde ich von der vergang'nen Zeit nicht eine Spur,
Von der ich sagen könnte: »Das ist meine.«

Ich kann auch nicht die Früchte meiner Lebensjahre ernten,
Denn meine Vorratskästen sind lediglich
Mit Pergamenten angefüllt, auf denen man
Die Spuren schwarzer Tinte sieht,
Sowie mit Zeichnungen, die Linien und Farben präsentieren.

Mit diesen Blättern und mit diesen Bildern
Versuchte ich nur, meine Liebe, meine Träume
Und mein Denken zu umhüllen,
So wie der Sämann den Samen
Im Herzen der Erde vergräbt.

Und hat er die Saat in die Erde gelegt,
Kehrt er am Abend nach Hause zurück
Und wartet und hofft auf den Zeitpunkt der Ernte.
Ich aber habe die Saat meines Herzens
In die Verzweiflung gestreut,
Und alles Hoffen und Warten ist zwecklos.

Nun aber, nach meiner fündundzwanzigsten Reise
Um die Sonne herum, blicke ich
Durch einen Schleier von Seufzern und Sorgen
Auf die vergangene Zeit; und die lautlose Zukunft
Enthüllt sich mir nur durch den getrübten Blick
Auf das Gewesene.

Durch das Dach meiner Hütte schaue ich in das All
Und seh' die Gesichter der Menschen;
Ich höre, wie ihre Stimme emporsteigt
Und wie ihr Schritt auf den Steinen verhallt.

Ich fühle die Schwingungen ihres Geistes
Und die Aufdeckung all ihrer Wünsche;
Und spüre ihr klopfendes Herz.

Ich sehe die Kinder springen und laufen,
Wie sie spielen, lachen und weinen;
Und ich betrachte die Jünglinge,
Wie sie stolz auf- und abgehen,
Als wollten sie das Loblied der Jugend anstimmen;
Ihre Augen strahlen wie Sonnen.

Und ich erblicke die Mädchen,
Die sich voll Anmut bewegen
Und schwingen wie zarte Äste.
Sie lächeln wie Blumen und schaun ihre Freunde
Mit liebevoll zitternden Augen an.

Und ich sehe die Greise
Gebückt und mit langsamen Schritten gehen,
Sie stützen sich auf ihren Stock und blicken zur Erde,
Als suchten sie einen Schatz, der in der Jugend verlorenging.

Ich nehme all diese Trugbilder wahr,
Die in den Straßen und Gassen der Stadt
Sich herumtreiben.

Sodann betrachte ich die Umgebung der Stadt
Und mache mir meine Gedanken
Über die Schönheit und Stille der freien Natur.
Ich betrachte die Hügel, die Täler und Bäume,
Die bunten Blumen, die munteren Bäche
Sowie die Schar der singenden Vögel.

Und hinter dem Festland erstreckt sich
Die See mit all ihren·Wundern
Und den Geheimnissen ihrer Tiefe.
Auf ihrer Oberfläche schäumen die Wogen,
Am Grunde aber herrscht Ruhe.

Dann blicke ich über das Meer hinaus
Und sehe den Himmel mit all den glitzernden Sternen,
Mit seinen Sonnen und Monden und den Planeten,
Mit seinen gewaltigen Kräften und zahllosen Atomen.
All das ist zweifellos einem großen Gesetz unterworfen,
Das weder Anfang noch Ende kennt.

Über all diese Dinge denke ich nach –
Und vergesse die Zeit seit meiner Geburt
Und alle Jahre davor sowie die Jahrhunderte,
Die noch kommen.

In diesem Augenblick gleicht mein Sein
Und alles, was mich umgibt,
Dem schwachen Schrei eines Kindes,
Das zitternd in der Tiefe und endlosen Leere
Eines hohen, unbegrenzten Raumes steht.

Dieses Wesen ohne Bedeutung,
Dieses Selbst, welches dasjenige ist,
Dessen Geschrei und Gejammer ich ständig höre,
Erhebt sich nun mit starkem Flügelschlag
Hinan zum grenzenlosen Firmament.
Es streckt die Hand nach allen Richtungen
Und schwingt sich über diesen Tag,
Der es ins Leben brachte und
Den das Leben ihm verlieh.

In meinem tiefsten Innersten
Erhebt sich eine laute Stimme,
Die ruft: »Der Friede sei mit dir, o Leben!
Friede sei mit dir, Erweckung!
Und Friede mit dir, Offenbarung!

Friede sei mit dir, o Tag!
Mit deinem hellen Licht
Vertreibst auf Erden du die Dunkelheit!

Friede sei mit dir, o Nacht!
Die Lichter des Himmels funkeln
Durch deine Finsternis!

Friede mit euch, ihr Jahreszeiten!
Frühling, der Friede sei mit dir!
Du bringst der Erde die Jugend zurück.
Sommer, Friede mit dir!
Du bringst uns Kunde vom Ruhm der Sonne.
Herbst, es sei Friede mit dir!
Du schenkst uns die Früchte der Arbeit
Und bist der Lohn aller Mühen.
Winter, der Friede sei auch mit dir!
Dein Stürmen und Toben bringt der Natur neue Kraft,
Während sie schläft.

Friede mit euch, ihr Jahre!
Nun enthüllt ihr, was bislang verborgen war.
Friede mit euch, ihr Zeiten!
Ihr stellt wieder auf, was ihr einstens zerstörtet.
Friede mit dir, o Leben!
Du geleitest uns zur Erfüllung im Tode.
Friede mit dir, mein Herz!
Du pochst beharrlich weiter,
Auch wenn dich Tränen überschwemmen.
Friede mit euch, ihr Lippen!
Ihr schenkt uns freundliche Worte,
Auch wenn ihr den galligen Apfel
Und die Essigsäure des Lebens schmeckt. –
Und Friede mit dir, o Seele!
Du lenkst unser Leben und unseren Tod,
Während die Sonne dich unseren Blicken entzieht.«

Die Märtyrer des menschlichen Gesetzes

Wurdest du als Kind der Sorge geboren und hat man dich in Leid und Knechtschaft großgezogen? Bist du jetzt gezwungen, dich von in Tränen aufgeweichtem harten Brot zu ernähren und mit Blut vermischtes trübes Wasser zu trinken?

Bist du ein Soldat, dem das strenge Gesetz des Menschen befiehlt, Weib und Kinder zu vergessen, um auf das Schlachtfeld zu ziehen, der Gier wegen, welche deine Anführer zu Unrecht *Pflicht* nennen?

Bist du ein Dichter, der mit seinem kümmerlichen Leben zufrieden ist, glücklich darüber, Papier und Tinte zu besitzen, und der sich in seinem Land wie ein Fremdling aufhält und seinen Mitmenschen unbekannt ist?

Bist du ein Gefangener, der eines geringfügigen Vergehens wegen in einen dunklen Kerker gesperrt ist und der von denen verurteilt wurde, die den Menschen zu bessern versuchen, indem sie ihn verderben?

Bist du eine junge Frau, der Gott Schönheit verliehen hat, die jedoch eine Beute der niederen Lüsternheit des Reichen wurde, der sie betrog, ihren Körper, aber nicht ihr Herz kaufte und sie dem Elend und der Not überließ?

Wenn du einer von diesen bist, dann gehörst du zu den Märtyrern des menschlichen Gesetzes. Du bist unglücklich, und dein Elend ist die Folge der Bösartigkeit des Starken, der Ungerechtigkeit des Tyrannen, der Grausamkeit des Reichen und der Selbstsucht des Unzüchtigen und des Begierigen.

Tröstet euch, meine geliebten Schwachen, denn es gibt eine gewaltige Macht jenseits dieser sichtbaren Welt, eine Macht, die alle Gerechtigkeit, alles Mitleid und Erbarmen und alle Liebe umschließt.

Ihr seid wie eine Blume, die im Schatten wächst; eine sanfte Brise kommt und trägt euren Samen zum Sonnenlicht, wo ihr erneut in Schönheit leben werdet.

Ihr gleicht einem kahlen Baum, den der Schnee niedergedrückt hat. Es wird jedoch der Frühling kommen und euch mit seinem grünen Kleid bedecken. Die Wahrheit wird den Schleier eurer Tränen zerreißen, und euer Lachen wird wieder zum Vorschein kommen. Ich stehe euch zur Seite, meine Brüder, denn ich liebe euch und verdamme diejenigen, die euch bedrängen.

Gestern und heute

Der Mann, der sehr viel Gold besaß, ging im Park seines Palastes spazieren. Aber seine Sorgen folgten ihm, und seine Ängste schwebten über seinem Haupt wie die Geier über einem Kadaver.

Er gelangte an einen schönen See, an dem viele prächtige Marmorstatuen aufgestellt waren. Dort ließ er sich nieder und betrachtete die Wassergüsse, die aus den Mündern der Steinfiguren sprudelten wie die Gedanken aus der Phantasie eines Liebenden. Schwermütig blickte er auf seinen Palast, der mitten auf einem Hügel stand. In seiner Vorstellung lag das Trauerspiel seines Lebens wie ein Buch vor ihm; und er las es unter Tränen, die seinen Blick verschleierten und ihn von der Betrachtung dessen abhielten, was der Mensch in schwacher Weise der Natur hinzugefügt hatte. Von Reue erfüllt sah er die Bilder seines früheren Lebens, die ihm die Götter vor Augen hielten, und als er seine Gefühle nicht mehr länger zurückhalten konnte, rief er laut: »Gestern noch weidete ich meine Schafe in einem grünen Tal. Ich freute mich des Lebens, spielte auf meiner Flöte und trug mein Haupt hoch aufgerichtet. Heute bin ich ein Gefangener des Neides, denn Gold zieht Gold nach sich, sodann Ruhelosigkeit und schließlich verheerendes Elend.

Gestern noch war ich wie ein Singvogel, der frei über den Feldern schwebt; heute bin ich ein Sklave des wankelmütigen Wohlstands, gesellschaftlicher Regeln, städtischer Sitten und käuflicher Freunde. Und um den Menschen zu gefallen, halte ich mich an ihre seltsamen, einengenden Gesetze. Obwohl ich geboren bin, um frei zu sein und die Gaben des Lebens zu genießen, ähnle ich einem schwer mit Gold beladenen Tier, dem unter seiner Last das Rückgrat bricht.

Wo sind die weiten Ebenen, die rauschenden Bäche, der frische Wind und die Verbundenheit mit der Natur? Wo ist meine Göttlichkeit geblieben? All das habe ich verloren! Mir bleibt nichts außer der Einsamkeit, die mich in Trauer versetzt, und dem Gold, das meiner spottet. Ich habe Sklaven, die mich verfluchen, und einen Palast, der zum Grabe meines Glücks geworden ist und in dessen Weite mein Herz verlorenging.

Gestern noch streifte ich mit der Tochter des Beduinen durch die Wiesen und über die Hügel. Wir waren selig in unserer Liebe, die Tugend war unser Begleiter, und der Mond wachte über uns. Heute lebe ich unter Frauen von oberflächlicher Schönheit, die sich für Gold und Edelsteine verkaufen.

Gestern war ich ohne Sorgen und teilte mit den Schäfern alle Freuden des Lebens. Wir aßen, arbeiteten, sangen und tanzten gemeinsam nach der wahren Musik des Herzens. Heute bewege ich mich unter den Menschen wie ein erschrockenes Lamm inmitten von Wölfen. Wenn ich auf die Straße gehe, starren mich die Leute voll Verachtung und Argwohn an und deuten haßerfüllt auf mich; und wenn ich mich dann davonstehle, sehe ich lauter Grimassen um mich herum.

Gestern war ich reich in meinem Glück, heute bin ich arm in all meinem Gold.

Gestern war ich ein glücklicher Schäfer und schaute auf meine Herde wie ein König auf seine zufriedenen Untertanen. Heute stehe ich als Sklave vor meinem Reichtum, jenem Reichtum, der mir die Schönheit des Lebens, die ich einst kannte, geraubt hat.

Vergib mir, gerechter Richter! Ich wußte nicht, daß der Reichtum mein Leben in Stücke reißen und mich in das Gefängnis der Rücksichtslosigkeit und Dummheit führen würde. Was ich als Ehre betrachtete, ist nichts anderes als Verdammnis in Ewigkeit.«

Müde erhob er sich und ging auf seinen Palast zu, und seufzend fragte er: »Was ist es, das die Menschen Wohlstand nennen? Ist es der Gott, dem ich diene und opfere? Ist es das, was ich auf Erden suche? Warum kann ich dafür nicht ein Stückchen Zufriedenheit eintauschen? Würde mir jemand für eine Tonne Gold einen einzigen schönen Gedanken verkaufen? Würde mir jemand für eine Handvoll Edelsteine einen Augenblick lang Liebe geben? Wer würde mir für all meine Schätze nur einen einzigen Blick in sein Herz gewähren?« Als er am Tor des Palastes angelangt war, wandte er sich um und blickte auf die Stadt hinab wie Jeremias auf Jerusalem. Er hob die Arme empor und rief klagend: »O ihr Menschen in der lärmenden Stadt, die ihr Lügen nachbetet und Unsinn sprecht! ... Wie lange noch wollt ihr in Unwissenheit verharren? Wie lange werdet ihr im Sumpf des Lebens steckenbleiben und aus seinen Gärten Wüsten machen? Weshalb tragt ihr Lumpen, wenn doch die Natur ein seidenes Kleid für euch angefertigt hat? Die Lampe der Weisheit verlischt, und es wird Zeit, Öl nachzugießen. Das Haus des wahren Glücks wird zerstört; es ist an der Zeit, es wieder aufzubauen und zu bewahren. Die Diebe im Dienst der Unwissenheit haben euch den Schatz eures Friedens gestohlen; es ist Zeit, ihn zurückzugewinnen!«

In diesem Augenblick trat ein Bettler vor ihn hin und streckte die Hand nach einem Almosen aus. Als der Reiche den armen Mann sah, öffnete ein Lächeln seine Lippen, seine Augen glänzten mild, und sein Antlitz strahlte vor Güte. Es schien, als wäre das Gestern, über dessen Verlust er am See geklagt hatte, zurückgekommen, um ihn zu grüßen. Liebevoll umarmte er den Armen, füllte seine Hände mit Gold und sprach in aufrichtiger Zuneigung: »Komm morgen wieder und bringe deine Leidensgenossen mit. Ihr sollt all eure Besitztümer wiedererhalten.«

Er betrat seinen Palast und sagte: »Alles im Leben ist gut, sogar der Reichtum; er lehrt uns, daß das Geld einem Saiteninstrument gleicht. Wer nicht darauf zu spielen vermag, wird nur Mißtöne hervorbringen. Aber es ist auch wie die Liebe, denn es tötet den, der sich ihm widersetzt, langsam und qualvoll; demjenigen aber, der es seinen Mitmenschen weiterreicht, flößt es neues Leben ein.«

Der Verbrecher

Ein junger Mann von stattlichem Wuchs, jedoch vom Hunger geschwächt, saß am Straßenrand, streckte seine Hand nach Almosen aus und erzählte den Vorübergehenden von der Tragik seines Lebens, von Hunger und Demütigung.

Als die Nacht hereinbrach, waren seine Lippen und seine Zunge trocken und ausgedörrt, seine Hände und sein Magen waren aber immer noch leer.

Er stand auf und ging hinaus vor die Stadt. Dort setzte er sich unter einen Baum und weinte bitterlich. Er richtete seine Augen himmelwärts, und während der Hunger seine Eingeweide beinahe aufzehrte, sprach er: »O Herr, ich ging zu den Reichen hin und bat um Arbeit, doch wegen meiner schäbigen Kleider wandte man sich ab von mir; ich klopfte an die Pforte der Kirche, doch auch da gewährte man mir keinen Trost, weil ich mit leeren Händen kam. Ich wollte jede Gelegenheit ergreifen, um mir mein Brot zu verdienen, aber es war zwecklos. In meiner Verzweiflung fing ich zu betteln an, doch deine Diener sagten bloß: ›Das ist ein fauler Kerl, der sollte lieber arbeiten, anstatt nach Almosen zu schielen!‹

O Herr, es ist dein Wille, daß meine Mutter mich gebar und daß mich die Erde dir nun vorzeitig zurückgibt.«

Mit einem Male aber änderte sich sein Gesichtsausdruck. Er stand auf, und seine Augen funkelten vor Entschlossenheit. Er brach einen starken Ast ab, deutete damit auf die Stadt und rief: »Mit der ganzen Kraft meiner Stimme bat ich um Brot, doch man wies mich zurück. Jetzt werde ich es mir mit der Kraft meiner Muskeln holen! Im Namen der Barmherzigkeit und der Liebe flehte ich um Brot, aber die Menschen achteten nicht auf mich. Nun werde ich es mir im Namen des Bösen nehmen!«

In den folgenden Jahren wurde der junge Mann ein Räuber und Mörder, und in seiner Zerstörungswut schmetterte er alle nieder, die sich ihm in den Weg stellten. Er häufte gewaltige Reichtümer an, so daß er sogar auf die Mächtigen des Landes Einfluß gewann. Seine Kumpane bewunderten ihn, und die anderen Diebe waren neidisch, aber die meisten hatten Angst vor ihm.

Sein Reichtum und sein ungerechtfertigtes Ansehen veranlaßten den Fürsten, ihn zum Abgeordneten der Stadt zu ernennen; und dieser Plan wurde auch von den nichtsahnenden Gouverneuren unterstützt. Auf solche Weise wurde der Diebstahl legalisiert und die Erpressung von der Regierung gefördert. Die Unterdrückung der Schwachen wurde öffentlich geduldet, aber die Menschen ergingen sich in schmeichlerischen Lobhudeleien.

So macht die menschliche Selbstsucht aus Anhängern der Demut Verbrecher und aus Kindern des Friedens Mörder; und so erwächst schon früh bei den Menschen der Neid und schlägt tausendfach auf sie zurück!

Hab Erbarmen mit mir, meine Seele!

Weshalb weinst du, meine Seele?
Kennst du nicht meine Schwachheit?
Deine Tränen sind scharf und verletzend,
Und ich bin mir keines Unrechts bewußt.
Wie lange noch willst du weinen?
Ich habe nur meine Worte,
Um deinen Traum zu erklären,
Deinen Wunsch und deinen Befehl.

Blicke auf mich, meine Seele!
Ich habe mein ganzes Leben verbraucht,
Um deinen Lehren zu folgen.
Denke daran, wie ich litt!
Ich war völlig erschöpft,
Als ich dir folgte.

Mein Herz saß ruhmreich auf einem Thron,
Jetzt aber ist es versklavt.
Die Geduld hat mich immer begleitet,
Nun stellt sie sich mir entgegen.
Meine Jugend war meine Hoffnung,
Nun tadelt sie meine Nachlässigkeit.

Warum, meine Seele, forderst du alles von mir?
Ich habe mich selbst gerne verleugnet
Und auf die Freuden des Lebens verzichtet,
Indem ich der Richtung folgte,
Die einzuschlagen du mir befahlst.
Behandle mich recht oder rufe den Tod herbei,
Um mich zu befreien.
Denn die Gerechtigkeit ist ein Teil deines Ruhms.

Hab Erbarmen mit mir, meine Seele!
Du hast mich so sehr mit Liebe beladen,
Bis ich die Last nicht mehr tragen konnte.
Du und die Liebe, ihr seid nicht zu trennen
In eurer Macht. Ich und mein irdisches Sein
Sind aufgrund uns're Schwachheit untrennbar.
Wird der Kampf zwischen Starken und Schwachen je enden?

Hab Erbarmen mit mir, meine Seele!
Du hast mir gezeigt, wie das Schicksal
Sich meinem Zugriff entzieht.
Du lebst mit ihm auf dem Gipfel des Berges,
Mein Elend und ich aber
Sind in die Tiefen des Tales verbannt.
Werden sich Berg und Tal je vereinen?

Hab Erbarmen mit mir, meine Seele!
Du hast mir die Schönheit gezeigt,
Sie dann aber vor meinen Augen verborgen.
Du und die Schönheit, ihr lebt im Licht,
Die Verblendung und ich
Sind in der Finsternis aneinandergekettet.
Wird das Licht je über die Dunkelheit siegen?

Die Wonnen schenkst du erst mit dem Ende;
Im Augenblick weidest du dich daran,
Mir einen Vorgeschmack nur zu bieten.
Doch dieser Körper leidet am Leben,
Während er mitten im Leben steht.
Dies, meine Seele, bestürzt mich.

Du treibst in Eile der Ewigkeit zu,
Mein Körper strebt langsam dem Ende entgegen;
Du hast nicht die Absicht, auf ihn zu warten,
Er aber kommt nicht schneller voran.
Dies, meine Seele, betrübt mich.

Du bist imstande, den Himmel zu stürmen,
Die irdische Schwerkraft jedoch

Hält den Körper zurück.
Du spendest ihm keinen Trost,
Und er ist dir deswegen gram.
Dies, meine Seele, verdrießt mich.

Du bist an Weisheit sehr reich,
Mein Körper jedoch ist arm an Verstand.
Du bist nicht auf Ausgleich bedacht,
Und er will dir nicht gehorchen.
Dies, meine Seele, ertrage ich schwer.

In der Stille der Nacht suchst den Geliebten du auf,
Und seine Anwesenheit macht dir Freude.
Dieser Körper jedoch verbleibt stets
Das traurige Opfer von Hoffnung und Trennung.
Dies, meine Seele, ist eine tödliche Qual.
Hab Erbarmen mit mir, meine Seele!

Die Witwe und ihr Sohn

Die Nacht fiel auf den Norden des Libanon und auf die schneebedeckten Dörfer des Kadeesha-Tales. Die Felder und Wiesen glichen einer ausgebreiteten Pergamentrolle, auf der die ungestüme Natur ihre Taten verzeichnet hatte. Die Menschen strebten ihren Häusern zu, und die Stille der Nacht umfing sie.

In einem einsamen Haus in der Nähe dieser Dörfer wohnte eine Frau. Sie saß an der Feuerstelle und spann Wolle. Neben sich hatte sie ihr einziges Kind, das bald zur Mutter, bald zum Feuer hinsah.

Ein schrecklicher Donnerschlag ließ plötzlich das Haus erzittern und jagte dem kleinen Knaben Angst ein. Er schlang die Arme um seine Mutter und suchte an ihrer Brust Schutz vor den Naturgewalten. Die Frau drückte ihn an sich, setzte ihn auf ihren Schoß und sagte: »Fürchte dich nicht, mein Sohn, die Natur mißt nur ihre Kraft an der Schwäche des Menschen. Hinter den dichten Schneeflocken, den schweren Wolken und dem tobenden Wind gibt es ein allerhöchstes Wesen. Es kennt die Bedürfnisse der Erde, denn sie wurde von ihm geschaffen. Mit Augen voll Mitleid blickt es nun auf die schwachen Menschen.

Sei tapfer, mein Kleiner! Die Natur lächelt im Frühling, im Sommer lacht sie, und im Herbst gähnt sie vor Müdigkeit; aber jetzt im Winter weint sie. Und mit ihren Tränen schenkt sie dem Leben, das sich unter der Erde versteckt, Wasser.

Schlafe, mein liebes Kind! Dein Vater blickt von der Ewigkeit auf uns herab. Der Schnee und der Donner bringen uns ihm nur näher.

Schlafe, mein Liebling! Dieses weiße Laken, das uns frieren läßt, hält die Samen warm, aus denen im Frühling die schönen Blumen sprießen.

Und ebenso, mein Kind, kann auch der Mensch keine Liebe

ernten, wenn er nicht die Schmerzen der Trennung, die Schwierigkeit der Ausdauer und die Hoffnungslosigkeit der Unterdrückung kennengelernt hat.

Schlafe, mein Sohn! Süße Träume werden deine Seele aufsuchen, und sie wird sich dann vor der dunklen Nacht und der beißenden Kälte nicht fürchten.«

Schlaftrunken blickte der Knabe die Mutter an und sagte: »Ich bin müde, Mutter, aber ohne Gebet kann ich nicht einschlafen.« Die Frau blickte in das engelsgleiche Gesicht ihres Kindes, doch ihre von Tränen getrübten Augen nahmen es wie durch einen Schleier hindurch nur undeutlich wahr. Und sie sagte: »Sprich mir nach, mein Kind! ›O Gott, erbarme dich der Armen, schütze sie vor dem Winter und erwärme sie mit deiner gütigen Hand. Blicke auf die Waisen, die in verfallenen Hütten leben und unter Hunger und Kälte leiden. Vernimm, Herr, die Schreie der hilflosen Witwen, die Angst um ihre Kinder haben, öffne, o Gott, die Herzen der Menschen, auf daß sie das Elend der Schwachen wahrnehmen! Hab Erbarmen mit den Bedürftigen, die an die Tür klopfen, und leite die Obdachlosen an einen geschützten Ort! Wache über die kleinen Vögel und beschütze die Bäume und die Äcker vor dem Rasen des Sturms; denn du bist gnädig und voll Liebe.‹«

Als der Schlummer den Knaben übermannt hatte, legte ihn die Mutter in sein Bett. Mit zitternden Lippen küßte sie ihn auf die Augen. Dann ging sie wieder zurück an die Feuerstelle, setzte sich nieder und spann weiter die Wolle für sein Gewand.

Am Abend des Festes

Die Nacht war hereingebrochen, und Dunkelheit legte sich über die Stadt. In den Palästen, Häusern und Läden wurden die Lichter angezündet, und festlich gekleidete Menschen strömten auf die Straßen; alle schienen in feierlicher und glücklicher Stimmung zu sein. Ich mied die lärmende Menge und hielt mich abseits, denn ich wollte über jenen Mann nachdenken, an dessen Größe und Ansehen heute erinnert wurde; über jenen bedeutenden Geist, der in Armut geboren wurde, in höchster Tugend gelebt hatte und dennoch am Kreuze starb.

Ich sann über die brennende Fackel nach, die in einem ärmlichen syrischen Dorf durch den Heiligen Geist entzündet worden war … von jenem Heiligen Geist, der über allen Zeiten schwebt und einen Kulturkreis nach dem anderen durchdringt.

Als ich den Stadtpark erreicht hatte, ließ ich mich auf einer Holzbank nieder, blickte zwischen den kahlen Bäumen auf die dicht bevölkerten Straßen und lauschte den Gesängen und Liedern der Feiernden.

Nachdem ich etwa eine Stunde so dagesessen hatte, blickte ich seitwärts und bemerkte zu meiner Überraschung, daß ein Mann neben mir saß. Er hielt einen kleinen Ast in der Hand und zeichnete damit seltsame Figuren auf den Boden. Ich war erschrocken, denn ich hatte ihn nicht kommen sehen, aber als ich mich beruhigt hatte, dachte ich mir: »Er ist genauso einsam wie ich.« Nachdem ich ihn einer gründlichen Betrachtung unterzogen hatte, war mir bewußt, daß er trotz seines altmodischen Gewandes und seines langen Haares ein Mann von großer Würde war, den man gewiß nicht unbeachtet lassen konnte. Offenbar hatte er meine Gedanken erraten, denn er sagte plötzlich mit tiefer, ruhiger Stimme: »Guten Abend, mein Sohn!« »Ich wünsche Euch auch einen guten Abend«, antwortete ich voll Ehrerbietung. Er fuhr fort weiterzuzeichnen, und während seine sonderbar sanft anmutende Stimme noch in meinen Ohren klang, fragte ich ihn: »Seid Ihr fremd in dieser Stadt?«

»Ja, ich bin ein Fremder, hier und überall«, gab er zurück. Ich versuchte ihn zu trösten und meinte: »Ein Fremder sollte während dieser Festtage vergessen, daß er nicht hierher gehört, denn jetzt regieren Freundlichkeit und Großzügigkeit die Herzen der Menschen.«

»Ich bin ein Fremder, sowohl an diesen Tagen als auch an allen anderen«, antwortete er müde. Nach diesen Worten blickte er in den klaren Nachthimmel hinauf, seine Augen suchten die Sterne ab, und seine Lippen zitterten, als hätte er am Firmament das Bild eines weit entfernten Landes entdeckt. Seine sonderbare Rede erregte meine Neugier, und ich sagte: »An diesen Tagen des Jahres sind die Menschen zu allen anderen sehr freundlich. Die Reichen gedenken der Armen, und die Starken fühlen Mitleid mit den Schwachen.«

Aber er antwortete: »Gewiß, doch das gegenwärtige Erbarmen der Reichen mit den Armen wird mit Bitterkeit empfunden, und die Milde der Starken gegenüber den Schwachen erinnert nur an ihre Überlegenheit.«

»Was Ihr sagt, ist richtig«, stimmte ich zu, »aber der schwache Arme kümmert sich doch nicht darum, was im Herzen des Reichen vor sich geht, und der Hungrige denkt gewiß nicht an die Art und Weise, wie das ersehnte Brot geknetet und gebacken wird.«

Der Mann sprach: »Derjenige, der empfängt, achtet nicht darauf, doch der, welcher gibt, muß darauf bedacht sein, daß seine Tat auch den Eindruck brüderlicher Liebe und freundlichen Beistands hinterläßt und nicht als Selbstzweck erscheint.«

Ich staunte über seine Weisheit und begann, über seine altertümliche Erscheinung und seine sonderbare Kleidung nachzudenken. Schließlich sagte ich: »Es sieht so aus, als bedürftet Ihr der Hilfe. Darf ich Euch etwas Geld anbieten?« Mit traurigem Lächeln antwortete er: »Ich bedarf der Hilfe, aber nicht in Form von Gold oder Silber.«

Verwirrt fragte ich: »Aber was braucht Ihr dann?«

»Ich brauche einen Ort, wo ich mein Haupt hinlegen und meine Gedanken ausruhen lassen kann.«

»Nehmt bitte diese zwei Dinare und sucht die nächste Herberge auf«, bat ich ihn.

Voll Schwermut sagte er: »Ich habe es in jeder Herberge versucht und klopfte an jede Tür, doch es war umsonst. Ich betrat jeden Laden, doch niemand wollte mir helfen. Ich bin nicht hungrig, aber verletzt; ich bin nicht müde, doch sehr enttäuscht; und ich suche kein Obdach, sondern menschlichen Schutz.«

Da dachte ich: »Was für ein merkwürdiger Mensch er doch ist! Einmal spricht er wie ein Weiser und gleich darauf wie ein Narr.« Als ob er meine Gedanken gelesen hätte, blickte er mich lange an und sagte dann traurig: »Ja, ich bin ein Narr, doch auch ein Narr fühlt sich ohne Schutz als Fremdling und ohne Speise als ein Hungernder; aber die Herzen der Menschen sind leer.«

»Ich bitte um Verzeihung wegen meiner dummen Gedanken«, sagte ich. »Möchtet Ihr meine Gastfreundschaft annehmen und Zuflucht in meinem Hause suchen?«

»Ich klopfte tausendmal auch an deine Tür so wie an all die anderen, doch niemand öffnete mir«, erwiderte er ernst.

Nun war ich überzeugt, daß er verrückt war, und ich schlug vor: »Laßt uns jetzt zu meinem Haus gehen!«

Langsam hob er den Kopf und sprach: »Wenn du wüßtest, wer ich bin, würdest du mich nicht einladen.«

»Wer seid Ihr denn?« fragte ich ängstlich.

Und mit einer Stimme, die wie das Brausen der Meereswogen tönte, rief er schmerzlich: »Ich bin der Aufruhr, der alles zerstört, was die Völker aufgebaut haben... Ich bin der Sturm, der das, was im Lauf der Zeiten gewachsen ist, entwurzelt... Ich bin derjenige, der kam, um auf Erden den Krieg an die Stelle des Friedens zu setzen, denn der Mensch ist nur im Unglück zufrieden!« Tränen liefen über seine Wangen, als er sich erhob und plötzlich im Licht verklärt dastand. Er streckte seine Arme aus, und ich sah die Male von Nägeln an den Innenflächen seiner Hände. Zitternd warf ich mich vor ihm nieder und rief: »Du bist Jesus, der Nazarener!« Und er sprach: »Die Menschen feiern mir zu Ehren, und sie folgen der Überlieferung, welche die Zeit an meinen Namen gehängt hat. Jedoch ich selbst bin ein Fremder, der auf Erden von Osten nach Westen wandert und von keinem erkannt wird. Die Füchse haben ihre Höhlen und die Vögel ihre Nester, aber der Menschensohn hat keinen Platz, auf den er sein Haupt legen könnte.«

In diesem Augenblick öffnete ich meine Augen und schaute um mich, doch ich nahm nichts wahr außer einer Rauchsäule neben mir; und ich hörte nur die zitternde Stimme der Nacht, die aus den Tiefen der Ewigkeit kam. Ich faßte mich und blickte wieder auf die singende Menschenschar in der Ferne, und eine Stimme in mir sprach: »Die Kraft, die das Herz vor dem Unrecht bewahrt, ist die gleiche, die es daran hindert, zu seiner vorgesehenen Größe heranzuwachsen. Der Gesang der Stimme ist Wohllaut, doch der Gesang des Herzens ist die reine Stimme des Himmels.«

Das Lied der Woge

Mein Geliebter ist das Gestade,
Und ich bin das Glück seines Herzens.
Wenn wir endlich in Liebe vereint sind,
Zieht mich der Mond von ihm fort.
Erneut eile ich rasch auf ihn zu
Und weiche zögernd zurück;
Oft rufe ich: Lebe wohl!

Schnell schleiche ich mich von ferne heran
Und bedecke mit silbernem Schaum
Seinen goldenen Sand.
Und glitzernd verschmelzen wir ineinander.

Ich stille den Durst ihm
Und überschwemme sein Herz,
Er beruhigt meine Stimme
Und macht mich sanft und weich.
Des Morgens flüstre ich ihm
Worte der Liebe ins Ohr,
Und er umarmt mich voll Sehnsucht.

Am Abend singe ich ihm das Lied
Der Hoffnung vor und drücke sanfte Küsse
Auf sein Gesicht.
Ich bin in Eile und voller Furcht,
Er ist geduldig, ruhig und besonnen,
Und seine Brust besänftigt die Unrast in mir.
Und wenn die Flut naht, umarmen wir uns,
Weicht sie zurück, falle ich ihm
Anbetend zu Füßen.

Steigen die Meerjungfrau'n aus der Tiefe empor,

Umtanze und wiege ich sie,
Wenn sie die Sterne betrachten.
Oft höre ich auch den Klagen der Liebenden zu
Und unterstütze dann ihre Seufzer.

Ich necke die großen Felsen und lächle sie an,
Doch niemals erhielt ich ein Lächeln zurück.
Oft muß ich die sinkenden Seelen heben
Und lege sie zärtlich in des Geliebten Arme.
Er gibt ihnen Kraft in dem Maße,
Wie er die meine mir nimmt.

Aus der Tiefe hole ich Perlen herauf
Und schenke sie dem Geliebten.
In Ruhe nimmt er sie an
Und heißt mich immer willkommen.

Ich erhebe mich in der dunklen Nacht,
Wenn alle Geschöpfe den Schlummer suchen,
Und mein Gesang löst meine Seufzer ab,
Denn wach bin ich stets.

O weh, Schlaflosigkeit hat mich entkräftet!
Ich bin aber ein Liebender,
Und die Wahrheit der Liebe ist stark:
Ich mag ermüden, doch sterben werde ich nie.

Meine Landsleute

Wonach strebt ihr, Menschen meines Landes?
Soll ich euch prächtige Häuser bauen,
Mit leeren Worten verziert?
Wollt ihr Tempel, mit Träumen gedeckt?
Befehlt ihr mir, zu zerstören, was einst
Von Lügnern und Tyrannen errichtet wurde?
Soll ich mit bloßen Händen entwurzeln,
Was Heuchler und Gotteslästerer pflanzten?
Sagt mir euren Wahnsinnswunsch!

Menschen meines Landes, was soll ich für euch tun?
Soll ich wie ein Kätzchen schnurren,
Damit ihr dann zufrieden seid?
Soll ich wie ein Löwe brüllen,
Um mir selbst zu imponieren?
Ich habe schon für euch gesungen,
Doch ihr tanztet nicht.
Sogar geweint hab' ich vor euch,
Doch eure Augen blieben trocken.
Soll ich singen und weinen zu gleicher Zeit?

Eure Seelen leiden Hungerqualen,
Obgleich des Wissens Früchte
In größeren Mengen vorhanden sind
Als Steine im Tal.

Eure Herzen leiden Durst,
Obwohl die Lebensquellen
Um eure Häuser sprudeln.
Warum trinkt ihr denn nicht?
Das Meer hat seine Ebbe und die Flut,
Der Mond nimmt zu und ab,

Das Jahr hat seinen Winter und den Sommer;
Und wie der Schatten eines neuen Gottes,
Der ungeboren zwischen Erd' und Himmel sich bewegt,
Verändern sich die Dinge.

Die Wahrheit aber wird sich nicht verändern
Und wird nicht sterben.
Weshalb versucht ihr dann,
Ihr Antlitz zu entstellen?

Ich rief euch in der stillen Nacht,
Um euch die Herrlichkeit des Mondes
Und die Erhabenheit der Sterne aufzuzeigen.
Ihr aber fuhrt vom Schlummer auf,
Faßtet furchtsam nach dem Schwert
Und rieft: »Wo ist der Feind?
Wir müssen ihn erschlagen!«
Am nächsten Morgen, als der Feind erschien,
Rief ich euch wieder;
Doch es war vergebens:
Ihr erwachtet nicht;
Ihr kämpftet mit der Schattenwelt
In euren Träumen.

Ich sprach zu euch:
»Laßt uns den Gipfel des Berges besteigen,
Wir wollen die Schönheit der Welt betrachten.«
Aber die Antwort war:
»Einst lebten in diesem Tale die Väter,
Sie starben in seinem Schatten
Und wurden in seinen Höhlen begraben.
Wie könnten wir uns an einen Ort begeben,
Dem sie die Ehre versagten?«
Ich sagte zu euch:
»Laßt uns hinaus in die Ebene ziehen,
Die ihre Gabe der See vermacht.«
Doch ihr meintet voll Furcht:
»Der Lärm der Brandung
Wird unseren Geist erschrecken,

Und die Gewalt der Tiefe
Wird unseren Körper töten.«

Ich liebte euch sehr, ihr Menschen meines Landes,
Doch diese Liebe war schmerzhaft für mich
Und ohne Nutzen für euch.
Aber heute hasse ich euch.
Und mein Haß ist wie die Flut,
Welche die dürren Äste und morschen Häuser verschlingt.

Ich habe ob eurer Schwäche Mitleid empfunden,
Doch mein Erbarmen hat diese Schwäche
Leider nur größer gemacht
Und hat eine Trägheit geschaffen,
Die euer Leben nur leerer machte.
Heute erkenne ich diese Schwachheit;
Sie lastet auf meiner Seele
Und macht ihr angst.

Die euch widerfahrene schimpfliche Unterdrückung
Brachte tiefes Leid über mich,
Und meine Tränen flossen in Strömen.
Sie konnten zwar eure ständige Schwäche nicht tilgen,
Zogen jedoch den Schleier von meinen Augen weg.

Meine Tränen vermochten auch nicht,
Eure versteinerten Herzen zu erreichen,
Befreiten aber mein Inneres von der Dunkelheit.
Heute lache ich über euer Gejammer.
Doch dieses Lachen ist wie ein Donnerschlag,
Der dem Sturme vorausgeht
Und niemals hernach kommt.

Was wünscht ihr euch denn, ihr Menschen meines Landes?
Möchtet ihr, daß euch der Widerschein eurer Miene
Auf der stillen Fläche des Wassers gezeigt wird?
Kommt nur und seht, wie häßlich ihr seid!

Blickt euch an und denkt nach!

Die Angst hat euch – der Asche gleich –
Grau werden lassen, und die Verschwendung
Hat sich auf eurer Stirne breitgemacht;
Sie ließ eure Augen zu finstern Höhlen werden.
Und weil die Feigheit an eure Wangen gerührt hat,
Erscheinen sie jetzt wie dunkle Höhlen
Am Grunde des Tals.
Und der Tod hat eure Lippen geküßt;
Sie färbten sich gelb
Wie die Blätter im Herbst.

Was sucht ihr noch, ihr Menschen meines Landes?
Was wünscht ihr euch denn von einem Leben,
Das euch nicht länger mehr
Zu seinen Kindern zählt.

Eure Seelen erfrieren
In den gierigen Griffen der Priester
Und Magier; und eure Leiber erzittern
Unter der Faust der Tyrannen
Und Strömen von Blut.
Euer Land bebt unter dem Marschtritt
Der siegreichen Feinde.
Was erwartet ihr denn, wenn ihr euch nun
Stolz vor der Sonne Angesicht stellt?
Eure Schwerter sind schon mit Rost bedeckt,
Die Speere zerbrochen, die Schilde durchlöchert.
Weshalb zieht ihr noch in die Schlacht?

Euer Bekenntnis heißt Heuchelei,
Und Falschheit ist euer Leben;
Das Nichts wird euer Ende sein.
Weshalb also lebt ihr?
Ist nicht der Tod
Der einzige Trost für die Elenden?

Das Leben besteht aus Entschlossenheit
– sie begleitet die Jugend –,
Ferner aus Fleiß – er steht den Erwachsenen zu,

Und schließlich aus Weisheit – welche dem Alter gehört.
Ihr aber seid bereits alt und schwächlich geboren,
Eure Haut wurde welk, und eure Köpfe schrumpften
zusammen,
Dann wurdet ihr kindisch, stapftet im Schlamm herum
Und bewarft einander mit Steinen.

Das Wissen ist wie ein Licht:
Es macht das Leben wärmer,
Und wer nach ihm strebt,
Wird seiner teilhaftig.
Ihr aber sucht nur die Dunkelheit
Und flieht vor dem Licht.
Ihr wartet darauf, daß das Wasser
Vom Felsen zu euch kommt.
An der Not eures Volkes
Tragt allein ihr die Schuld.
Eure Sünden kann ich euch nicht vergeben,
Denn ihr wißt wohl, was ihr tut.

Die Menschheit ist ein heller Fluß,
Der singend seinen Lauf verfolgt
Und die Geheimnisse der Berge
Ins Herz der See trägt.
Doch ihr, die Menschen meines Landes,
Seid tiefe Sümpfe,
In denen es von Schlangen und Insekten wimmelt.

Der Geist ist eine heilige, tiefblaue Fackel,
Welche die trockenen Pflanzen verbrennt und verzehrt.
Sie wird durch den Sturmwind genährt
Und vom Antlitz der Gottheit erleuchtet.
Doch eure Seelen, Bewohner meines Landes,
Gleichen der Asche, welche der Wind auf den Schnee wirft
Und der Sturm in den Tälern verstreut.

Habt keine Angst vor dem Tod!
Seine Größe und sein Erbarmen
Werden eurem Stumpfsinn nicht in die Nähe kommen.

Fürchtet euch nicht vor dem Dolch!
Er wird es vermeiden,
Sich in so törichte Herzen zu bohren.

Ich hasse euch, ihr Menschen meines Landes,
Denn ihr könnt Ruhm und Größe nicht ertragen.
Ich kann euch nicht in Ehren halten,
Weil ihr euch selbst nicht achtet.
Ich bin jetzt euer Feind,
Denn ihr wollt nicht begreifen,
Daß ihr der Göttin Feinde seid.

Der Gekreuzigte

(Geschrieben am Karfreitag)

Heute und am gleichen Tag eines jeden Jahres erwacht der Mensch aus seinem tiefen Schlaf und steht vor den Geschehnissen der Vergangenheit. Mit Tränen in den Augen blickt er zum Kalvarienberg hin und wird Zeuge der Kreuzigung Jesu, des Nazareners ... Aber wenn der Tag vorüber ist und der Abend einbricht, kehrt er zurück und kniet betend vor den Götzenbildern nieder, die auf jedem Hügel, an jeder Wiese und an jedem Weizenfeld aufgestellt sind.

Heute lassen sich die Christen von den Schwingen der Erinnerung tragen und fliegen nach Jerusalem. Dort stehen sie dann in Gruppen beisammen, schlagen sich an die Brust und blicken auf ihn, den Dornengekrönten, der seine Arme zum Himmel hebt und durch den Schleier des Todes in die Tiefen des Lebens sieht ...

Doch wenn der Vorhang der Nacht vor die Bühne des Tages fällt und das kurze Trauerspiel zu Ende ist, gehen die Christen in Scharen wieder zurück, legen sich im Schatten des Vergessens nieder und hüllen sich in die Decken ihrer Unwissenheit und Trägheit.

Jedes Jahr an diesem Tag verlassen die Philosophen ihre Stuben, die Gelehrten kriechen aus ihren Zellen und die Dichter aus den Lauben ihrer Phantasie; und alle stehen sie andächtig vor jenem stillen Berg und hören auf die Worte eines jungen Mannes, der für seine Mörder bittet: »Vater, vergib ihnen, denn sie wissen nicht, was sie tun.«

Sobald aber die dunkle Stille die Stimmen des Tages vertreibt, kehren die Philosophen, die Gelehrten und die Dichter in ihre engen Schlupfwinkel zurück und verhüllen ihre Seelen mit nichtssagenden Worten, die sie dann auch noch niederschreiben.

Die Frauen, die sich sonst nur mit den glanzvollen Dingen des Lebens beschäftigen, erheben sich an diesem Tag von ihren Ruhelagern, um auf die trauernde Mutter zu blicken, die wie ein schwacher Baum im Sturm vor dem Kreuz steht. Wenn sie sich ihr nähern, nehmen sie tiefen Schmerz und quälende Trauer wahr. Sogar die jungen Männer und Frauen, die mit dem Strom der Zivilisation wettschwimmen, halten heute für einen Augenblick inne. Sie blicken zurück und sehen die jugendliche Magdalena, die mit ihren Tränen das Blut von den Füßen eines zwischen Himmel und Erde hängenden heiligen Mannes wegwäscht. Aber wenn ihre oberflächlichen Augen dieses Anblicks müde sind, machen sie kehrt und lachen bald wieder.

An diesem Tag des Jahres erwacht die Menschheit – gemeinsam mit dem Frühling – und steht weinend unter dem sterbenden Mann aus Nazareth. Aber danach schließt sie die Augen wieder und überläßt sich einem tiefen Schlaf. Doch der Frühling bleibt wach, er lächelt und schreitet vorwärts, bis er in den Sommer übergeht, der in ein goldenes Gewand gekleidet ist.

Die Menschheit ist eine Trauergemeinde, die mit Freuden die Geschehnisse und die Helden der Vergangenheit beweint. Besäße sie Verstand, so würde sie frohlocken über deren Herrlichkeit. Aber sie gleicht einem Kind, das über ein verwundetes Tier lacht; und sie freut sich über den reißenden Strom, der die trockenen Äste der Bäume mit sich trägt und alles, was nicht fest verankert ist, wegschwemmt.

Die Menschheit sieht auf Jesus den Nazarener als auf einen in Armut Geborenen und einen, der wie alle Schwachen Not und Erniedrigung erfuhr. Man bemitleidet ihn, weil man glaubt, daß er unter Schmerzen gekreuzigt wurde ... Doch alles, was man ihm anzubieten hat, sind Tränen und Klagen. Jahrhundertelang hat die Menschheit der Schwäche in der Gestalt des Erlösers gehuldigt. Aber der Nazarener war nicht schwach! Er war stark und ist stark! Doch die Menschen weigern sich, auf die wahre Bedeutung von Stärke zu achten.

Jesus lebte niemals ein Leben in Angst; er starb auch nicht unter Jammern und Wehklagen ... Er lebte wie ein Führer; er wurde gekreuzigt wie ein Kämpfer; und er starb wie ein Held, was denjenigen, die ihn mißhandelten und töteten, Furcht einjagte. Jesus war kein Vogel mit gebrochenen Schwingen. Er war ein tosender Sturm, der alle krummen Flügel brach. Er fürchtete sich weder vor seinen Feinden noch vor seinen Mördern. Er war frei, tapfer und mutig. Er trotzte allen Gewaltherrschern und Unterdrückern. Er sah die ansteckenden Geschwüre und schnitt sie weg … Er ließ das Böse verstummen, zerschmetterte die Falschheit und schüttelte den Verrat ab.

Jesus verließ nicht das Innerste des Lichts, um Häuser zu zerstören und auf ihren Überresten Klöster und Abteien aufzubauen. Er überredete die Starken nicht, Priester zu werden, sondern er kam, um auf dieser Welt einen neuen Geist zu verbreiten, der die Kraft besitzt, die Fundamente einer jeden Herrschaft, die auf Menschengebein errichtet wurde, zu zermalmen … Er kam, um die prunkvollen Paläste, die auf den Gräbern der Schwachen stehen, in Schutt und Asche zu legen und um die Götzenbilder, die auf den Leibern der Armut erbaut worden sind, zu stürzen. Jesus ward nicht hierher gesandt, um den Menschen beizubringen, wie man großartige Kirchen und Tempel mitten unter kalten und verfallenen Hütten aufbaut … Er kam, um aus dem menschlichen Herzen einen Tempel zu machen, aus der Seele einen Altar und aus dem Geist einen Priester. Dieses waren die Aufgaben, die Jesus von Nazareth zu erfüllen hatte, und dieses sind die Lehren, deretwegen er gekreuzigt wurde. Ware die Menschheit klug, so würde sie am heutigen Tage kraftvoll einen Siegesgesang und eine Triumphhymne anstimmen.

O gekreuzigter Jesus, der du voll Wehmut vom Kalvarienberg herab auf den Trauerzug der vergangenen Zeiten blickst, der du das Geschrei der verblendeten Völker hörst und die Träume der Ewigkeit verstehst! … Am Kreuz bist du herrlicher und würdiger als tausend Könige auf tausend Thronen in tausend Reichen …

In deinem Todeskampf bist du stärker als tausend Generäle in tausend Schlachten …

Mit deiner Trauer bringst du mehr Freude als der Frühling mit seinen Blumen …

In deinem Leiden bist du tapferer und stiller als die weinenden Engel im Himmel …

Bei der Geißelung bist du standhafter als ein Felsengebirge …

Deine Dornenkrone ist erhabener in ihrem Glanz als die Krone des Fürsten von Bahram … Und die Nägel, die deine Hände durchbohren, sind schöner als Jupiters Zepter …

Die Blutstropfen an deinen Füßen sind strahlender als das Geschmeide an Ishtars Hals …

Vergib den Schwachen, die dich heute beklagen, denn sie wissen nicht, daß sie sich selbst bejammern …

Vergib ihnen, denn sie wissen nicht, daß du durch deinen Tod den Tod besiegtest und den Toten dadurch das Leben verliehen hast …

Vergib ihnen, sie wissen nicht, daß deine Kraft noch immer auf sie wartet …

Vergib ihnen, sie wissen nicht, daß jeder Tag nur dein Tag ist.

Auferstehung

Geliebte, gestern war ich noch allein auf dieser Welt, und mein Schicksal erschien mir erbarmungslos wie der Tod.

Ich stand da wie eine Blume im Schatten eines großen Felsens, der vom Leben nicht wahrgenommen wird und auch selbst nichts mit dem Leben zu tun hat.

Am heutigen Tag aber wachte meine Seele auf, und du standest an meiner Seite. Ich sah dich an, und Glück und Ehrfurcht erfüllten mich, so daß ich niederkniete und dich anbetete.

Gestern schien die Berührung der Luft rauh zu sein, und die Strahlen der Sonne wärmten nur schwach; Nebel umhüllten das Antlitz der Erde, und die Wogen der See brüllten wie der Sturm.

Ich schaute mich überall um, doch sah ich nichts als mein eigenes Leid, das neben mir stand, während die Schatten der Dunkelheit aufstiegen und wie hungrige Geier über mich herfielen.

Heute erscheint die Natur in Licht gebadet, und die Nebel sind verschwunden. Wohin ich auch blicke, sehe ich die Geheimnisse des Lebens offen vor mir liegen.

Gestern war ich ein tonloses Wort im Herzen der Nacht; heute bin ich ein Lied auf den Lippen der Zeit.

All dies ereignete sich in einer einzigen Sekunde und wurde von einem Blick, einem Wort, einem Seufzer und einem Kuß geschaffen.

Dieser Augenblick, meine Geliebte, verband die vergangene Bereitschaft meiner Seele mit den künftigen Hoffnungen meines Herzens. Er war wie eine weiße Rose, die sich vom Schoß der Erde zum Licht des Tages emporstreckt.

Dieser Augenblick hatte für mich dieselbe Bedeutung wie die Geburt Christi für das Zeitalter des Menschen, denn er war erfüllt von Liebe und Güte. Er verwandelte Dunkelheit in Licht, Trauer in Freude und Verzweiflung in Wonne.

Geliebte, die Feuer der Liebe fallen in vielerlei Gestalt vom Himmel, doch ihr Eindruck auf die Welt ist der gleiche. Die kleine Flamme, welche das menschliche Herz erleuchtet, gleicht einer lodernden Fackel, die vom Himmel herabkommt, um die Wege der Menschheit zu erhellen.

Denn in einer Seele sind die Hoffnungen und Gefühle der gesamten Menschheit enthalten.

Die Juden, meine Geliebte, erwarteten das Kommen eines Messias, der ihnen verkündet war und der sie aus ihrer Knechtschaft befreien sollte.

Und der Große Weltgeist hielt die Verehrung von Jupiter und Minerva nicht länger für nützlich, denn die dürstenden Herzen der Menschen konnten mit diesem Wein nicht mehr befriedigt werden.

In Rom machten sich die Menschen Gedanken über das Göttliche Apolls, eines Gottes ohne Mitleid, und auch die Schönheit der Venus verfiel bereits.

Ohne sich dessen bewußt zu sein, lechzten diese Völker tief in ihrem Herzen nach der höchsten Lehre, die jede andere auf Erden überragen sollte. Sie sehnten sich nach dem freien Geist, von dem sie lernen wollten, sich mit ihren Nachbarn am Licht der Sonne und an den Wundern des Lebens zu erfreuen. Denn diese Freiheit bringt den Menschen dem Unsichtbaren nahe und ermöglicht es, ihm ohne Furcht und Scham gegenüberzutreten.

All dies ereignete sich vor zweitausend Jahren, meine Geliebte, als die Wünsche des Herzens um sichtbare Dinge kreisten, in der Furcht, dem ewigen Geist nahe zu kommen – während Pan, der Gott der Wälder, die Herzen der Hirten mit Angst erfüllte und Baal, der Sonnengott, mit den gnadenlosen Händen der Priester die Seelen der Armen und Unterdrückten quälte.

Doch in einer Nacht, in einer Stunde, in einem Augenblick der Zeit öffneten sich die Lippen des Geistes und sprachen das geheiligte Wort »Leben«; und es wurde Fleisch in einem Kind, das im Schoß einer Jungfrau schlief – in einem Stall, in dem Hirten ihre Herde vor dem Angriff wilder Tiere in der Nacht schützten und verwundert auf das kleine Kind in der Krippe blickten.

Der kindliche König saß, in seiner Mutter armseliges Gewand gewickelt, auf einem Thron von schwer beladenen Herzen und hungrigen Seelen, aber durch seine Demut wand er das Zepter der Macht aus der Hand Jupiters und gab es dem armen Schäfer, der über seine Herde wachte.

Und von Minerva nahm er die Weisheit und legte sie in das Herz eines Fischers, der sein Netz flickte.

Von Apollo holte er die Freude durch sein eigenes Leid und schenkte sie dem Bettler, der mit gebrochenem Herzen am Wegesrand stand.

Von Venus nahm er die Schönheit und goß sie in die Seele der gefallenen Frau, die vor ihrem grausamen Unterdrücker zitterte.

Er stieß Baal vom Thron der Macht und setzte an seine Stelle den armen Ackersmann, der im Schweiße seines Angesichts die Saat auf die Felder streute.

Geliebte, war meine Seele gestern nicht den Stämmen Israels vergleichbar? Wartete ich nicht auch in der Stille der Nacht auf das Kommen meines Retters, der mich von der Knechtschaft und den Übeltaten der Zeit erlösen sollte? Fühlte ich nicht wie die Völker vergangener Tage den großen Hunger und Durst nach dem Geist? Ging ich nicht auf der Straße des Lebens wie ein verlorenes Kind in der Wildnis, und war nicht mein Leben einem Saatkorn gleich, das, auf einen Stein geworfen, von keinem Vogel gesucht und von keinem Element gespalten, nicht zum Leben gebracht wurde?

All dies ereignete sich gestern, meine Geliebte, als meine Träume sich an die Dunkelheit klammerten und das Kommen des Tages fürchteten.

All dies geschah, als die Trauer mein Herz zerriß und die Hoffnung sich bemühte, es gesunden zu lassen.

In einer Nacht, in einer Stunde, in einem Augenblick der Zeit stieg der Geist aus der Mitte des göttlichen Lichts herab und blickte mich mit den Augen deines Herzens an. Aus diesem Blick wurde die Liebe geboren und fand eine Wohnstatt in meinem Herzen.

Diese große Liebe, die in das Gewand meiner Gefühle gehüllt war, verwandelte meine Trauer in Freude, meine Verzweiflung in Glück und meine Einsamkeit in ein Paradies.

Liebe, die mächtige Regentin, hat meinem toten Selbst das Leben wiedergegeben. Sie brachte meinen vor Tränen blinden Augen das Licht zurück und hob mich aus dem Abgrund der Verzweiflung zum himmlischen Reich der Hoffnung empor.

Geliebte, alle meine Tage waren wie dunkle Nächte. Aber nun ist der Morgen nahe, und bald erhebt sich die Sonne. Das Kind Jesus hat mit seinem Atem das All erfüllt und ist mit dem Himmel vereint. Mein einst so leidvolles Leben empfängt nun unermeßliche Freude, denn meine Seele wird von den Armen des Kindes umfangen.

Die Stadt der Toten

Gestern floh ich vor dem Lärm der Stadt hinaus auf die weiten Felder. Ich lief, bis ich an einen Hügel gelangte, den die Natur in ihr prächtiges Gewand gehüllt hatte. Nun konnte ich endlich atmen.

Ich blickte zurück auf die Stadt, deren prächtige Moscheen und stattliche Wohnhäuser vom Rauch der Fabriken umnebelt waren.

Da begann ich, über die Bestimmung des Menschen nachzudenken, doch ich kam nur zu dem Schluß, daß die meiste Zeit seines Lebens Kampf und Elend gleichzusetzen sind. Was Adams Söhne verschuldet hatten, versuchte ich erst gar nicht zu ergründen, sondern richtete meinen Blick auf das Land, das den Thron von Gottes Herrlichkeit darstellt. In einer abgelegenen Ecke davon nahm ich einen Friedhof wahr, der von Pappeln umgeben war.

Dort also, zwischen der Stadt der Toten und der Stadt der Lebenden, begann ich, mich in meine Gedanken zu versenken. Ich dachte an die unendliche Stille in der ersten Stadt und an das endlose Leid in der zweiten.

In der Stadt der Lebenden entdeckte ich Hoffnung und Verzweiflung, Liebe und Haß, Freude und Trauer, Armut und Reichtum, Treue und Untreue.

In der Stadt der Toten liegt Erde in Erde begraben, welche die Natur in der Stille der Nacht wieder verwandelt: zuerst in Pflanzliches, dann in Tierisches und schließlich wieder in Menschliches. Während ich über diese Umwandlung nachdachte, erblickte ich eine Prozession, die langsam und ehrfurchtgebietend dahinzog. Sie wurde begleitet von einer Trauermusik, deren Melodien bis an mein Ohr drangen. Ich wurde Zeuge eines Begräbnisses. Hinter dem Toten schritten die Lebenden und beweinten sein Abscheiden von der Welt. Als der Zug die Grabstätte erreicht hatte, begannen die Priester zu beten und Weihrauch zu verbrennen, und die Musiker ließen ihre Instrumente für den Dahingeschiedenen erklingen. Dann traten die bedeutendsten Leute der Gruppe vor und priesen nacheinander mit den erlesensten Worten den Toten.

Schließlich löste sich die Versammlung auf und ließ den Verblichenen in einer geräumigen und schön ausgestatteten Gruft zurück, die mit Stein und Eisen kunstvoll verziert und mit liebevoll gebundenen Blumenkränzen geschmückt war. Der Trauerzug kehrte in die Stadt zurück, doch ich blieb und beobachtete die Menschen aus der Entfernung. Am Horizont ging die Sonne unter, und die Natur schickte sich an, schlafen zu gehen.

Da sah ich zwei Männer, die einen hölzernen Sarg schleppten. Hinter ihnen ging eine schäbig gekleidete Frau, die ein Kind auf dem Arm trug. Ihnen folgte ein Hund, und mit herzzerreißendem Blick starrte er auf die Frau und dann auf den Sarg. Es war eine armselige Beerdigung. Dieser Gast des Todes hinterließ den kaltherzigen Mitmenschen eine erbarmungswürdige Frau und ein kleines Kind, das ihren Kummer mittragen sollte, sowie einen treuen Hund, dessen Herz um den Weggang seines Freundes wußte.

Als sie zum Friedhof gelangten, legten sie den Sarg in ein Loch, das weit entfernt war von den Marmorsteinen unter den hohen Büschen, und nach einigen Gebeten kehrten sie zurück. Der Hund drehte sich noch einmal um und blickte zum Grab seines Freundes zurück; dann verschwand die kleine Gruppe hinter den Bäumen.

Nun richtete ich mein Augenmerk auf die Stadt der Lebenden und sprach zu mir: »Dieser Ort gehört nur wenigen.« Dann blickte ich auf die geschmückte Totenstadt und sagte: »Auch dieser Ort gehört nur wenigen. O Herr, wo ist der Zufluchtsort für alle Menschen?«

Während ich dies sprach, blickte ich in die Wolken hinauf, die von den längsten und schönsten goldenen Strahlen der Abendsonne beschienen waren. Und ich hörte eine Stimme in mir, die sprach: »Der Ort, den du suchst, ist hier droben!«

Satan

Auf dem Gebiet aller geistigen und theologischen Angelegenheiten sah das Volk den Vater Samaan als seinen Führer an, denn er war eine Autorität und zudem eine Quelle des Wissens hinsichtlich der Todsünden und aller läßlichen Vergehen. Er wußte auch über die Geheimnisse des Paradieses, der Hölle und des Fegefeuers bestens Bescheid. Vater Samaans Aufgabe im Nordlibanon war es, von Dorf zu Dorf zu reisen, zu predigen, das Volk von der Sünde zu erretten und es vor den schrecklichen Fallstricken des Satans zu bewahren. Seit Jahren schon führte der Geistliche gegen den Teufel Krieg. Die Bauern verehrten und schätzten Vater Samaan sehr und entlohnten ihn für seinen Rat und seine Gebete mit Gold- und Silberstücken, und von jeder Ernte bekam er die besten Früchte ihrer Felder.

An einem Abend im Herbst, als Vater Samaan über die Hügel und durch die Täler in ein abseits gelegenes Dorf wanderte, hörte er einen schmerzerfüllten Schrei, der aus dem Straßengraben zu kommen schien. Er blieb stehen und schaute in die Richtung des Hilferufes. Da sah er auf dem Boden einen Mann liegen, der am Kopf und an der Brust stark blutete und mit schwacher Stimme sagte: »Rette mich! Hab Erbarmen und hilf mir, sonst sterbe ich!« Bestürzt betrachtete Vater Samaan den Verwundeten und dachte sich: »Das muß ein Dieb sein … Wahrscheinlich hat er versucht, Reisende auszurauben, und es ist ihm mißlungen. Jemand muß ihn verwundet haben, und ich fürchte, daß im Falle seines Todes ich angeklagt werde, ihn getötet zu haben.«

Nach diesen Erwägungen entschied er sich, seinen Weg fortzusetzen, doch der Mann rief wiederum: »Verlaß mich nicht, ich sterbe!« Vater Samaan überlegte abermals und erbleichte, denn es wurde ihm klar, daß er im Begriff war, einem Sterbenden Hilfe zu verweigern. Zitternd sprach er zu sich selbst: »Sicher ist dieser Mensch einer von jenen Verrückten, die in der Wildnis umherstreifen. Der Anblick seiner Wunden erschreckt mich. Was soll ich machen? Jemand, der nur geistige Wunden heilt, ist nicht imstande, körperliche zu versorgen.« Er ging ein paar Schritte weiter, als der halbtote Mann so herzzerreißend schrie, daß selbst Steine davon weich werden mußten. »Komm her zu mir«, keuchte er. »Komm, denn wir sind schon seit langer Zeit Freunde ... Du bist Vater Samaan, der gute Hirte, und ich bin weder ein Dieb noch ein Verrückter ... Komm her zu mir und laß mich nicht an diesem Ort sterben. Komm her, und ich sage dir, wer ich bin.«

Der Geistliche trat näher, kniete sich zu ihm hin und starrte ihn an. Er blickte in ein seltsames Gesicht mit äußerst gegensätzlichen Zügen, denn es paarten sich darin Klugheit mit Verschlagenheit, Häßlichkeit mit Schönheit und Bosheit mit Sanftmut. Schnell sprang Vater Samaan auf und rief: »Wer bist du?«

Mit matter Stimme sprach der Sterbende: »Hab keine Angst vor mir, Vater, wir sind gute Freunde – schon seit langem. Hilf mir, mich aufzurichten, und bringe mich zum Fluß hinüber, reinige meine Wunden und verbinde sie mit einem Stück Stoff von deinem Hemd.« Aber Vater Samaan forschte weiter: »Sag mir, wer du bist! Ich kenne dich nicht und kann mich auch nicht erinnern, dich jemals gesehen zu haben.«

Mit gequälter Stimme entgegnete der Mann: »Du kennst mich genau! Tausendmal schon hast du mich gesehen, und Tag für Tag hast du mit mir gesprochen ... Ich bin dir teurer als dein eigenes Leben.« »Du lügst«, erzürnte sich Vater Samaan, »und du bist ein Betrüger! Ein Sterbender sollte die Wahrheit sagen ... In meinem ganzen Leben habe ich dein böses Gesicht noch nie gesehen. Sag mir, wer du bist, oder ich lasse dich hier liegen, und du wirst dein Leben aushauchen.« Langsam schob sich der Verwundete an den Geistlichen heran und blickte ihm fest in die Augen. Auf seinen Lippen erschien ein seltsames Lächeln, als er mit tiefer, ruhiger Stimme sprach: »Ich bin der Satan.«

Als Vater Samaan dies hörte, stieß er einen Schrei aus, der bis in die hintersten Winkel des Tales drang. Er starrte den Mann an und stellte fest, daß dessen eigenartig mißgestalteter

Körper demjenigen des Satans auf einem Heiligenbild in der Dorfkirche glich. Er erschauderte und rief: »Gott hat mir dein höllisches Ebenbild gezeigt und hat mich veranlaßt, dich zu hassen; verflucht seist du für alle Zeit! Der Schäfer muß das kranke Lamm töten, sonst steckt es die ganze Herde an!«

»Nicht so schnell, Vater!« antwortete der Satan, »vergeude die Zeit nicht mit Phrasen... Komm und verbinde rasch meine Wunden, ehe das Leben aus meinem Körper entweicht.« Der Gottesmann jedoch erwiderte: »Diese Hände, die täglich Gott Opfer darbringen, werden einen Körper, der den Exkrementen der Hölle entstammt, nicht anrühren ... Angeklagt von den Stimmen der Zeiten und den Lippen der Menschheit mußt du sterben, denn du bist des Menschen Feind, und es ist deine erklärte Absicht, jegliche Tugend zu vernichten.«

Der Satan geriet in Panik, richtete sich auf und schrie: »Du weißt nicht, was du sagst, und willst nicht verstehen, daß du selbst gerade im Begriff bist, zum Verbrecher zu werden. Paß auf, ich werde dir erzählen, was geschehen ist. – Heute morgen ging ich ohne Begleitung in dieses abgelegene Tal. Als ich hier ankam, stieg eine Schar Engel vom Himmel herab, griff mich an und schlug mich nieder. Hätte nicht einer von ihnen ein scharfes Schwert mit sich geführt, wäre ich ihnen entkommen, aber gegen eine solche Waffe kam ich nicht an.« Der Satan hielt einen Augenblick inne und drückte die Hand auf die tiefe Wunde in seiner Seite. Dann fuhr er fort: »Dieser bewaffnete Engel – ich glaube, es war Michael – war ein ausgezeichneter Kämpfer. Hätte ich mich nicht zu Boden geworfen und totgestellt, so wäre ich unbarmherzig von ihm umgebracht worden.«

Triumphierend hob Vater Samaan seine Augen himmelwärts und rief aus: »Gelobt sei Michaels Name, er hat die Menschheit von diesem bösen Feind befreit.«

Der Satan erwiderte heftig: »Meine Verachtung der Menschheit gegenüber ist nicht größer als dein Haß gegen dich selbst ... Du preisest Michael, der noch nie zu deiner Rettung gekommen ist ... Du verdammst mich in der Stunde meiner Niederlage, wo ich doch stets die Quelle deines Friedens und deines Glücks war und immer noch bin ... Du verweigerst mir deinen Beistand und schenkst mir keine Barmherzigkeit; und lebst doch durch mich und meine Gegenwart. Du hast dir mein Dasein zunutze gemacht und verwendest es als Begründung und als Waffe für deine Laufbahn; und du gebrauchst meinen Namen, um deine Taten zu rechtfertigen. Ist es nicht meine Vergangenheit, die du sowohl in der Gegenwart als auch in Zukunft benötigst? Hast du nicht dein Ziel erreicht und den ersehnten Wohlstand angehäuft? Erhieltest du nicht eine Menge Gold und Silber von deinen Gefolgsleuten, indem du mein Reich als Bedrohung hinstelltest?

Siehst du nicht ein, daß du verhungern müßtest, wenn ich sterbe? Was würdest du morgen tun, wenn du mich heute sterben ließest? Welcher Berufung könntest du folgen, wenn mein Name verschwunden wäre? Jahrzehntelang bist du durch diese Dörfer gezogen und hast die Menschen davor gewarnt, mir in die Hände zu fallen. Mit ihrem wenigen Geld und einem Teil ihres Feldertrags haben sie dir deinen Rat bezahlt. Was würden sie dir morgen abkaufen, wenn sie merkten, daß ihr Erzfeind nicht mehr existiert? Dein Beruf würde mit mir sterben, denn die Menschen wären vor der Sünde sicher.

Als Geistlicher müßtest du doch wissen, daß es des Satans Feind, die Kirche, nur aufgrund seines Vorhandenseins gibt. Dieser uralte Gegensatz stellt die geheimnisvolle Hand dar, die das Gold und das Silber aus den Taschen der Gläubigen zieht und es für immer in die Beutel der Prediger und Missionare steckt. Wie kannst du mich hier dem Tod überlassen, wo du doch weißt, daß dies mit Sicherheit den Verlust deines Ansehens, deiner Kirche, deiner Wohnstatt und deines Lebensunterhalts bedeuten würde?«

Einen Augenblick schwieg der Satan, dann schlug seine Unterwürfigkeit in Zuversicht um, und er fuhr fort: »Vater Samaan, du bist stolz, aber nicht klug. Ich werde dir nun die Geschichte des Glaubens erzählen, und du wirst darin jene Wahrheit entdecken, die unser beider Sein aneinanderkettet und meine Existenz mit deinem Gewissen verknüpft.

Am Beginn der Zeit stand der Mensch vor dem Angesicht der Sonne. Er streckte die Arme empor und sprach seine ersten Worte: ›Über dem Himmel wohnt ein großer, liebender und gnädiger Gott!‹ Dann drehte er sich um, und indem nun die Sonne hinter ihm stand, sah er seinen eigenen Schatten und rief: ›In den Tiefen der Erde lebt ein finsterer Teufel, der das Böse liebt!‹

Und der Mensch kroch in seine Höhle und sprach: ›Ich stehe zwischen zwei Mächten: Bei der einen muß ich mein Heil suchen, gegen die andere muß ich mich auflehnen.‹ Die Zeiten vergingen, und der Mensch lebte zwischen diesen beiden Kräften; die eine verherrlichte er, weil sie ihn aufrichtete, die andere verfluchte er, da sie ihm Angst einjagte. Die Bedeutung eines Segens oder eines Fluchs verstand er jedoch niemals. Er stand inmitten von beiden wie ein Baum in der Zeit zwischen der Blüte des Sommers und der Kargheit des Winters.

Als nun innerhalb der Menschheit die Zivilisation einsetzte, entwickelte sich als erstes die Familie. Daraufhin entstanden die Stämme, und die Arbeit wurde gemäß Können und Neigung aufgeteilt. Die einen kultivierten das Land, andere bauten Wohnstätten, und wieder andere sorgten für Nahrung und Kleidung. Schließlich trat noch die Religion auf, und damit entstand der erste Beruf, den der Mensch ohne tatsächliches Bedürfnis und ohne zwingende Notwendigkeit ausübte.«

Der Satan schwieg für kurze Zeit, doch dann begann er zu lachen. Seine Heiterkeit erschütterte das ganze Tal, erinnerte ihn jedoch gleichzeitig an seinen Zustand, denn voll Schmerz preßte er die Hand auf seine Wunde. Er fing sich aber wieder und fuhr fort: »Die Religion trat auf und trieb auf Erden seltsame Blüten. In einem der ersten Stämme lebte ein Mann, der La Wiss hieß. Über die Herkunft seines Namens weiß ich nichts. Er war sehr intelligent, jedoch äußerst träge. Er verabscheute es, das Land zu bebauen, Hütten zu errichten, das Vieh zu weiden oder überhaupt etwas zu tun, das körperliche Anstrengung oder Bewegung bedeutet hätte. Und da in jener Zeit Nahrung nur durch schwere Arbeit zu beschaffen war, schlief La Wiss oftmals mit leerem Magen ein. Während einer Sommernacht, als seine Stammesgenossen vor der Hütte ihres Anführers saßen, über ihr Tagewerk sprachen und auf die Schlafenszeit warteten, sprang plötzlich einer auf, deutete auf den Mond und rief: ›Seht nur, der Gott der Nacht! Sein Gesicht hat sich verdunkelt, und seine Schönheit ist verschwunden; er hat sich in einen schwarzen Stein verwandelt, der am Himmelsgewölbe hängt!‹ Die anderen starrten auf den Mond, schrien auf und gerieten in Furcht, als ob die Hand der Dunkelheit nach ihren Herzen gegriffen hätte, denn sie sahen, wie der Gott der Nacht sich in eine dunkle Kugel verwandelte, das leuchtende Antlitz der Erde sich veränderte und Hügel und Täler hinter einem schwarzen Vorhang verschwanden.

In diesem Augenblick trat La Wiss vor. Er hatte früher schon einmal eine Mondfinsternis beobachtet und wußte um die Zusammenhänge Bescheid. Nun trat er hinzu und nutzte die Gelegenheit. Inmitten der Schar stehend, hob er die Hände zum Himmel und befahl mit starker Stimme: ›Kniet nieder und betet, denn der böse Geist der Finsternis kämpft mit dem Gott der Nacht, der die Dunkelheit erhellt; wenn er ihn besiegt, werden wir alle untergehen. Triumphiert jedoch der Gott der Nacht, werden wir am Leben bleiben... Betet nun und bringt Opfer dar! ... Bedeckt euer Gesicht mit Erde! ... Schließt eure Augen und blickt nicht in den Himmel, denn wer den Kampf der beiden Gottheiten mitansieht, wird sein Augenlicht und seinen Verstand verlieren und wird sein Leben lang blind und geisteskrank sein! Beugt eure Häupter und lenkt die Kraft eurer Herzen hin zum Gott der Nacht, damit er unseren Todfeind besiegen kann!‹

So redete La Wiss, und er gebrauchte viele rätselhafte Worte, die er selbst ersann und die bisher noch nie jemand gehört hatte. Und als der Mond nach dieser listigen Täuschung sein früheres Erscheinungsbild wieder angenommen hatte, rief La Wiss noch lauter und eindrucksvoller als zuvor: ›Erhebt euch nun und blickt empor zum Gott der Nacht, der den bösen Feind vernichtet hat! Er bewegt sich wieder auf seiner Bahn inmitten der Sterne. Laßt jeden wissen, daß es eure Gebete waren, die ihm geholfen haben, den Teufel der Dunkelheit zu besiegen. Der Gott der Nacht steht nun höher als zuvor und leuchtet heller denn je!‹

Die Menschen erhoben sich und starrten zum Mond empor, der mit größter Helligkeit vom Himmel herabstrahlte. Ihre Angst schwand, und sie wurden ruhig, und ihre Verwirrung wandelte sich in Wonne. Sie begannen zu tanzen, zu singen und auf großen Eisenplatten zu trommeln; alle Täler waren erfüllt von ihrem Freudengeschrei. In dieser Nacht rief der Anführer des Stammes La Wiss zu sich und sagte: ›Du hast etwas vollbracht, was noch keinem Menschen vor dir jemals gelungen ist. Du hast ein Geheimnis erkannt, das keiner von uns versteht. Nach dem Willen des Volkes sollst du nunmehr nach mir der Ranghöchste unseres Stammes sein. Ich bin der Stärkste, und du bist der Weiseste und Kenntnisreichste … Du bist der Mittler zwischen uns Menschen und den Göttern, deren Wünsche und Handlungen du auslegen und deuten sollst; außerdem wirst du uns lehren, was wir tun müssen, um ihren Segen und ihre Liebe zu gewinnen.‹ Listig versicherte La Wiss: ›Alles, was mir der Menschengott in meinen Träumen enthüllt, werde ich euch beim Erwachen mitteilen, und ihr sollt zufrieden sein, denn ich werde direkt zwischen ihm und euch wirken.‹

Der Anführer war einverstanden und schenkte La Wiss zwei Pferde, sieben Kälber, siebzig Schafe und siebzig Lämmer; und er sprach: ›Die Männer unseres Stammes werden dir ein Haus bauen, und am Ende jeder Erntezeit werden wir dir einen Teil des Ertrags bringen, so daß du als geachteter und geschätzter Lehrer unter uns leben kannst.‹

La Wiss stand auf und wollte gehen, aber der Anführer hielt ihn noch zurück. ›Wer oder was ist derjenige, den du Menschengott nennst?‹ wollte er wissen. ›Wer ist dieser wagemutige Gott, der mit dem ruhmreichen Gott der Nacht kämpft? Wir haben noch nie von ihm gehört.‹ La Wiss runzelte die Stirn und antwortete: ›In alten Zeiten, bevor der Mensch erschaffen wurde, lebten alle Götter friedlich nebeneinander in einer höheren Welt, die jenseits der Sterne liegt. Der Gott der Götter war ihr Vater. Er wußte, was sie nicht wußten, und er bewirkte, was ihnen zu tun nicht möglich war. Er hütete die göttlichen Geheimnisse, die über den ewigen Gesetzen stehen. Während der siebenten Epoche des zwölften Zeitalters lehnte sich der Geist Bahtaars auf, denn er haßte den großen Gott. Er trat vor ihn, seinen Vater, und sprach: ›Weshalb liegt die Macht über alle Geschöpfe allein in deinen Händen, und warum verbirgst du vor uns die Gesetze und Geheimnisse des Alls? Sind wir nicht deine Kinder, die an dich glauben und mit dir die große Erkenntnis und das ewige Sein teilen?‹ Erzürnt antwortete der Gott der Götter: ›Die Ur-Macht und die Herrschaft sowie alle grundlegenden Geheimnisse sind mir vorbehalten, denn ich bin der Anfang und das Ende.‹

Bahtaar aber sprach: ›Wenn du deine Macht nicht mit mir teilst, werde ich mich gegen dich auflehnen und ebenso meine Kinder und Kindeskinder.‹ Da erhob sich der Gott der Götter von seinem Thron in der Weite des Himmels, zog sein Schwert und holte sich die Sonne als Schild. Und mit einer Stimme, welche die Unendlichkeit erzittern ließ, rief er: ›Du Verräter, steige hinab in die trostlose niedere Welt, wo Finsternis und Elend herrschen! Dort sollst du als ein Verbannter bleiben und ruhelos umherwandern, bis sich die Sonne in Asche gewandelt hat und aus den Sternen zersprengte Funken geworden sind.‹ – Noch in der gleichen Stunde stieg Bahtaar hinab in die niedrige Welt, dorthin, wo die bösen Geister hausen; und beim Geheimnis des Lebens schwor er, seinen Vater und seine Brüder zu bekämpfen und ihnen jede Seele, die sie liebten, zu entreißen.‹

Als der Anführer dieses vernahm, erbleichte er: ›Dann ist also der Name des Bösen Bahtaar?‹ fragte er, worauf La Wiss antwortete: ›So hieß er, als er noch in der höheren Welt weilte, seitdem er aber die niedere betreten hat, erhielt er nach und nach die Namen Beelzebub, Satanas, Baal, Samiel, Ahriman, Mara, Abdon, Teufel und schließlich den bekanntesten: Satan.‹

Der Anführer wiederholte viele Male das Wort ›Satan‹ mit zitternder Stimme, und es klang, als würden dürre Zweige im Winde rascheln. Dann fragte er: ›Weshalb haßt Satan den Menschen ebenso wie die Götter?‹

›Er haßt ihn, weil er ein Abkömmling seiner Brüder und Schwestern ist‹, erwiderte La Wiss rasch. ›Dann ist der Satan doch ein Verwandter des Menschen!‹ rief der Anführer; und mit einer Stimme, in der Verwirrung und Ärger gleichermaßen mitschwangen, entgegnete La Wiss: ›Sicherlich, aber er ist auch sein größter Feind. Er ist derjenige, der seine Tage mit Elend füllt und seine Nächte mit Schreckensträumen. Er ist es, der den Sturm gegen seine Hütten lenkt, der auf seinen Feldern magere Ernten verursacht und ihm und seinen Tieren Krankheiten schickt. Er ist ein böser und mächtiger Gott. Aber er ist verrucht, denn er freut sich, wenn es uns schlechtgeht, und er beklagt es, wenn wir voll Heiterkeit sind. Kraft meines Wissens kann es uns jedoch gelingen, ihn zu ergründen und so das Übel zu vermeiden. Wir müssen sein Wesen kennenlernen, damit wir ihm nicht auf seinem Weg, der voller Fallen ist, nachfolgen.‹

Der Anführer stützte sich auf seinen Stab und sprach leise: ›Nun kenne ich das tiefste Geheimnis jener seltsamen Macht, die den Sturm gegen unsere Häuser treibt und über uns und unser Vieh die Seuchen bringt. Was ich jetzt erfahren habe, muß unser ganzer Stamm wissen. La Wiss soll gepriesen und verehrt werden, denn er wird uns das Geheimnis unseres mächtigen Feindes enthüllen und uns vom Pfad des Bösen abhalten.‹

La Wiss verließ den Stammesführer und ging in seine Hütte. Er war sehr beglückt über seinen Einfall und beinahe berauscht vor Freude. Aber der Anführer und der ganze Stamm mit Ausnahme von La Wiss verbrachten die Nacht zum ersten Mal unter Schreckensbildern und wurden von furchterregenden Geistern, Erscheinungen und Alpträumen heimgesucht.«

Der Satan hielt mit seiner Erzählung inne, auf seinen Lippen lag bereits das Lächeln des Todes. Vater Samaan starrte ihn verwirrt an, doch der Satan erzählte weiter: »So kam die Religion auf die Erde, und mein Dasein war die Ursache ihres Auftretens. La Wiss war der erste, der meine Grausamkeit zu seiner Berufung machte. Nach seinem Tod führten seine Kinder sein Werk fort und verfeinerten es so, daß schließlich ein vollkommenes und göttliches Amt daraus wurde, das jene ausübten, die über große Kenntnisse verfügten und deren Seele von Edelmut geprägt war, und solche, die ein reines Herz hatten und eine ausgedehnte Vorstellungskraft besaßen. In Babylon verneigte sich das Volk im Gottesdienst siebenmal vor einem Priester, der mit seinen Gesängen gegen mich antreten sollte … In Ninive huldigten sie dem Mann, der behauptete, er habe mein tiefstes Geheimnis erkannt und sei ein goldenes Bindeglied zwischen Gott und den Menschen … In Tibet nannte man die Person, die mich bekämpfte, den Sohn der Sonne und des Mondes … In Byblos, Ephesos und Antiochia brachte man sogar das Leben von Kindern dar, um meinen Widersachern zu opfern … In Jerusalem und Rom legte man sein Leben in die Hände derer, die vorgaben, mich zu hassen und mit aller Kraft gegen mich zu kämpfen.

In jeder Stadt unter der Sonne galt mein Name als die Leitlinie jeglicher Erziehung in Religion, Kunst und Philosophie. Gäbe es mich nicht, so wären keine Tempel, Türme und Paläste errichtet worden. Ich bin der Mut, der im Menschen die Entschlußkraft erzeugt ... Ich bin die Quelle, die seinen Einfallsreichtum speist ... Ich bin die Hand, die seinen Arm führt ... Ich bin Satan – für immer. Ich bin Satan, den die Menschen bekämpfen, um sich selbst am Leben zu erhalten. Würden sie ihren Kampf einstellen, so würde die Trägheit ihren Verstand, ihr Herz und ihre Seele in Übereinstimmung mit den unheimlichen Strafen in ihren schrecklichen Mythen abstumpfen.

Ich bin der wütende Sturm und der gemäßigte Wind, der den Verstand der Männer und die Herzen der Frauen in Erregung versetzt. Und da sie mich fürchten, pilgern sie zu Opferstätten, um mich zu verdammen, oder sie begeben sich an Orte des Lasters und beglücken mich, indem sie sich meinem Willen beugen. Der Mönch, der in der Stille der Nacht betet, um mich von seiner Bettstatt fernzuhalten, gleicht der Dirne, die mich in ihre Kammer lädt. Ich bin Satan – für immer und ewig.

Ich errichte Klöster für Nonnen und Mönche auf den Grundmauern der Angst. Ich baue Spelunken und Lasterhöhlen auf den Fundamenten der Lust und des Vergnügens. Hörte ich auf zu sein, würden Furcht und Freude auf Erden verschwinden und somit auch alle Hoffnungen und Wünsche aus den Herzen der Menschen entweichen. Das Leben würde leer und kalt und gliche einer Harfe mit zerrissenen Saiten. Ich bin Satan – für immer. Ich bin der Anlaß für Falschheit, Verleumdung, Verrat, Betrug und Spott, und wenn all dies auf der Welt abgeschafft würde, entstünde aus der menschlichen Gesellschaft ein ödes Feld, auf dem nichts anderes wüchse als die Dornen der Tugend. Ich bin Satan – für immer.

Ich bin der Vater und die Mutter der Sünde, und wenn es keine Sünde mehr gäbe, so würden auch diejenigen verschwinden, die gegen sie ankämpfen, samt ihren Familien und ihrem Besitz. Ich bin das Herz alles Bösen. Möchtest du, daß die menschliche Weiterentwicklung zum Stillstand kommt, wenn dieses Herz zu schlagen aufhört? Könntest du das Ergebnis verantworten, nachdem du die Ursache für ihren Weiterbestand vernichtet hast? Ich bin diese Ursache! Würdest du zulassen, daß ich in dieser Wildnis sterbe? Willst du das Band, das zwischen dir und mir besteht, durchtrennen? Antworte mir, Priester!«

Der Satan breitete die Arme aus, streckte den Kopf nach vorn und rang nach Atem. Sein Gesicht wurde grau, und er ähnelte einer jener ägyptischen Statuen, wie sie, von der Zeit verwüstet, an den Ufern des Nils liegen. Er richtete seine glänzenden Augen auf Vater Samaan und stammelte: »Ich bin müde und schwach. Ich habe falsch gehandelt, als ich meine letzte Kraft darauf verwandte, dir von Dingen zu erzählen, die du ohnehin schon kennst. Nun verfahre, wie es dir gefällt… Trage mich in dein Haus und behandle meine Wunden oder laß mich hier an diesem Ort sterben.«

Vater Samaan zitterte und rieb sich aufgeregt die Hände. Und es klang wie eine Entschuldigung, als er sagte: »Ich habe jetzt etwas erfahren, was ich vor einer Stunde noch nicht wußte. Verzeih mir meine Unwissenheit. Ich erkenne, daß deine Anwesenheit in der Welt die Versuchung gebiert und daß diese ein Maß ist, wonach Gott den Wert der menschlichen Seele beurteilt. Sie ist die Waagschale, in welcher der Allmächtige die Kraft des Geistes wiegt. Wenn du stirbst, so stirbt auch die Versuchung, dessen bin ich sicher. Aber wenn es keine Versuchung mehr gibt, dann zerstört der Tod jene Gedankenkraft, die den Menschen emporhebt und anspornt.

Du mußt leben, denn wenn du stirbst und die Menschen davon erfahren, verschwindet ihre Furcht vor der Hölle, und sie werden zu beten aufhören, da es ja keine Sünde mehr gibt. Also mußt du leben, denn in deinem Dasein liegt die Errettung der Menschheit von Laster und Sünde. Auch ich werde meine Haßgefühle gegen dich auf dem Altar meiner Liebe zur Menschheit opfern.«

Der Satan lachte, daß die Erde bebte, und er sagte: »Wie klug du doch bist, Vater Samaan! Und wie gut du über die theologischen Dinge Bescheid weißt! Die Kraft deines Wissens hat dir den Sinn meines Daseins klargemacht, den ich selbst nie verstand, und nun merken wir beide, daß wir einander brauchen.

Komm her zu mir, mein Bruder, die Dunkelheit bricht herein! Die Hälfte meines Blutes ist bereits in den Sand dieses Tales gesickert, und von mir wird nichts zurückbleiben als der klägliche Rest eines geschlagenen Körpers, den der Tod gleich holen wird, wenn du mir nicht beistehst.«

Vater Samaan schob die Ärmel seines Talars hinauf, nahm den Satan auf den Rücken und machte sich mit ihm auf den Weg nach seinem Haus.

In der Stille der Nacht und unter dem Schleier der Dunkelheit durchquerte Vater Samaan das Tal, und mit gebeugtem Rücken näherte er sich schwerbeladen dem Dorf. Sein schwarzes Gewand und sein langer Bart waren mit Blut befleckt, doch er marschierte weiter und betete inbrünstig um das Leben des sterbenden Satans.

Sklaverei

Die Menschen sind die Sklaven des Lebens, denn die Unterdrückung ist es, die ihre Tage mit Not und Elend belastet und ihre Nächte mit Angst und Tränen überflutet.

Seit 7000 Jahren – seit dem Tag meiner ersten Geburt – beobachte ich, wie die Sklaven des Lebens ihre schweren Ketten tragen. Ich habe den Osten und den Westen der Erde durchstreift und wanderte im Licht und im Schatten des Lebens. Ich habe gesehen, wie sich die Entwicklung der Zivilisation vom Licht zum Schatten hin bewegte, und jedermann wurde von unterworfenen Seelen, die sich unter dem Joch der Versklavung krümmten, in die Hölle geschleppt. Dabei wird der Starke überwältigt und gefesselt, während der Gutgläubige sich niederkniet und vor den Götzenbildern opfert. Ich folgte den Menschen von Babylon nach Kairo, von Ayn Diwar nach Bagdad und sah den Abdruck ihrer Ketten im Sand. Ich vernahm das traurige Echo der wankelmütigen Zeiten in den Tälern und Ebenen.

Ich suchte Tempel und Altäre auf, trat in Paläste ein und stellte mich vor Throne hin. Und ich sah, wie der Lehrling vom Meister unterdrückt wurde, der Meister vom Unternehmer, der Unternehmer vom General, dieser vom Statthalter, der Statthalter vom König, der König vom Priester und dieser von dem Götzenbild, das der Satan aus Erde angefertigt und an einer Schädelstätte aufgestellt hatte.

Ich betrat die Häuser der Wohlhabenden und kam zu den Hütten der Armen. Ich sah, wie der Säugling die Milch der Knechtschaft aus der Brust seiner Mutter trank und wie die Schulkinder mit dem Alphabet auch die Unterwürfigkeit lernten.

Die Mädchen tragen die beengenden Kleider der Teilnahmslosigkeit, und die Frauen steigen unter Tränen in die Betten des Gehorsams und gesetzmäßiger Willfährigkeit.

Ich verfolgte den Lauf der Zeiten von den Ufern des Ganges bis hin an den Euphrat, von der Mündung des Nils bis in die Ebenen Assyriens, von den Stadien Athens bis in die Paläste Alexandriens. Ich sah, wie die Versklavung in einem prächtigen und prunkvollen Umzug der Unwissenheit über alles herfiel. Ich beobachtete, wie die Menschen Jünglinge und Mädchen vor einem Götzenbild opferten, das sie als ihren Gott bezeichneten; wie sie Wein und wohlriechende Essenzen über seine Füße gossen und es ihre Königin nannten; wie sie Weihrauch davor verbrannten und es als ihr Orakel ansahen; wie sie anbetend niederknieten und es als ihr Gesetz anerkannten; wie sie dafür kämpften und starben unter dem Namen Vaterlandsliebe; wie sie sich ihm unterwarfen und es für den Schatten Gottes auf Erden hielten. Seinetwegen zerstörten sie Häuser und Institutionen und bezeichneten es als Brüderlichkeit; sie mühten sich ab, stahlen und schufteten dafür und nannten es Glück; sie töteten in seinem Namen und hießen es Gleichheit.

Die Sklaverei hat viele Bezeichnungen, doch nur eine Wirklichkeit. Sie tritt unter vielerlei Gestalten auf, besteht jedoch aus nur einem Grundstoff. In Wahrheit ist sie ein unaufhörliches Leiden, das jede Generation der folgenden hinterläßt.

Ich entdeckte die blinde Sklaverei, welche die Menschen der Gegenwart an die Vergangenheit ihrer Eltern fesselt und sie zwingt, sich deren Sitten und Gebräuchen zu unterwerfen, um so den vergangenen Geist in neue Formen zu pressen.

Ich fand die stumme Sklaverei, die das Leben eines Mannes an eine Frau kettet, die er verabscheut, und die den Körper einer Frau in das Bett eines verhaßten Ehemannes legt und somit das Leben von beiden zerstört.

Ich gewahrte die taube Sklaverei, die Herz und Seele erstickt und vom Menschen nur noch den schwachen Widerhall einer Stimme und den erbarmungswürdigen Schatten eines Körpers zurückläßt.

Ich traf auf die lahme Sklaverei, die den Nacken des Menschen unter die Herrschaft des Tyrannen beugt und den Söhnen der Begierde einen starken Körper, aber einen schwachen Geist beschert.

Ich sah die häßliche Sklaverei, die mit den Seelen der Kinder vom unendlichen Firmament ins Haus des Unglücks hinabsteigt, wo die Bedürftigkeit neben der Unwissenheit wohnt und die Erniedrigung Tür an Tür mit der Verzweiflung. Diese Kinder wachsen im Elend auf, werden zu Verbrechern und sterben verachtet und ausgestoßen.

Ich begegnete der wankelmütigen Sklaverei, die bewirkt, daß die Schwachen sich aus Angst im Gegensatz zu ihren wirklichen Gefühlen äußern. Sie geben vor, ihre Versprechungen halten zu wollen, werden jedoch zu leeren Säcken, die jedes Kind mit Leichtigkeit zusammendrücken oder aufhängen kann.

Ich kam der unaufhörlichen Sklaverei auf die Spur, welche die Söhne von Herrschern zu Königen krönt, ohne sich um ihre Verdienste zu kümmern.

Ich ermittelte die unterwürfige Sklaverei, die eine Nation dazu bewegen kann, sich den Gesetzen und Vorschriften eines anderen Landes zu fügen, wobei diese Unterordnung von Tag zu Tag wächst.

Ich stieß auf die verleumdende Sklaverei, welche die unschuldigen Söhne von Verbrechern durch Mißgunst und Schande für immer brandmarkt.

Wenn man über Sklaverei nachdenkt, findet man heraus, daß sie über die teuflischen Kräfte des Fortbestands und der Ansteckung verfügt.

Als ich es müde war, die liederlichen Zeiten zu verfolgen und die Prozession der im Lauf der Geschichte zu Stein gewordenen Menschen zu betrachten, wanderte ich allein im Tal der Lebensschatten, wo die Vergangenheit versucht, sich wegen ihrer Schuld zu verstecken, und die Zukunft die Arme verschränkt und sich ausruht. Dort, am Ufer des Flusses von Blut und Tränen, der sich wie eine giftige Schlange windet und wie die Träume eines Übeltäters sich durch das Tal schleicht, flüsterten angsterfüllt die Geister versklavter Menschen; ich konnte sie hören, vermochte sie aber nicht zu sehen.

Als es Mitternacht wurde und die Trugbilder aus ihren Verstecken hervorkamen, sah ich eine leichenhafte Gestalt auf die Knie fallen und zum Mond emporstarren. Ich trat näher und fragte: »Wie heißt du?«

»Mein Name ist Freiheit«, antwortete der grausige Schatten. »Und wo sind deine Kinder?« fragte ich weiter.

Schwach und unter Tränen flüsterte die Freiheit: »Eines starb am Kreuz, eines endete im Wahnsinn, und das dritte ist noch nicht geboren.«

Sie hinkte davon und redete noch weiter, doch wegen des Nebels vor meinen Augen und infolge der Schreie meines Herzens konnte ich sie nicht mehr sehen und auch nicht hören.

Yuhan der Wahnsinnige

Während des Sommers trieb Yuhan jeden Morgen sein Vieh auf die Weide, trug den Pflug auf der Schulter und lauschte dem Gesang der Vögel und dem Rascheln der Blätter und Gräser. Zur Mittagszeit setzte er sich an den Bach in der bunt blühenden Wiese, aß ein Stück Brot und überließ auch den Vögeln einige Krümel. Abends kehrte er dann in seine verfallene Behausung zurück, die abseits der Weiler und Dörfer im nördlichen Libanon lag. Nach dem Abendbrot setzte er sich zu seinen Eltern und hörte aufmerksam ihren Erzählungen zu, die von vergangenen Zeiten handelten; dabei wurde er meistens vom Schlaf übermannt, und die Augen fielen ihm zu.

Im Winter verbrachte er die Zeit hauptsächlich an der Feuerstelle und machte sich seine Gedanken über das Jammern des Windes, das Wüten der Elemente und den Wechsel der Jahreszeiten. Er blickte aus dem Fenster auf die schneebedeckten Felder und auf die kahlen Bäume. Sie erschienen ihm wie notleidende Menschen, die hilflos dem Zugriff bitterer Kälte und kalter Stürme ausgesetzt sind. In den langen Winternächten wartete er, bis seine Eltern zu Bett gegangen waren, holte dann aus einer hölzernen Truhe das Neue Testament hervor und las darin beim Schein der flackernden Lampe. Die Priester hatten das Studium dieses Buches verboten, und Yuhan war überaus vorsichtig bei seiner fesselnden Lektüre. Dem ungebildeten Volk war der Gebrauch der Bibel verboten, und jedem, der trotzdem darin las, wurde mit dem Kirchenausschluß gedroht.

So verbrachte Yuhan seine Jugendzeit inmitten von Gottes herrlicher Welt und mit dem Neuen Testament, das vom Lichte der Wahrheit erfüllt ist. Er war ein stiller und bedächtiger junger Mann, und wenn er der Unterhaltung seiner Eltern zuhörte, äußerte er sich mit keinem Wort und stellte auch keine Fragen.

Wenn er mit seinen Altersgenossen zusammentraf, richtete er seine Augen stets zum Horizont hin, und seine Gedanken waren so weit entfernt wie sein Blick. Jedesmal, wenn er aus der Kirche kam, war er sehr niedergeschlagen, denn die Lehren der Priester unterschieden sich wesentlich von den Unterweisungen, die er in der Bibel gefunden hatte; ebenso entsprach auch das Leben der Gläubigen hier keineswegs dem herrlichen Dasein, von dem Christus sprach.

Der Frühling kam, und der Schnee schmolz auf den Feldern und in den Tälern. Auf den Bergen setzte Tauwetter ein, und das Wasser bildete kleine Bäche, die talabwärts strebten und sich zu einem Fluß vereinigten, der mit seinem Rauschen das Erwachen der Natur verkündete. Mandel- und Apfelbäume standen in voller Blüte, Weiden und Pappeln bekamen neue Blätter, und die Natur hatte ihr prächtiges, buntes Gewand über die Landschaft gebreitet.

Yuhan, der seine Zeit nicht mehr an der Feuerstelle verbringen wollte und wußte, daß sich sein Vieh nach der Weide sehnte, führte die Tiere aus dem Stall hinaus auf die Wiesen. Er nahm auch das Neue Testament mit und versteckte es unter seinem Mantel, denn er fürchtete, es könnte entdeckt werden. So gelangte er zu einem schönen großen Garten, der an die Ländereien des Elisha-Klosters* grenzte, welches majestätisch auf einem nahe gelegenen Hügel thronte. Während das Vieh zu weiden begann, lehnte sich Yuhan an einen Felsen und begann, in seinem Neuen Testament zu lesen. Er dachte an das traurige Los der Kinder Gottes auf Erden und stellte sich die Schönheit des Himmelreiches vor.

Es war ein Tag gegen Ende des Monats März, und die Dorfbewohner warteten nach der langen Fastenzeit ungeduldig auf das Osterfest. Wie für die anderen armen Bauern gab es auch für Yuhan keinen Unterschied zwischen dieser Zeit und den übrigen Monaten des Jahres, denn sein ganzes Leben war eine Fastenzeit, und seine Mahlzeiten bestanden meist nur aus dem Brot, das er mit seiner Hände Arbeit erwarb, und ein paar

* Eine wohlhabende Abtei mit weiten Ländereien, die von den Alepoan-Mönchen verwaltet wird.

Früchten, die er teuer kaufen mußte. Die einzige Nahrung, die Yuhan wirklich begehrte, war geistiger Natur, jenes himmlische Brot, das in seinem Herzen all die Gedanken über die Tragödie des Menschensohnes und über das Ende seines irdischen Lebens hervorrief.

Die Vögel sangen und umflatterten ihn, und Taubenschwärme kreisten am Himmel, während die Blumen im Winde schaukelten und an den warmen Strahlen der Sonne sich ergötzten.

Yuhan las selbstvergessen in seinem Buch. Nur gelegentlich unterbrach er seine Erleuchtung verheißende Lektüre, blickte auf die Kirchtürme der nahen Ortschaften und lauschte dem Geläut der Glocken. Von Zeit zu Zeit schloß er die Augen und ließ seine Gedanken in das alte Jerusalem wandern. Dort folgte er den Spuren Jesu und fragte die Menschen in der Stadt über den Nazarener aus. »Hier heilte er den Lahmen, und hier gab er dem Blinden das Augenlicht zurück; dort wand man die Dornenkrone und setzte sie ihm aufs Haupt; von dieser Säulenhalle aus sprach er in wunderbaren Gleichnissen zu den Menschen; in diesem Palast band man ihn an eine Marmorsäule und bespuckte ihn; in dieser Gasse vergab er der Dirne ihre Sünden, und an dieser Stelle fiel er nieder unter der schweren Last des Kreuzes.«

Eine Stunde verging, und Yuhan hatte alle körperlichen Qualen mit dem Gottessohn durchlitten und war im Geiste mit ihm in den Himmel aufgefahren. Schon war die Mittagszeit angebrochen, und die Herde war außer Sichtweite geraten. Yuhan blickte sich um, doch er konnte sie nicht finden; und als er an die Straße ging, die zu den angrenzenden Feldern führte, sah er einen Mann inmitten des Gartens stehen. Yuhan eilte auf ihn zu und sah, daß es einer der Mönche aus dem Kloster war. Er grüßte mit einer ehrfürchtigen Verneigung und fragte ihn, ob er seine Tiere gesehen hätte. Mit einer Stimme, in der unterdrückter Zorn mitschwang, antwortete der Mönch: »Ja, ich habe sie gesehen. Komm mit mir, ich werde sie dir zeigen.« Er führte ihn zum Kloster, und dort fand Yuhan seine Herde mit Stricken angebunden in einem Stall. Sie wurde von einem Mönch bewacht, und jedesmal, wenn sich eines der Tiere bewegte, erhielt es einen kräftigen Stockschlag auf den Rücken. Wütend versuchte Yuhan, sie loszubinden, doch der Mönch packte ihn am Mantel, hielt ihn fest und rief zum Kloster hinauf: »Hier ist der verbrecherische Hirte! Ich habe ihn gefunden!« Priester und Mönche liefen unter Anführung ihres Klostervorstehers herbei und umringten Yuhan, der vollkommen verwirrt war und sich wie ein Gefangener vorkam. »Was habe ich getan, daß ihr mich wie einen Schurken behandelt?« fragte er den Abt. Ärgerlich antwortete dieser: »Dein Vieh hat unsere Pflanzungen und unseren Weingarten zerstört. Und da du für den entstehenden Schaden verantwortlich bist, werden wir deine Tiere so lange hierbehalten, bis du Ersatz geleistet hast.«

»Ich bin arm und habe kein Geld«, beteuerte Yuhan. »Bitte gebt mir mein Vieh zurück und seid versichert, daß ich es nie wieder in diese Gegend führen werde.« Der Abt trat vor, hob seine Hände gegen den Himmel und rief: »Gott hat uns zu Wächtern über dieses Land bestellt, welches dem heiligen Elisha gehört; und es ist unsere höchste Pflicht, es mit all unserer Kraft zu bewachen. Es ist ein heiliges Land, und gleich dem Feuer wird es jeden verbrennen, der sich daran vergeht. Und wenn du dich weigerst, für dieses Verbrechen gegen Gott zu bezahlen, wird sich das Gras, das deine Tiere gefressen haben, in Gift verwandeln, und sie werden alle zugrunde gehen!«

Schon war der Abt im Begriff zu gehen, da berührte Yuhan sein Gewand, und demütig sagte er: »Ich rufe euch an im Namen Jesu und aller seiner Heiligen, laßt mich und meine Tiere frei! Seid barmherzig, denn ich bin arm, und die Schatzkammern des Klosters quellen über von Gold und Silber. Habt auch Mitleid mit meinen armen alten Eltern, die von meiner Arbeit abhängig sind. Gott wird mir vergeben, wenn ich euch Schaden zugefügt haben sollte.« Streng blickte ihn der Abt an und entgegnete: »Ob arm oder reich, das Kloster kann dir deine Schuld nicht erlassen; doch für die Summe von drei Dinaren kannst du dein Vieh zurückkaufen.« »Ich besitze nichts«, rief Yuhan, »habt doch Erbarmen mit einem armen Bauern!« Doch der Abt erwiderte: »Geh und verkaufe einen Teil deines Ackerlandes und komm mit drei Dinaren wieder, denn es ist besser, ohne Besitz in das Himmelreich zu kommen, als sich den Zorn des heiligen Elisha zuzuziehen und zur Hölle zu fahren.« Die anderen Mönche nickten zustimmend. Nach einem Augenblick der Ruhe veränderte sich Yuhans Gesichtsausdruck. Seine Augen begannen zu leuchten, als ob alle Demut von ihm gewichen wäre, und mit hocherhobenem Kopf blickte er den Abt an. Furchtlos sagte er zu ihm: »Müssen die Armen und Schwachen ihre geringe Habe, die Quelle ihres Lebensunterhaltes, verkaufen, damit der Wohlstand des Klosters noch größer wird? Ist es gerecht, wenn ein armer Mann erpreßt und noch ärmer gemacht wird, damit der heilige Elisha den Tieren ihren Fehltritt verzeiht, an dem sie ohnehin keine Schuld haben?« Der Abt richtete seinen Blick zum Himmel empor, und salbungsvoll rief er aus: »Im Buche Gottes steht geschrieben, daß dem, der hat, gegeben werden soll; doch dem, der nicht hat, soll alles genommen werden.«

Als Yuhan diese Worte vernahm, wurde er zornig, und wie ein Soldat, der sein Schwert zückt im Angesicht des Feindes, zog er das Neue Testament hervor und schrie: »So entstellt ihr Christi Lehren, ihr Heuchler! Und so mißbraucht ihr das allerheiligste Vermächtnis des Lebens, um eure Niedertracht zu verbreiten … Wehe euch! Wenn des Menschen Sohn wiederkehrt, wird er euer Kloster niederreißen, die Steine der Mauern ins Tal stürzen und eure Schreine und Altäre in Schutt und Asche legen … Wehe euch! Der Zorn des Nazareners wird über euch kommen und euch in die Tiefen der Hölle stürzen … Wehe euch, ihr Götzenanbeter, die ihr eure häßlichen Taten unter eurem schwarzen Kleid versteckt … Wehe euch, ihr Widersacher Jesu, die ihr die Lippen im Gebet bewegt, während eure Herzen voll von Wollust sind … Wehe euch! Ihr kniet vor dem Altar nieder und erhebt gleichzeitig euren Geist gegen Gott! Ihr beschmutzt euch mit der gleichen Sünde, wenn ihr mich dafür bestraft, daß ich euer Land betrat, für das ich und meine Vorfahren bezahlt haben. Als ich euch im Namen Gottes um Vergebung bat, habt ihr mich verhöhnt. Nehmt dieses Buch und zeigt mir darin eine Stelle, wo Jesus nicht vergeben hätte … Lest diese Tragödie des Himmels und nennt mir eine Begebenheit, wo er ohne Mitleid und ohne Erbarmen gesprochen hat, sei es in der Bergpredigt oder im Tempel. Vergab er der Ehebrecherin nicht ihre Sünden? Breitete er nicht auf dem Kreuz seine Arme aus, um die ganze Menschheit zu umfassen?

Blickt doch auf diese armseligen Hütten, in denen die Kranken auf ihren Schmerzenslagern stöhnen ... Schaut in die Gefängnisse, in denen unschuldige Menschen schmachten und zu Opfern von Unterdrückung und Ungerechtigkeit werden ... Und seht euch die Bettler an, wenn sie ihre Hand nach einem Almosen ausstrecken; ihr ganzes Leben ist erniedrigt und zerbrochen ... Denkt an eure versklavten Jünger, die bitteren Hunger leiden, während ihr ein Leben in Wohlstand führt und die Früchte eurer Felder und Weingärten genießt. Ihr habt weder einen Kranken besucht noch einen Traurigen getröstet oder einen Hungrigen gespeist. Dem Fremdling botet ihr keine Zuflucht und dem Lahmen ward ihr keine Stütze. Und noch immer seid ihr nicht zufrieden mit dem, was ihr unseren Vätern geraubt habt; noch immer schnellt eure Hand wie der Kopf einer Viper vor, wenn es gilt, unter Androhung der Hölle auch das wenige noch zu nehmen, das sich die arme Witwe erspart hat oder der arme Bauer zusammentrug, um seine Kinder am Leben zu erhalten.«

Yuhan holte tief Luft, dann dämpfte er seine Stimme und fügte hinzu: »Ihr seid viele, und ich bin nur einer – macht mit mir, was ihr wollt. Die Wölfe zerreißen das Lamm in der Dunkelheit der Nacht, doch das Blut bleibt an den Steinen haften, und wenn der Morgen kommt, bringt die Sonne es an den Tag.«

In Yuhans Rede lag eine sonderbare Kraft, welche die Aufmerksamkeit der Mönche fesselte und gleichzeitig Zorn und Rachegedanken in ihnen erweckte. Sie bebten vor Wut und warteten nur auf den Befehl des Abtes, über Yuhan herzufallen und ihn zum Gehorsam zu zwingen. Die kurze Stille, die nach seinen Worten eingetreten war, glich der Stille nach einem Sturm, wenn alles verwüstet ist. Und der Abt befahl den Mönchen: »Fesselt diesen Verbrecher! Nehmt ihm das Buch weg und werft ihn in ein dunkles Verlies, denn demjenigen, der über die heiligen Stellvertreter Gottes lästert, wird niemals vergeben werden, weder auf Erden noch in der Ewigkeit.« Die Mönche ergriffen Yuhan, fesselten ihn und warfen ihn in eine enge Gefängniszelle.

Den Mut, den Yuhan zeigte, wird nur der zu würdigen wissen, der den Betrug und die Tyrannei in diesem Land, das die

Orientalen ›Die Braut Syriens‹ oder ›Die Perle in der Krone des Sultans‹ nennen, miterlebt hat. – In seiner Zelle dachte Yuhan über das traurige Schicksal nach, das durch die Macht der Gewalt seinen Landsleuten in gleichem Maße wie ihm zugefügt worden war. Bitter lächelte er voll Mitgefühl, und sein Herz floß über vor Wehmut und Trauer. Diese Empfindungen drangen tief in ihn ein und machten seine Seele klein und eng; es waren Empfindungen, die in die Augen stürzen und haltlos als Tränen herabfallen, wenn man sich ihnen hingibt.

Dennoch stand Yuhan stolz und aufrecht in seinem Gefängnis und blickte durch eine schmale Maueröffnung auf das sonnenbeschienene Tal. Er spürte, wie eine göttliche Freude seine Seele ergriff und süße Ruhe ihn umfing. Man hatte seinen Körper eingesperrt, sein Geist aber war frei und schwebte mit dem Wind über die Hügel und Ebenen. Seine Liebe zu Jesus war unverändert geblieben, und die Hände, die ihn quälten, konnten die Ruhe nicht aus seinem Herzen vertreiben, denn Verfolgung kann dem, der auf der Seite der Wahrheit steht, keinen Schaden zufügen. War Sokrates nicht stolz darauf, daß man nur seinen Körper töten konnte? Wurde nicht auch Paulus der Wahrheit wegen gesteinigt? Es ist nur unser inneres Selbst, das uns verletzt, wenn wir es mißachten, und uns tötet, wenn wir es verraten.

Yuhans Eltern wurden von der Gefangennahme ihres Sohnes und der Beschlagnahmung des Viehs benachrichtigt, und seine alte Mutter machte sich auf den Weg zum Kloster. Sie warf sich vor dem Abt auf den Boden, küßte seine Füße und flehte um Barmherzigkeit für ihr einziges Kind. Der Abt hob seinen Blick ehrfurchtsvoll zum Himmel und sprach: »Wir wollen deinem Sohn seine Dummheit vergeben, doch der heilige Elisha wird keinem verzeihen, der sich an seinem Grund und Boden versündigt hat.« Mit Tränen in den Augen blickte ihn die alte Frau an. Dann nahm sie ihre silberne Halskette ab, gab sie dem Abt und sagte: »Dies ist mein kostbarster Besitz, das Hochzeitsgeschenk meiner Mutter … Wollt ihr sie als Sühne für die Missetat meines Sohnes annehmen?« Der Abt nahm die Kette und steckte sie ein. Dann blickte er auf Yuhans Mutter, die seine Hand zum Zeichen ihrer Dankbarkeit küßte, und rief aus: »Wehe diesem sündigen Geschlecht! Es kehrt die Lehren der Bibel ins Gegenteil; und wehe seinen Kindern! Sie essen saure Trauben, und ihre Väter haben stumpfe Zähne. Geh nun, gute Frau, bete für deinen Sohn und bitte Gott, er möge ihm seinen Verstand wiedergeben.«

Yuhan wurde aus dem Gefängnis entlassen, und an der Seite seiner Mutter schritt er gemächlich seinem Vieh voran. Als sie bei ihrer Hütte angelangt waren, führte er die Tiere in den Stall. Danach setzte er sich ans Fenster und betrachtete den Sonnenuntergang. Bald darauf hörte er, wie sein Vater der Mutter zuflüsterte: »Wie oft habe ich dir schon gesagt, Sarah, daß unser Sohn nicht ganz bei Sinnen ist, aber du hast mir nie geglaubt. Jetzt mußt du mir wohl recht geben, denn der Abt hat dir heute dasselbe gesagt, was ich dir schon jahrelang erklärte.« Yuhan blickte weiterhin nach dem fernen Horizont und beobachtete, wie die Sonne sich von diesem Teil der Welt verabschiedete.

Ostern war gekommen, und die neue Kirche von Becharré war gerade fertiggestellt worden. Wie der Palast eines Fürsten ragte diese prächtige Stätte der Andacht und des Opfers über die Hütten der armen Einwohnerschaft. Voll Eile bereitete die Bevölkerung alles für die Ankunft des Bischofs vor, der das neue Gotteshaus feierlich einweihen sollte. Die Menge stellte sich entlang der Hauptstraße auf und wartete auf das Eintreffen des hohen Gastes. Der Gesang der Priester, Zimbelklänge und Glockengeläute erfüllten den Himmel.

Endlich traf der Bischof ein. Er ritt auf einem prächtigen Pferd, dessen Sattel mit Gold beschlagen war. Als er abstieg, traten die kirchlichen und öffentlichen Würdenträger vor und hießen ihn mit schönen Worten willkommen.

Man führte ihn zu dem neu errichteten Altar, wo er sich in einen golddurchwirkten und mit funkelnden Edelsteinen geschmückten Ornat hüllen ließ. Man setzte ihm eine goldene Krone auf, und so geschmückt schritt er mit seinem juwelenbesetzten Hirtenstab um den Altar herum. Die Priester hinter ihm trugen Kerzen in den Händen und schwenkten Weihrauchfässer.

Zu dieser Stunde stand Yuhan in der Säulenhalle an der Kirche unter all den Zuschauern. Mit betrübten Augen und unter bitteren Seufzern verfolgte er das Geschehen. Es schmerzte ihn, all die kostbaren Gewänder, die wertvolle Krone, die goldenen Geräte und Gefäße und die ganze verschwenderische Pracht ansehen zu müssen, während die arme Bevölkerung, die anläßlich der Feierlichkeiten aus den umliegenden Dörfern herbeigekommen war, die nagenden Qualen der Armut ertragen mußte. Ihr zerlumptes Äußeres und ihre vergrämten Gesichter ließen ihre erbarmungswürdige Lage erkennen. Die reichen Würdenträger standen, in Samt und Seide gekleidet, weit entfernt von den Armen, und sie predigten lauthals, während im Hintergrund die Menschen sich an die Brust klopften und in aufrichtige Gebete versunken waren, die aus der Tiefe ihrer gebrochenen Herzen kamen. Die Macht der Geistlichen glich den immergrünen Blättern der Pappeln, und das Leben der Landarbeiter war mit einem Boot zu vergleichen, dessen Kapitän ertrunken, dessen Ruder gebrochen und dessen Segel zerfetzt war; und so mußte es sich der Barmherzigkeit der aufgewühlten Tiefe und der rasenden Winde überlassen.

Tyrannei und blinde Unterwerfung... Welches ist die Voraussetzung für das andere? Ist die Tyrannei ein starker Baum, der nur auf tiefem Grund wächst, oder ist die Unterwürfigkeit ein brachliegendes Feld, auf dem nichts außer Dornen gedeiht? Solche Überlegungen marterten Yuhans Verstand während der Zeremonie. Er preßte die Arme an die Brust, denn er fürchtete, es würde ihm das Herz zerreißen, so zornig war er wegen seiner Hilflosigkeit im Hinblick auf die erbärmliche Lage des Volkes in dieser Tragödie der Gegensätzlichkeiten.

Er blickte auf die dahinsiechenden Geschöpfe einer kranken Gesellschaft, deren Herz ausgetrocknet war und deren Saat Schutz im Schoß der Erde suchte – so wie verlassene Pilger eine Wiedergeburt in einem neuen Reich ersehnen.

Als die pompöse Vorstellung ihrem Ende zuging und die Volksmenge sich aufzulösen begann, verspürte Yultan eine unwiderstehliche Kraft in sich, die ihn dazu drängte, zugunsten der unterdrückten Armen zu sprechen. Er trat an eine erhöhte Stelle des Platzes, hob seine Arme gegen den Himmel, und als sich das Volk um ihn scharte, rief er: »O Jesus, der du inmitten des Lichtes thronst, höre uns! Blicke von deinem hohen Himmelsgewölbe auf die Erde herab und sieh, wie die Dornen die Blumen ersticken, die deine Wahrheit gepflanzt hat!

O guter Hirte! Die Wölfe haben das schwache Lamm, das du auf deinen Armen trugst, in Stücke gerissen. Sein unschuldiges Blut ist in die Erde gesickert, die durch deinen Schritt geheiligt wurde. Deine Feinde haben aus dieser Erde einen Kampfplatz gemacht, auf dem der Starke den Schwachen zu Boden schmettert. Diejenigen, die auf dem Throne sitzen und dein Wort verkünden, hören nicht auf die Schreie der Armen und auf die Klagen der Hilflosen. Die Lämmer, die du zur Erde gesandt hast, haben sich in Wölfe verwandelt und zerreißen nun denjenigen, den du getragen und gesegnet hast.

Das Wort des Lebens, das aus deinem Herzen zu uns kam, ist aus der Schrift verschwunden, und an seine Stelle trat ein entsetzlich leeres Geschrei, das den Geist verängstigt.

O Jesus, man hat diese Kirche gebaut, um dich zu preisen, und man hat sie mit Seide und Gold ausgestattet ... Aber man hat die von dir auserwählten Armen in Lumpen gehüllt und in der kalten Nacht stehengelassen ... Man erfüllte den Himmel mit dem Duft brennender Kerzen und mit Weihrauch, aber man ließ deine teuren Anhänger ohne Brot ... Man erhob die Stimmen, um Lobgesänge ertönen zu lassen, doch man hatte kein Ohr für die Schreie der Waisen und für die Klagen der Witwen.

Komm wieder, o lebendiger Jesus, und treibe die Schacherer aus deinem heiligen Tempel, denn sie haben ihn in eine finstere Höhle verwandelt, in welcher die Schlangenbrut der Falschheit und Heuchelei herumkriecht und überhandnimmt.«

Yuhans starke und eindringliche Worte erregten Aufsehen; daß sich auch die Würdenträger ihm näherten, störte ihn nicht. Mit durch seine früheren Erfahrungen gesteigertem Mut rief er abermals: »Komm, o Jesus, und rechne ab mit diesen Tyrannen, die den Armen nehmen, was den Armen gehört, und Gott dessen berauben, was Gottes ist. Den Weinstock, den deine Rechte pflanzte, haben die Würmer des Neids zerfressen, und seine Trauben wurden niedergetrampelt. Die Kinder des Friedens sind unter sich gespalten und bekämpfen einander; sie hinterlassen die Seelen als Opfer auf den frostigen Feldern. Vor deinem Altar erheben sie ihre Stimmen und beten: ›Ehre sei Gott in der Höhe und Friede auf Erden und den Menschen ein Wohlgefallen.‹ Wird unser himmlischer Vater verherrlicht, wenn leere Herzen, lasterhafte Lippen und verlogene Zungen seinen Namen nennen? Herrscht Friede auf Erden, wenn sich die Kinder der Armut auf den Feldern abrackern müssen, um die Mächtigen zu ernähren und die Bäuche von Tyrannen zu füllen? Wird jemals ein Friede kommen, der sie aus den Krallen des Elends errettet?

Was ist Friede? Findet man ihn in den Blicken der Kinder, die in kalten, dunklen Häusern an den ausgetrockneten Brüsten ihrer hungernden Mütter saugen? Oder ist er in den jämmerlichen Behausungen der Hungernden, die auf den Steinen schlafen und sich nach dem Brote sehnen, das die Mönche ihren Mastschweinen vorwerfen?

Was ist Freude, o Jesus? Gibt es sie dort, wo ein Fürst den Mut der Männer und die Ehre der Frauen für ein paar Silbermünzen kaufen kann? Oder liegt sie in der Unterwerfung und Versklavung von Körper und Seele, wobei unsere Augen durch glitzernde Orden und goldene Diademe geblendet werden? Und auf die Beschwerden derjenigen, die in deinem Namen für den Frieden eintreten, antworten sie mit ihren Soldaten, die schwerbewaffnet über unsere Frauen und Kinder herfallen und uns das Blut aussaugen.

O Jesus, der du voll Liebe und Erbarmen bist, breite deine starken Arme aus und nimm uns in Schutz vor diesen Räubern oder sende uns den Tod, auf daß er uns befreie und zu unseren Gräbern führe, wo wir unter deinem Kreuz in Frieden ruhen können; dort werden wir auf deine Wiederkehr warten.

O mächtiger Jesus, dieses Leben ist nichts anderes als ein finsterer Kerker der Knechtschaft … Es ist der Spielplatz schrecklicher Geister, eine dunkle Höhle, in der die Schattenbilder des Todes wohnen. Es ist ein scharfes Schwert, das des Nachts zwischen den Bettlaken versteckt liegt, des Morgens aber wie ein Dämon über unseren Köpfen hängt und uns an die Peitschen unserer Sklaventreiber auf den Feldern erinnert.

O Jesus, hab Mitleid mit den unterjochten Armen, die am heutigen Tage gekommen sind, um deine Auferstehung zu feiern. … Erbarme dich, denn sie sind krank und schwach!«

Yuhans Rede wurde von der Menge unterschiedlich aufgenommen. »Er spricht wahr«, rief einer, »und er spricht zu unseren Gunsten mit dem Himmel.« Ein anderer meinte: »Er ist verrückt und redet im Namen eines bösen Geistes.« Ein dritter stellte fest: »Niemals noch haben wir solch schändliche Reden gehört. Laßt uns dem ein Ende machen!« Ein vierter flüsterte seinem Nachbarn ins Ohr: »Als ich ihn sprechen hörte, erwachte ein neuer Geist in mir.« Der nächste jedoch gab zu bedenken: »Aber die Priester wissen mehr über unsere Bedürfnisse als er; und es ist eine Sünde, an ihnen zu zweifeln.« Als von allen Seiten her Rufe laut wurden und wie das Gebrüll des Meeres anschwollen, erschien ein Priester, überwältigte Yuhan und übergab ihn den Wächtern. Sofort wurde er zum Verhör in den Palast des Gouverneurs gebracht.

Während der Vernehmung äußerte Yuhan kein einziges Wort, denn er dachte daran, daß auch der Nazarener vor seinen Peinigern geschwiegen hatte. Der Gouverneur ließ ihn ins Gefängnis werfen, wo er jedoch, den Kopf gegen die steinerne Wand gelehnt, friedvoll und mit ruhigem Gewissen einschlief.

Am nächsten Morgen erschien Yuhans Vater vor dem Gouverneur und bezeugte den Wahnsinn seines Sohnes. Traurig sagte er: »Ich habe oft bemerkt, wie er mit sich selbst sprach. Er redete von seltsamen Dingen, die keiner sehen oder erklären konnte. Immer wieder saß er in der Nacht da und sprach in völlig unverständlichen Worten. Ich hörte, wie er mit der Stimme eines Zauberers die Geister beschwor. Fragt die Nachbarn, die ihn oft anredeten und ohne Zweifel merkten, daß er verrückt ist. Er antwortete niemals auf ihre Fragen, doch wenn er selbst sprach, verwendete er rätselhafte Worte und sprach in Sätzen, die der Zuhörer nicht verstand und keinerlei Sinn hatten. Auch seine Mutter, die ihn genau kennt, bemerkte oftmals, wie er in die Ferne starrte und wie ein kleines Kind unaufhörlich von Bächen, Blumen und Sternen plapperte. Fragt die Mönche, deren Lehren und Glaubenssätze er während der vergangenen Fastenzeit verhöhnte und beanstandete, so daß er Streit mit ihnen bekam. Er ist verrückt, Hoheit, doch zu mir und seiner Mutter ist er gut. Er unterstützt uns, weil wir alt sind, und kümmert sich um unsere Bedürfnisse. Habt Erbarmen mit ihm und mit uns!«

Der Gouverneur begnadigte Yuhan, und die Kunde von dessen Verrücktheit verbreitete sich rasch. Wenn von ihm gesprochen wurde, setzte man seinen Namen der Lächerlichkeit und dem Spott aus. Die jungen Mädchen blickten mit traurigen Augen auf ihn und meinten: »Der Himmel verfolgt seltsame Absichten mit den Menschen … In diesem Jüngling brachte Gott Schönheit und Wahnsinn zusammen und verband das Leuchten seiner Augen mit der Dunkelheit in seiner Seele.«

Inmitten von Gottes schöner Natur, auf einer Wiese bei den Hügeln, die mit Gras und Blumen prächtig geschmückt waren, weidete Yuhan, friedlich und unbehelligt von der Hartherzigkeit der Menschen, seine Tiere. Mit traurigen Augen blickte er zu den Dörfern auf beiden Seiten des Tales, seufzte tief und sprach: »Ihr seid viele, und ich bin nur einer. Die Wölfe zerreißen das Lamm in der Dunkelheit der Nacht, doch das Blut bleibt an den Steinen haften, und wenn der Morgen kommt, bringt die Sonne es an den Tag.«

Musik

Während ich neben der Geliebten saß und ihren Worten lauschte, begann meine Seele ihre Wanderung in die Unendlichkeit, wo das All ein Traum zu sein scheint und der Körper einem engen Gefängnis gleicht.

Tief in mein Herz hinein drang die zauberhafte Stimme meiner Geliebten. Ihre Seufzer und die Worte, die auf ihren Lippen zu erahnen waren, bedeuteten Musik für mich, und mit den Augen meines Hörens konnte ich ins Herz des geliebten Mädchens blicken.

Meine Freunde! Musik ist die Sprache der Seelen. Ihre Melodie gleicht der heiteren Melodie, welche die Saiten einer Lyra vor Liebe erzittern läßt. Sobald die sanften Finger der Musik an das Tor eurer Gefühle pochen, erwecken sie Gedanken, die lange Zeit in den Tiefen der Vergangenheit verborgen lagen. Die traurigen Klänge der Musik bringen uns schwermütiges Rückbesinnen; und ihre ruhigen Töne freudige Erinnerungen. Der Klang der Saiten läßt uns beim Scheiden eines teuren Menschen weinen oder läßt uns dem Frieden zulächeln, den Gott uns schenkte.

Die Seele der Musik ist der Geist, und ihr Gemüt kommt aus dem Herzen.

Als Gott den Menschen schuf, gab er ihm die Musik als eine Sprache, die sich von allen anderen unterscheidet. Die Menschen der Frühzeit sangen ihren Ruhm in der Wildnis; und die Musik bewegte die Herzen von Königen und zog sie von ihren Thronen. Unsere Seelen gleichen zarten Blumen, mit denen die Stürme des Schicksals Mitleid haben. Sie erzittern im Morgenwind und neigen ihre Häupter unter den Tautropfen, die vom Himmel fallen.

Das Lied des Vogels weckt den Menschen aus seinem Schlummer und lädt ihn ein, in die Psalmen zum Ruhme der

Ewigen Weisheit einzustimmen, welche das Lied des Vogels schuf.

Solche Musik läßt uns nach der Bedeutung der Geheimnisse in alten Büchern fragen.

Wenn die Vögel singen, rufen sie dann die Blumen auf die Felder, sprechen sie mit den Bäumen oder geben sie das Murmeln der Bäche wieder? Der Mensch kann trotz seines Verstandes nicht wissen, was der Vogel sagt, was der Fluß spricht und die Wogen wispern, wenn sie die Gestade leicht und sanft umspülen.

Mit seinem Verstand kann der Mensch nicht ergründen, wovon der Regen kündet, wenn er auf die Blätter der Bäume oder auf die Fensterscheiben tropft. Er kann nicht wissen, was die Luft den Blumen auf den Wiesen erzählt.

Das menschliche Herz kann fühlen und daher den Sinn der Klänge, durch die seine Gefühle bewegt werden, auch begreifen. In einer mystischen Weise offenbart sich dem Menschen die Ewige Freiheit, und er steht ohne Worte fassungslos da, während Seele und Natur Zwiesprache halten.

Aber weint er nicht auch bei diesen Klängen? Sind seine Tränen nicht beredtes Verstehen?

Göttliche Musik!
Tochter und Seele der Liebe

Gefäß voll Bitterkeit und
Wonne

Traum des menschlichen Herzens, Frucht
der Trauer

Blume der Freude, Duft und
Blüte des Gefühls

Sprache der Liebenden, Offenbarung der
Geheimnisse

Mutter der Tränen verborg'ner Liebe

Odem für Dichter, Tonschöpfer,
Baukünstler

Einheit der Gedanken in der Unvollständigkeit
der Worte

Gestalterin der Liebe aus der Schönheit heraus,
Wein des frohlockenden Herzens in
einer Welt der Träume

Stärke der Krieger und Stütze
der Seelen,
Ozean des Erbarmens und Meer der Zärtlichkeit

Musik!
Das Herz und unsre Seele
legen wir in deine Tiefen.
Du lehrst uns zu hören mit dem Herzen
und sehen mit den Ohren.

Das Lied der Seele

In den Tiefen meiner Seele
Liegt ein Lied, das keine Worte hat,
Ein Lied, das aus dem Samen meines Herzens lebt.
Und nicht mit Tinte auf Papier geschrieben wird.
Es hüllt in einen leichten Mantel meine Liebe ein
Und fließt dahin; es tritt jedoch nicht über meine Lippen.

Soll ich in einen Seufzer es verwandeln?
Ich habe Angst, es würde sich dann mit der Luft vermischen.
Vor wem soll ich es also singen?
Es wohnt im Hause meiner Seele
Und fürchtet sich vor strengen Ohren.

Mein ganzes Tun hält sich an seine Gegenwart,
So wie der See den Glanz der Sterne spiegelt.
Von meinen Tränen wird es aufgeweckt,
So wie der helle Tau des Morgens
Der welkenden Rose Geheimnis enthüllt.

Es ist ein Lied, von der Tiefe ersonnen,
Von der Stille verbreitet,
Von Wahrheit umhüllt.
Es wird von den Träumen wiedergegeben
Und von der Liebe verstanden.
Es wird von der Seele gesungen
Und verbirgt sich, wenn man es weckt.

Es ist das Lied der Liebe allein.
Könnte Kain oder Esau es singen?

Es duftet besser als der Jasmin,
Und keine Stimme kann es behalten.

Es ist ans Herz gebunden wie das Geheimnis einer Jungfrau;
Welche Saite könnte es zum Zittern bringen?

Wer würde wagen, das Brüllen der See
Mit der Nachtigall Lied zu vereinen?
Wer würde den pfeifenden Sturm
Mit dem kindlichen Seufzen vergleichen?
Wer wollte mit lauter Stimme die Worte sprechen,
Die zu sagen dem Herzen allein bestimmt sind?
Und welcher Mensch würde so kühn sein,
Gottes Lied zu singen?

Eine Träne und ein Lächeln

Als die Sonne dem Garten ihre Strahlen entzog und das Mondlicht sanft auf die Blumen fiel, setzte ich mich unter einen Baum und genoß das Wunder der Abendstimmung. Ich sah durch Zweige und Äste hindurch die Sterne am Himmel glänzen; sie glichen Silbertalern, die auf einen blauen Teppich gestreut waren. In der Ferne hörte ich einen Bach, der munter plätschernd ins Tal hinabfloß.

Als die Vögel ihre Nester aufgesucht und die Blumen ihre Blütenblätter zusammengefaltet hatten, senkte sich eine beängstigende Stille herab. Da vernahm ich ein Rascheln im Gras und sah ein junges Paar herankommen. Es ließ sich unter einem Baum in der Nähe nieder. Ich konnte die beiden sehen, ohne daß sie mich wahrnahmen.

Nachdem der junge Mann in jede Richtung geblickt hatte, sagte er: »Komm her zu mir, Geliebte, und höre meinem Herzen zu! Lächle, denn dein Glück ist ein Unterpfand für unsere Zukunft! Sei fröhlich, denn der strahlende Tag freut sich mit uns!

Meine Seele warnt mich davor, an deiner Zuneigung zu zweifeln, denn ein Zweifel an der Liebe bedeutet Sünde.

Bald wird dieses weite Land, das jetzt der Mond bescheint, dein eigen sein. Bald wirst du in meinem Palast die Herrin sein, und alle Diener und Mägde werden dir gehorchen.

Lächle, meine Geliebte, lächle wie das Gold in meines Vaters Schatztruhen!

Mein Herz kann sein Geheimnis nicht mehr zurückhalten. Höre also: Zwölf Monate voll Luxus, ein angenehmes Leben und eine schöne Reise warten auf uns. Ein Jahr lang werden wir uns – es ist ein Geschenk meines Vaters – an den blauen Seen der Schweiz aufhalten, und wir werden die Bauwerke Italiens und Ägyptens bewundern, bis wir uns dann unter den Heiligen Zedern des Libanon ausruhen. Du wirst Prinzessinnen treffen, die dich um deinen Schmuck und deine Kleider beneiden werden.

All dies tue ich nur für dich; wirst du auch zufrieden sein?« Bald darauf gingen sie weiter und zertrampelten die Blumen auf dem Boden, genauso wie ein Reicher die Herzen der Armen mit Füßen tritt. Als sie meiner Sicht entschwunden waren, stellte ich einen Vergleich zwischen Liebe und Geld an, um herauszufinden, welchen Platz sie in meinem Herzen einnehmen.

Geld! Die Quelle unaufrichtiger Liebe, der Brunnen trügerischen Lichts und falschen Glücks; der Ursprung vergifteten Wassers; die Hoffnungslosigkeit des Alters!

Meine Gedanken bewegten sich noch immer in dem weiten Land meiner Betrachtungen, als sich ein ärmlich aussehendes Paar ebenfalls in meiner Nähe niederließ; ein junger Mann und eine junge Frau, die aus ihrer Hütte in den benachbarten Feldern gekommen waren. Nach einer Weile vollkommener Stille vernahm ich folgende Worte, die von einem tiefen Seufzer begleitet waren: »Weine nicht, Geliebte! Die Liebe öffnet uns die Augen und macht unsere Herzen frei; sie kann uns auch den Segen der Geduld schenken. Tröste dich über unsere Trennung. Wir haben uns einen ewigen Eid geschworen, als wir das Heiligtum der Liebe betraten. Unsere Liebe wird auch in bösen Zeiten Bestand haben, denn in ihrem Namen ertragen wir die Beschwernisse der Armut und die Qualen der Einsamkeit. Ich werde diese Widerwärtigkeiten besiegen, und dann lege ich eine Kraft in deine Hände, die uns über alles hinweghelfen wird, die Reise des Lebens gemeinsam zu vollenden.

Die Liebe, welche Gott selbst ist, wird unsere Seufzer und unsere Tränen entgegennehmen, als wären sie Weihrauch, den wir vor ihrem Altar verbrennen, und sie wird uns mit Stärke belohnen. Leb wohl, Geliebte! Ich muß dich verlassen, ehe der Mond schwindet.«

Eine klare Stimme, in der die verzehrende Flamme der Liebe, die hoffnungslose Bitterkeit der Sehnsucht, aber auch die entschlossene Kraft der Geduld mitschwangen, rief: »Leb wohl, mein Geliebter!« Dann trennten sie sich, und ihr Klagelied wurde vom Jammer meines weinenden Herzens verdrängt.

Ich blickte auf die schlafende Natur, und äußerst bewegend enthüllte sich mir das wahre Wesen einer unendlich weitläufigen Empfindung, die durch keine Macht zu erlangen, durch keinen Einfluß zu erwerben und mit keinerlei Reichtum zu kaufen ist. Die Tränen der Vergangenheit vermögen sie nicht auszulöschen, und die Trauer kann sie nicht töten. Sie ist weder an den blauen Seen der Schweiz noch bei den prächtigen Bauwerken Italiens zu entdecken. Sie ist etwas, das Stärke mit Geduld verbindet, etwas, das trotz Widerstandes wächst, das im Winter wärmt, im Frühling sich entfaltet, im Sommer einen leichten Wind verursacht und im Herbst Früchte trägt: Ich meine die Liebe.

Liebe und Gleichheit

Die Armut, die oft so viel Elend verursacht, ist auch die Quelle, aus der wir die Erkenntnis der Gerechtigkeit und das Verständnis für das Leben gewinnen. Wenn du dir dessen bewußt wärest, mein armer Freund, würdest du mit deinem Geschick zufrieden sein.

Ich spreche von der Kenntnis der Gerechtigkeit; denn der Reiche ist zu sehr damit beschäftigt, Besitztum anzuhäufen, als daß er diese Kenntnis erwerben könnte.

Und ich spreche vom Verstehen des Lebens; denn der Starke eifert zu sehr nach Macht und Ruhm, als daß er dem geraden Pfad der Wahrheit folgen könnte.

Freue dich also, mein armer Freund, denn du bist das Sprachrohr der Gerechtigkeit und das Buch des Lebens. Sei zufrieden, denn du bist die Quelle der Tugend für diejenigen, welche über dich herrschen, und der Stützpfeiler der Redlichkeit für jene, die dich führen.

Wenn du sehen könntest, mein betrübter Freund, daß das Unglück, welches dir im Leben widerfährt, die gleiche Kraft ist, die dein Herz erleuchtet und deine Seele aus den Niederungen des Spottes zum Thron der Wertschätzung emporhebt, würdest du dein Schicksal annehmen und es als ein Vermächtnis betrachten, das dich bildet und weise macht.

Denn das Leben ist eine Kette mit vielen verschiedenen Gliedern. Die Trauer ist ein goldenes Verbindungsstück zwischen der Ergebenheit dem Heute gegenüber und der verheißenen Hoffnung auf Künftiges.

Sie ist die Morgendämmerung zwischen dem Schlummer und dem Erwachen.

Mein armer Freund, Bedürftigkeit ist der Nachweis für einen edlen Geist, während Reichtum die Sünde fördert. Gäbe es weder Trauer noch Armut, gliche die Seele des Menschen einer Schreibtafel, auf der nur die Zeichen der Selbstsucht und des Neids zu finden wären.

Bedenke, daß die Göttlichkeit das wahre Selbst des Menschen ist. Sie kann nicht für Gold erkauft werden; man kann sie auch nicht anhäufen wie die Reichtümer der heutigen Welt. Der Reiche hat seine Göttlichkeit abgelegt und klammert sich an sein Gold. Und die Jugend hat die Göttlichkeit vergessen und folgt der Selbstverwirklichung und den Vergnügungen.

Mein geliebter armer Freund, die Stunde, welche du mit deinem Weib und deinen Kindern verbringst, wenn du vom Feld nach Hause kommst, ist das Unterpfand aller künftigen menschlichen Familien; sie ist das Zeichen des Glücks, welches das Los aller kommenden Generationen sein wird.

Das Leben, das der Reiche mit dem Anhäufen von Gold verbringt, gleicht in Wahrheit dem Leben der Würmer im Grab. Es ist ein Zeichen der Furcht.

Die Tränen, die du vergossen hast, mein trauriger Freund, sind reiner als das Lachen dessen, der zu vergessen sucht, und süßer als der Spott des Zynikers. Diese Tränen befreien die Seele vom Gifthauch des Hasses und lehren den Menschen, die Not desjenigen zu teilen, dessen Herz gebrochen ist. Es sind die Tränen des Nazareners.

Die Stärke der Reichen, deren Grundstein du gelegt hast, wird in ferner Zukunft dir zu eigen sein, denn nach der Fügung der Natur kehrt alles zu seinem Ursprung zurück. So wird sich auch deine Trauer gemäß himmlischer Gesetze in Freude kehren.

Die Bedeutung von Liebe und Gleichheit werden auch die kommenden Geschlechter nur durch Armut und Trauer kennenlernen.

Lied der Blume

Ich bin ein liebenswertes Wort,
Das durch die Stimme der Natur
Geäußert und verbreitet wird;
Ein Stern, der aus dem blauen Zelt des Himmels
Auf einen grünen Teppich fiel.
Ich bin ein Kind der Elemente,
Vom Winter empfangen, vom Frühling erweckt;
Im Schoß des Sommers wachse ich auf
Und schlafe im Bett des Herbstes ein.

Am Morgen verbünde ich mich mit dem Wind,
Um das Kommen des Lichts zu verkünden;
Am Abend schließe ich mich den Vögeln an,
Und wir sagen gemeinsam dem Tag Lebewohl.

Mit meinen schönen Farben sind alle Felder
Geschmückt; und die Luft ist erfüllt
Von meinem Wohlgeruch.

Sobald mich der Schlummer umhüllt,
Wachen die Augen der Nacht über mir;
Und wenn ich erwache, blick' ich zur Sonne empor,
Welche das einzige Auge des Tages ist.

Ich trinke den Tau des Morgens wie Wein,
Ich lausche den Stimmen der Vögel
Und tanze zum Wiegen des Grases.

Ich bin des Geliebten Geschenk und der Kranz der Braut,
Die Erinnerung an Augenblicke des Glücks
Und die letzte Gabe des Lebens am Grab;
Ich habe Anteil an Freude und Leid.

Stets wende ich meine Blicke nach oben,
Um einzig das Licht nur zu sehen,
Und schaue niemals hinab auf meinen Schatten.
Ich wünschte, es würden die Menschen
Den Sinn dieser Weisheit erkennen.

Lied des Menschen

Ich war hier seit Anbeginn der Zeiten
Und bin es noch und werde bleiben
Bis zum Untergang der Welt,
Denn mein leiderfülltes Dasein
Endet nie.

Ich durchwanderte das All,
Ich schwebte in der besten aller Welten
Und ließ mich durch den Sternenhimmel treiben;
Nun bin ich ein Gefangener im irdischen Bereich.

Ich lauschte einst den Reden des Konfuzius
Und hörte auf die Lehren Brahmas;
Ich saß mit Buddha unterm Weisheitsbaum.
Nun bin ich hier und verbringe mein Leben
In Unwissenheit und Ketzerei.

Ich war auf dem Sinai, als Jahwe dem Moses erschien,
Ich sah die Wunder des Nazareners am Jordan,
Ich war in Medina, als Mohammed kam;
Nun bin ich hier, von Verwirrung ergriffen.

Ich wurde Zeuge der Macht von Babylon,
Ich lernte den Ruhm Ägyptens kennen
Und sah die wehrhafte Größe Roms;
Doch die Erfahrung von früher zeigte mir
Schwäche und Kümmernis dieser Geschehen.

Ich sprach mit den Magiern von Ain Dour
Und mit den Priestern Assyriens,
Ich stärkte mich bei den Propheten in Palästina;
Aber immer noch suche ich nach der Wahrheit.

Ich trug ganz Indiens Weisheitslehren zusammen,
Drang in die Vorzeit Arabiens ein
Und hörte alles, was man nur hören kann;
Mein Herz jedoch blieb taub und blind.

Ich litt unter dem Griff grausamer Despoten
Und unter dem Größenwahn von Besatzern,
Tyrannen verursachten mir Hungersnot,
Aber immer noch habe ich eine innere Kraft,
Um jeden Tag neu zu begrüßen.

Mein Verstand ist voll, mein Herz jedoch leer,
Mein Körper ist alt, aber mein Innerstes wie ein Kind.
Es wächst vielleicht zum Jüngling heran;
Doch ich bete darum, recht alt zu werden
Und den Zeitpunkt der Rückkehr zu Gott zu erreichen.
Erst dann wird mein Herz erfüllt sein.

Ich war hier seit Anbeginn der Zeiten,
Und bin es noch und werde bleiben
Bis zum Untergang der Welt,
Denn mein leiderfülltes Dasein
Endet nie.

Lied der Liebe

Ich bin des Liebenden Auge,
Des Geistes Wein und des Herzens Nahrung.
Ich bin eine Rose; mein Herz öffnet sich morgens,
Wenn mich die Jungfrau küßt und an sich drückt.

Ich bin die Behausung des wahren Glücks,
Der Ursprung der Freude und der Beginn
Von Frieden und Ruhe.
Ich bin das sanfte Lächeln der Schönheit;
Wenn der Jüngling mich findet,
Vergißt er all seine Müh'n,
Und sein Leben wird wahr in süßen Träumen.

Ich bin die Erleuchtung des Dichters,
Des darstellenden Künstlers Bekenntnis,
Der klingende Einfall des Musikers.

Ich bin ein Altar im Herzen des Kindes,
Vor dem die liebende Mutter betet.

Ich komme beim Schrei des Herzens herbei
Und stelle keine Fragen.
Mein Überfluß sucht seinem Wunsch zu genügen
Und entzieht sich den leeren Rufen.

In Evas Gestalt erschien ich dem Adam,
Und die Verbannung war mein Los.
Und als ich mich Salomon offenbarte,
Empfing er die Weisheit durch mich.

Ich war der Helena hold, und sie zerstörte Troja;

Doch als ich Kleopatra krönte, herrschte der Friede
Im Tale des Nils.

Ich bin wie die Zeit: Heute richte ich
Große Bauwerke auf und zerstöre sie morgen.
Ich bin wie ein Gott, der erschafft und vernichtet.
Ich bin so süß wie der Seufzer des Veilchens
Und grausamer als der rasende Sturm.

Jedoch Geschenke locken mich nicht,
Der Abschied nahm mir noch niemals den Mut,
Und Armut macht mir nichts aus.
Der Argwohn stellt meine Achtsamkeit nicht auf die Probe,
Und die Tollheit nimmt meine Gegenwart gar nicht zur
Kenntnis.

Ihr Suchenden, ich bin die Wahrheit,
Indem ich um Wahrheit flehe.
Eure Wahrheit jedoch, die darin besteht,
Mich zu suchen, zu finden und zu beschützen,
Wird mein Verhalten bestimmen.

Bilder der Liebe

Ich kam zur Welt, um im Glanze der Liebe und im Lichte der Schönheit zu leben. Sie beide sind die Abbilder Gottes.

Wenn wir lieben, so stammt unsere Liebe weder von uns, noch ist sie für uns. Wenn wir uns freuen, so ist unsere Freude nicht für uns, sondern liegt im Leben selbst. Und wenn wir Leid erfahren, so liegt unsere Not nicht in unseren Wunden, sondern im tiefsten Herzen der Natur.

Die Liebe geht an uns vorüber und ist in Sanftmut gekleidet; doch aus Furcht fliehen wir sie und verstecken uns in der Dunkelheit. Manche aber folgen ihr, um in ihrem Namen Schandtaten zu begehen.

Selbst der Weiseste wird von der schweren Last der Liebe gebeugt. In Wahrheit aber ist sie so leicht wie eine heitere Brise des Windes.

Die Stunde, die einer mit seinem Weib und seinen Kindern verbringt, wenn er vom Feld nach Hause kommt, ist das Unterpfand aller künftigen menschlichen Familien; sie ist das Zeichen des Glücks, welches das Los aller kommenden Generationen sein wird.

Die Feuer der Liebe fallen in vielerlei Gestalt vom Himmel, doch ihr Eindruck auf die Welt ist stets der gleiche. Die Flamme, die das menschliche Herz erleuchtet, gleicht einer lodernden Fackel, die vom Himmel kommt, um die Wege der Menschen zu erleuchten.

Das Schweigen der Nacht ist der wertvollste Bote zwischen zwei Herzen, denn sie bringt die Kunde der Liebe und spricht die Psalmen unserer Herzen. Wenn Gott unsere Seelen zu Gefangenen unserer Körper gemacht hat, so machte mich die Liebe zu einem Knecht von Sprache und Wort.

Die Stunde, in der unsere Herzen sich trafen, bestärkte meinen Glauben an die Ewigkeit und an die Unvergänglichkeit der Seele.

Die große Wahrheit, welche die Natur übertrifft, gelangt nicht durch Reden von einem Geschöpf zum anderen. Die Wahrheit sucht die Stille, um der liebenden Seele ihre wirkliche Bedeutung aufzuzeigen.

Die große Liebe verwandelt Trauer in Freude, Verzweiflung in Glück und macht aus der Einsamkeit ein Paradies.

Stolz ist die Liebe nicht nur auf den, der liebt, sondern auch auf den, der geliebt wird.

Gestern noch verneigten wir uns vor Königen und verbeugten uns vor Sultanen. Heute jedoch verehren wir nur das Recht und folgen niemandem als der Schönheit und der Liebe.

Leben ohne Liebe gleicht einem Baum ohne Blüten und Früchte. Und Liebe ohne jede Schönheit ist wie eine Blume ohne Duft oder eine Frucht ohne Samen.

Leben, Liebe und Schönheit sind eins – sie können weder getrennt noch ausgetauscht werden.

Was die Liebe erzeugt, ist eine Offenbarung Gottes. Und Gott ist der Ausdruck der Vernunft des Universums.

Ich hörte deinen Ruf von jenseits des Meeres. Ich spürte den sanften Schlag deiner Schwingen. So stand ich auf und ging in den Garten. Der Tau der Nacht benetzte meine Füße und den Saum meines Gewandes. Hier stehe ich unter den Blüten des Mandelbaumes und achte auf den Ruf deiner Seele.

Als die Liebe mich erleuchtete, wurde ich demütig sowohl den Stämmen gegenüber, die mich gefürchtet hatten, als auch vor meinem eigenen Volk. Und als der Tod herbeinahte, vergrub ich meine tödlichen Waffen in der Erde und führte meine Liebe zu Gott hin.

Liebe hat nur in der Ewigkeit Bestand, denn sie ist der Ewigkeit gleich.

~

Die Liebe verbindet die Gegenwart mit der Vergangenheit und der Zukunft.

~

Die Liebe ist ein geheimnisvoller Strahl, der vom brennenden Kern der Seele gesandt wird und die Erde erhellt. Durch ihn nehmen wir das Leben als einen geheimnisvollen Traum wahr – von Erwachen zu Erwachen.

~

Das Leben ist in zwei Hälften geteilt, von denen die eine zugefroren ist und die andere in lodernden Flammen steht; die brennende Hälfte aber heißt Liebe.

Wind

O Wind, wir können dich hören, aber weder dich noch deinen Schatten vermögen wir zu sehen. Du streichst an uns vorbei, manchmal lieblich und zart, manchmal seufzend und klagend. Du bist wie der Ozean der Liebe, der unsere Seelen überflutet, sie aber nicht untergehen läßt.

Du steigst auf die Hügel, fällst in die Täler hinab und verstreust dich über Felder und Wiesen. In deinem Steigen liegt Kraft und Anmut in deinem Fall. Du bist wie ein gnädiger Herrscher, barmherzig mit dem Unterdrückten, aber streng gegen den Anmaßenden und Starken.

Im Herbst seufzt du in den Tälern, und die Bäume geben deine Klage wieder. Im Winter sprengst du deine Ketten, und die gesamte Natur lehnt sich mit dir auf.

Im Frühling erhebst du dich, noch schwach und hinfällig, aus deinem Schlummer, und durch deine matten Bewegungen beginnen die Felder zu erwachen.

Im Sommer verbirgst du dich hinter einem Schleier der Ruhe, als wärest du gestorben, von den Pfeilen der Sonne und den Speeren der Hitze niedergeworfen.

Klagtest du wirklich in den letzten Tagen des Herbstes, oder lachtest du über die Schamröte der nackten Bäume? Warst du an Wintertagen ärgerlich, oder tanztest du um die schneebedeckten Gräber der Nacht?

Warst du im Frühling wirklich geschwächt, oder beklagtest du den Verlust deiner Geliebten, der Jugend aller Jahreszeiten?

Warst du während jener Sommertage vielleicht tot, oder schliefst du nur im Kern der Früchte, in den Reben der Weinstöcke oder in den Ähren des Weizens auf der Tenne?

Du erhebst dich aus den Straßen der Städte und trägst die Samenkörner der Plagen mit dir fort; und von den Hügeln bringst du den duftenden Atem der Blumen. Ebenso erträgt die große Seele die Trauer des Lebens und begegnet der Freude in der Stille.

Du flüsterst der Rose ein Geheimnis ins Ohr, und sie begreift dessen Sinn. Oftmals ist sie beunruhigt – dann wieder ergötzt. So verfährt auch Gott mit der Seele des Menschen.

Bald zögerst du, bald bist du in Eile und bewegst dich unaufhörlich. So ist das Gemüt des Menschen, der lebt, solange er handelt, und der stirbt, sobald er müßig ist. Du schreibst deine Lieder auf das Antlitz des Wassers; dann verwischst du sie. Diesem Tun gleicht die Arbeit des Dichters.

Du kommst aus dem Süden heiß wie die Liebe, aus dem Norden kalt wie der Tod; aus östlicher Richtung bläst du wie ein zarter Hauch der Seele, aus dem Westen aber voll Wut und Kraft. Bist du ungetreu wie die Zeiten, oder überbringst du uns wichtige Botschaften aus den vier Richtungen des Himmels?

Du rast durch die Wüste, zertrampelst die arglosen Karawanen und begräbst sie unter Bergen von Sand. Bist du ebenso die leichte Brise, die in der Morgendämmerung die Blätter erzittern läßt und wie ein Traum durch die gewundenen Täler streicht, wo die Blumen sich zum Gruße neigen und das Gras, von deinem Hauch berauscht, schwer die Köpfe hängen läßt?

Du erhebst dich von den Meeren und störst den Frieden ihrer Tiefen, und in deinem Zorn vernichtest du Schiffe und Mannschaften. Bist du dieselbe sanfte Brise, die mit den Locken der Kinder spielt, wenn sie um die Häuser herumtoben?

Wohin trägst du unsere Herzen, unsere Seufzer, unseren Atem und unser Lächeln? Was treibst du mit den wehenden Fackeln unserer Seelen? Bringst du sie an einen Ort jenseits allen sichtbaren Lebens? Zerrst du sie wie Weiheopfer zu weit entfernten Höhlen, um sie dort zu vernichten?

In der Stille der Nacht enthüllen die Herzen dir ihre Geheimnisse. Und am Morgen öffnen sich die Augen unter deiner sanften Berührung. Achtest du darauf, was die Herzen gefühlt oder die Augen gesehen haben?

Zwischen deine Schwingen legt der Verängstigte den Widerhall seiner Klagelieder, die Waise ihr gebrochenes Herz und der Unterdrückte seine schmerzlichen Seufzer. In den Falten deines Kleides birgt der Fremdling seine Sehnsucht, der Verlassene seine Trauer und die gefallene Frau ihre Verzweiflung.

Kannst du sie alle vor Demütigung schützen? Oder bist du wie die Erde, die alles, was sie hervorgebracht hat, wieder begräbt? Vernimmst du das Schreien und Klagen, das Jammern und Seufzen? Oder machst du es wie der Stolze und Mächtige, der die bittende Hand des Armen übersieht und nicht auf seine Schreie hört?

Wind, kannst du hören?

Die Göttin der Phantasie

Nach einer angsterregenden Reise kam ich bei den Ruinen von Palmyra an und fiel dort erschöpft ins Gras. Um mich herum lagen die Trümmer alter Säulen, die im Lauf der Zeit zerstört und umgeworfen worden waren. Sie glichen den Schutthaufen, wie sie nach Kriegen zu finden sind.

Als die Nacht hereinbrach und der schwarze Mantel der Stille alle Geschöpfe einhüllte, nahm ich einen sonderbaren Duft wahr, so edel wie Weihrauch und so berauschend wie Wein. Mein Geist tat sich auf, um von diesem himmlischen Nektar des Äthers zu trinken. Da schien es mir, als ob sich eine verborgene Hand auf meine Sinne legte, und meine Lider wurden schwer, während mein Geist sich von seinen Fesseln befreit fühlte.

Die Erde unter meinen Füßen begann zu schwanken, und der Himmel über mir erzitterte. Ich sprang auf, als würde mich eine geheimnisvolle Kraft nach oben ziehen, und fand mich auf einer Wiese wieder, die so beschaffen war, wie es ein menschliches Wesen noch nie erblickt hatte. Ich befand mich inmitten einer Schar junger Mädchen, die nichts trugen außer dem, was Gott ihnen an Schönheit gegeben hatte. Sie tanzten um mich herum, ohne mit den Füßen das Gras zu berühren, und sangen Lieder, in denen sie die Träume der Liebe zum Ausdruck brachten. Jedes Mädchen spielte auf einer Laute aus Elfenbein mit goldenen Saiten.

Ich gelangte an eine weite Lichtung, in deren Mitte ein Thron stand. Er war mit Edelsteinen verziert und wurde von den Strahlen des Regenbogens angeleuchtet. Die Jungfrauen stellten sich zu beiden Seiten des Thrones auf, erhoben ihre Stimme und blickten in die Richtung, aus welcher der Duft von Myrrhe und Weihrauch strömte. Die Bäume standen in Blüte, und es trat eine mit Blumen bekränzte Königin zwischen ihnen hervor, die majestätisch zum Thron schritt. Als sie sich setzte, flog eine Schar schneeweißer Tauben vom Himmel herab und ließ sich im Halbrund ihr zu Füßen nieder, während die Mädchen Lobgesänge anstimmten. Ich stand da und betrachtete, was noch keines Menschen Auge gesehen und noch nie eines Menschen Ohr gehört hatte.

Auf ein Zeichen der Königin hin wurde es still. Mit einer Stimme, deren Klang alle meine Sinne wie die Saiten einer Laute vibrieren ließ, wenn sie die Hand des Spielers berührt, sprach sie sodann: »Ich bin die Göttin der Phantasie und herrsche über das weite Land der Träume. An dich, o Mensch, ist mein Ruf ergangen. Tritt vor mich hin, achte auf meine Gebote und überbringe meine Befehle allen Menschen! Erkläre ihnen, daß die Stadt der Träume einem Hochzeitssaal gleicht, an dessen Eingang ein mächtiger Riese Wache hält. Niemand darf ohne festliche Kleidung eintreten. Lasse sie wissen, daß diese Stadt ein Paradies ist, vom Engel der Liebe bewacht, und daß keiner dieses Paradies je sehen wird außer demjenigen, auf dessen Stirn das Zeichen der Liebe geschrieben steht.

Führe ihnen diese schönen Gefilde vor Augen, in deren Bächen Nektar und Wein fließen und deren Vögel im Himmel schweben und mit den Engeln singen.

Erzähle ihnen vom berauschenden Duft der Blumen hier und tu ihnen kund, daß nur der Sohn des Traumes dieses zarte Gras hier betreten darf.

Sage ihnen, daß ich dem Menschen einen Kelch voll Freude gereicht habe, doch er – in seiner Unwissenheit – schüttete ihn aus. Daraufhin füllten die Engel der Dunkelheit ihn mit dem Gebräu des Kummers. Der Mensch trank und wurde berauscht.

Sage ihnen, daß keiner die Lyra des Lebens zu spielen vermag, bevor nicht seine Finger durch meine Berührung gesegnet und seine Augen durch den Anblick meines Thrones geheiligt wurden.

Jesaja fügte die Worte der Weisheit wie eine Kette von Edelsteinen zusammen und befestigte sie an meiner Liebe. Johannes erzählte seine Offenbarung in meinem Namen. Und Dante konnte den Zufluchtsort der Seelen nicht ohne mein Geleit erforschen. Ich bin das Sinnbild, das die Wirklichkeit umarmt, und bin die Wirklichkeit, durch welche die Einzigartigkeit des

Geistes enthüllt wird. Ich bin der Zeuge, der die Taten der Götter bestätigt.

Wahrlich, ich sage dir, die Gedanken wohnen über der sichtbaren Welt, und ihre himmlischen Höhen sind nicht umwölkt von sinnlich Wahrnehmbarem.

Die Vorstellungskraft findet einen Weg zum Reich der Götter, und dort kann der Mensch das erblicken, was nach der Befreiung der Seele von der Welt der Materie sein wird.«

Und die Göttin der Phantasie zog mich mit ihrem geheimnisvollen Blick an sich, küßte meine brennenden Lippen und sprach: »Erzähle den Menschen, daß derjenige, der seine Tage nicht im Reich der Träume verbringt, ein Sklave der Zeit ist.«

Abermals erhoben sich die Stimmen der Jungfrauen, und Weihrauchduft stieg empor.

Plötzlich fing die Erde an zu wanken, der Himmel über mir erzitterte, und ich befand mich wieder innerhalb der Ruinen von Palmyra. Die Morgendämmerung hatte begonnen, und aus meinem Erlebnis heraus sprach ich: »Wer nicht im Reich der Träume seine Tage verbringt, wird zum Sklaven der Zeit.«

Liebe und Jugend

Ein Jüngling, der in einem einsam gelegenen Haus an seinem Schreibpult saß, schaute lange Zeit durch das Fenster auf den mit funkelnden Sternen übersäten Himmel. Danach heftete er seine Augen auf ein Bild in seiner Hand, das auf meisterhafte Weise das Antlitz eines Mädchens zeigte. In den Gedanken des Jünglings spiegelten sich die geliebten Züge wider und ließen ihn die Geheimnisse der Welt und der Ewigkeit erahnen.

Das Bildnis der Frau sprach zu dem Jüngling, und in diesem Augenblick wurden seine Augen zu Ohren; er verstand die Sprache der Seelen, die im Raume schwebten, und sein Herz brannte vor Liebe.

So vergingen die Stunden, als wären sie nur ein Augenblick eines wundervollen Traums oder ein Jahr im Sein der Ewigkeit.

Schließlich stellte der junge Mann das Bild vor sich hin, nahm eine Feder und legte die Gefühle seines Herzens auf dem Pergament in folgenden Worten nieder:

»Geliebte! Die große Wahrheit, welche die Natur übertrifft, gelangt nicht durch die menschliche Rede von einem Geschöpf zum anderen. Wahrheit sucht Stille, um der liebenden Seele ihre Bedeutung aufzuzeigen.

Ich weiß, daß das Schweigen der Nacht der wertvollste Bote zwischen zwei Herzen ist, denn sie bringt die Kunde der Liebe und spricht die Psalmen unserer Herzen. Wie Gott unsere Seelen zu Gefangenen unserer Körper gemacht hat, so machte mich die Liebe zu einem Knecht von Wort und Sprache.

Man sagt, o mein Leben, die Liebe sei eine verzehrende Flamme im Herzen des Menschen. Vom ersten Augenblick an wußte ich, daß ich dich seit uralten Zeiten kenne, und als wir scheiden mußten, war mir gewiß, daß nichts stark genug ist, um uns getrennt zu halten.

Mein erster Blick auf dich war in Wahrheit nicht der erste.

Die Stunde, in der sich unsere Herzen trafen, bestärkte mich im Glauben an die Ewigkeit und die Unsterblichkeit der Seele.

In solch einem Augenblick hebt die Natur ihren Schleier von dem, der sich selbst für unterdrückt hält, und enthüllt ihm ihre immerwährende Gerechtigkeit.

Erinnerst du dich des Baches, an dem wir saßen und einander anschauten, Geliebte? Weißt du, daß mir der erste Blick deiner Augen erzählte, daß deine Liebe nicht aus Mitleid, sondern aus Gerechtigkeit entstanden ist? Und nun kann ich mir selbst und der Welt verkünden: Die Geschenke, die von der Gerechtigkeit stammen, sind wertvoller als jene, die von der Mildtätigkeit kommen.

Und ich kann ebenso sagen, daß die Liebe, die ein Kind des Zufalls ist, den stehenden Gewässern der Sümpfe gleicht.

Geliebte, vor mir liegt ein Leben, das ich großartig und schön führen kann – ein Leben, das mit unserem ersten Zusammentreffen begann und das bis in alle Ewigkeit dauern wird.

Denn ich weiß, es liegt an dir, die Kraft hervorzubringen, welche Gott mir verliehen hat, um in großen Worten und Taten verkörpert zu sein, so wie die Sonne den duftenden Blumen auf dem Felde Leben schenkt.

Und deshalb wird meine Liebe zu dir ewig währen.«

Der Jüngling stand auf und ging langsamen Schritts durch das Zimmer. Er sah abermals aus dem Fenster und wurde gewahr, wie der Mond über den Horizont stieg und den Himmel mit seinem sanften Licht überschüttete. Der Jüngling ging zu seinem Pult zurück und beendete seinen Brief, indem er schrieb: »Verzeih mir, Geliebte, wenn ich zu dir nur wie zu einem anderen Menschen spreche, bist du doch meine wundervolle andere Hälfte, nach der ich mich sehne, seit uns Gottes Hand entließ.«

Die Weisheit und ich

Während der stillen Nacht kam die Weisheit in meine Kammer und trat an mein Lager. Zärtlich wie eine liebevolle Mutter trocknete sie meine Tränen und sagte:

»Ich komme, um dich zu trösten, denn ich habe gehört, wie deine Seele schrie. Wenn du mir jetzt dein Herz öffnest, werde ich es erleuchten. Sage mir, was dich bewegt, damit ich dir den Weg zur Wahrheit zeigen kann.«

Ich kam ihrer Aufforderung nach und fragte: »Wer bin ich, o Weisheit, und wie kam ich an diesen fürchterlichen Ort? Was bedeuten diese großartigen Hoffnungen, diese Berge von Büchern und diese befremdenden Gebräuche? Was sollen all diese Gedanken, die wie eine Schar Tauben kommen und gehen? Und diese Worte, die wir nach Wunsch hervorbringen und freudig niederschreiben? Was meinen diese schmerzlichen und freudigen Entschließungen, die meine Seele umklammern und mein Herz einhüllen? Wessen sind die Augen, die mich anstarren, in die innersten Winkel meiner Seele dringen und doch meinen Gram übersehen? Und diese Stimmen, die das Schwinden meiner Tage bejammern und Loblieder auf meine Kindheit singen? Was bedeutet diese Jugend, die mit meinen Wünschen spielt und meine Gefühle verspottet, welche die Taten von gestern vergißt, mit der Geringfügigkeit des Heute zufrieden ist und sich gegen das langsame Nähern des Morgen wappnet?

Was ist das für eine schreckliche Welt, die mich in Bewegung hält; und in welches unbekannte Land führt sie mich?

Und diese Erde, die ihren Rachen weit aufreißt, um unsere Leiber zu verschlingen, und die der Gier einen immerwährenden Schutz gewährt? Wer ist der Mensch, der mit der Gunst des Schicksals zufrieden ist und einen Kuß von den Lippen des Lebens fordert, während ihm der Tod ins Gesicht schlägt? Was will der Mensch, der einen Augenblick der Freude mit einem Jahr der Reue erkauft und der sich dem Schlafe hingibt, während die Träume ihm zurufen? Wer ist der Mensch, der auf den Wogen der Unwissenheit dem Abgrund der Dunkelheit entgegenschwimmt?

Sage mir, Weisheit, was bedeutet dies alles?« Und die Weisheit antwortete:

»O Mensch, könntest du doch die Welt mit Gottes Augen sehen und die Geheimnisse des Jenseits mit deinem Verstand erfassen! Doch deine Handlungen entspringen der Unwissenheit. Eile hinaus auf das Feld und beobachte, wie die Bienen über den Blumen schweben und wie sich der Adler auf seine Beute stürzt. Tritt in das Haus deines Nachbarn ein und schau dort das Kind an, das vom Scheine des Feuers verzaubert wird, während die Mutter mit ihrem Haushalt beschäftigt ist. Sei wie die Biene und vergeude die Tage deines Frühlings nicht damit, dem Treiben des Adlers zuzuschauen. Sei wie das Kind, das sich am Feuer erfreut, und laß die Mutter sein. Alles, was du siehst, war und ist noch dein.

Die vielen Bücher, die befremdenden Gebräuche und die liebenswürdigen Gedanken um dich herum sind die Schatten jener Seelen, die vor dir da waren. Die Worte, die deine Lippen sprechen, sind die Glieder der Kette, die dich und deine Gefährten verbindet. Die traurigen und die freudigen Ereignisse bedeuten die Saat, welche die Vergangenheit auf das Feld deiner Seele streute, auf daß die Zukunft sie ernte.

Die Jugend, die mit deinem Verlangen spielt, ist diejenige, welche das Tor deines Herzens öffnen wird, um das Licht einzulassen. Die Erde, die ihren Rachen weit aufreißt, um den Menschen und seine Werke zu verschlingen, ist der Erlöser deiner Seele aus der Knechtschaft deines Körpers.

Die Welt, die sich mit dir bewegt, ist dein Herz, das wiederum die Welt selbst ist. Und der Mensch, den du für so klein und unwissend hältst, ist ein Bote Gottes, der gekommen ist, um durch die Trauer die Freude des Lebens zu erlernen und durch Unwissenheit zum Wissen zu gelangen.«

Die Weisheit legte ihre Hand auf meine erhitzte Stirn und forderte mich auf: »Geh jetzt und zögere nicht! Du mußt vorwärts schreiten, um der Vollkommenheit folgen zu können. Geh und hab keine Angst vor den Dornen und den harten Steinen auf dem Weg des Lebens.«

Die beiden Städte

Das Leben hatte mich auf seinen Schwingen zum Berg der Jugend getragen und auf dem Gipfel abgesetzt. Auf seinen Wink hin wandte ich mich um und bemerkte eine sonderbare Stadt. Aus ihren Häusern stiegen dunkle Rauchschwaden auf und bewegten sich langsam wie Phantome. Ein leichter Nebel entzog die Stadt beinahe meinen Blicken.

Nach einem Augenblick des Schweigens rief ich:

»Was ist das, o Leben, was ich da sehe!«

»Dies ist die Stadt der Vergangenheit«, antwortete es. »Schau sie dir genau an.«

Und ich blickte auf diese wundersame Szenerie und sah vielerlei: Stätten der Arbeit, die wie schlafende Riesen dalagen; und Tempel des Wortes, um welche Seelen schwebten, die gleichzeitig Schreie der Verzweiflung ausstießen und Lieder der Hoffnung sangen. Ich sah Kirchen, vom Glauben erbaut und vom Zweifel niedergerissen; und Gebetstürme des Denkens, die sich wie die Arme von Bettlern emporreckten; und ich erblickte Straßen des Verlangens, die sich wie Flüsse durch Täler hinzogen; geheimnisvolle Bazare, von der Schildwache der Verhehlung beaufsichtigt und von den Dieben der Enthüllung geplündert; Türme der Stärke, von der Tapferkeit errichtet und von der Furcht zerstört; Altäre der Träume, vom Schlummer erbaut und vom Erwachen verwüstet; armselige Hütten, von der Schwäche bewohnt, Moscheen der Einsamkeit und der Selbstverleugnung; Schulen, vom Wissen erleuchtet und von der Unwissenheit ins Dunkel geworfen; Einkehren des Eros, in denen Liebende trunken wurden und wo die Leere sie dann verspottete; Bühnen, auf deren Brettern das Leben sein Spiel aufführte und der Tod das Trauerspiel des Lebens beendete.

Dies ist die Stadt der Vergangenheit – sie erscheint weit entfernt, doch in Wirklichkeit ist sie nahe – obgleich nur schwach sichtbar durch die dunklen Wolken.

Da wandte sich das Leben an mich und sprach: »Folge mir. Wir sind schon zu lange geblieben.«

Und ich fragte: »Wohin gehen wir?«

»Wir gehen zur Stadt der Zukunft«, sprach das Leben.

Daraufhin bat ich: »Hab Mitleid mit mir, o Leben. Ich bin schwach, meine Füße sind wund, und meine Kräfte verlassen mich.«

Aber das Leben entgegnete: »Vorwärts, mein Freund! Jedes Zögern bedeutet Feigheit, und ein Blick zurück auf die Stadt der Vergangenheit ist eine Torheit, wenn sich bereits die Stadt der Zukunft zeigt ...«

Madame Rose Hanie

Erster Teil

Erbarmenswert ist der Mann, der eine Frau liebt, sie heiratet, ihr den Schweiß seiner Stirn, das Blut seines Leibes und das Leben seines Herzens zu Füßen legt und ihr auf diese Weise die Früchte seiner Arbeit und den Lohn seines Fleißes überläßt, jedoch allmählich merkt, daß das Herz, welches er zu kaufen bestrebt war, sich aufrichtig und freiwillig einem anderen Manne zugewandt hat und sich nun mit diesem an den verborgenen und tiefen Geheimnissen der Liebe erfreut.

Zu bedauern ist aber auch die Frau, die nach einer vernachlässigten und rastlosen Jugend sich im Hause eines Mannes wiederfindet, der sie mit glänzendem Gold und wertvollen Geschenken überhäuft und ihr alle Auszeichnung und Gunst der Verschwendung zuteil werden läßt, aber nicht fähig ist, ihre Seele mit dem himmlischen Wein zu beglücken, den Gott aus den Augen eines Mannes in das Herz einer Frau fließen läßt.

Ich kannte Bei Rashid Namaan seit meiner frühesten Jugend. Er war im Libanon geboren und in Beirut aufgewachsen. Als Mitglied einer reichen und alten Familie, welche die Tradition und den Ruhm ihrer Vorfahren aufrechterhielt, hatte sich Rashid hauptsächlich um Dinge zu kümmern, die mit dem Adel seiner Vorväter zusammenhingen. Im täglichen Leben hielt er sich an ihre Glaubensgrundsätze und an die Sitten, wie sie zu jener Zeit im Mittleren Osten vorherrschend waren.

Bei Rashid Namaan war ein großzügiger und offenherziger Mann, doch wie viele Syrer sah er nur die Oberfläche der Dinge und nicht ihre wahren Wurzeln. Er achtete niemals darauf, was ihm sein Herz vorschrieb, sondern war bestrebt, das zu befolgen, was seine Umgebung von ihm verlangte. Er ergötzte sich an Sachen, deren betörender Glanz seinen Augen und seinem

Herzen den Zugang zu den Geheimnissen des Lebens verwehrte. Seine Seele hatte sich vom Verständnis für die Natur entfernt und einer zeitweiligen Selbstgefälligkeit hingegeben. Rashid war einer jener Menschen, die völlig übereilt ihre Zuneigung oder ihren Widerwillen anderen gegenüber äußern, sich über ihr Ungestüm ärgern, wenn es für einen Widerruf längst zu spät ist, und schließlich schämen und für lächerlich halten, anstatt um Vergebung oder nachträgliche Billigung zu ersuchen.

Diese Charaktereigenschaften trieben Bei Rashid Namaan dazu, Rose Hanie zu heiraten, lange bevor seine Seele die ihre im Schatten jener wahren Liebe umarmt hatte, die aus der Einheit zweier Menschen ein Paradies schafft.

Nach einigen Jahren Abwesenheit kehrte ich nach Beirut zurück. Als ich Bei Rashid Namaan besuchte, fand ich ihn blaß und abgemagert vor. Auf seinem Gesicht spiegelte sich tiefe Enttäuschung, und seine Augen kündeten voll Trauer von einem gebrochenen Herzen und einer schwermütigen Seele. Ich war begierig, den Grund seines erbarmungswürdigen Zustands zu erfahren, und zögerte nicht, nach einer Erklärung zu forschen. »Was ist dir widerfahren, Rashid?« fragte ich. »Wo ist dein strahlendes Lächeln geblieben, und was wurde aus der glücklichen Miene, die dich seit deiner Kindheit begleitete? Hat dir der Himmel einen teuren Freund entrissen, oder haben dir dunkle Mächte dein Gold geraubt, das du in besseren Zeiten angesammelt hast? Im Namen unserer Freundschaft, sag mir die Ursache deiner Trauer und deiner körperlichen Schwäche!«

Er blickte mich wehmütig an, als hätte ich die Bilder glücklicherer Tage in ihm wiedererweckt. Mit trauriger und zitternder Stimme antwortete er: »Wenn jemand einen Freund verliert, dann tröstet er sich mit seinen vielen anderen Freunden, und wenn jemand um sein Gold gebracht wird, denkt er noch eine Weile daran und verbannt danach das Mißgeschick aus seinem Gedächtnis, vor allem dann, wenn er gesund und voll Unternehmungsgeist ist. Wenn der Tod in deiner Nähe zuschlägt, wirst du leiden, aber sobald Tag und Nacht vergangen sind, fühlst du wieder die sanfte Berührung des Lebens und kannst wieder lächeln und Freude empfinden.

Aber wenn ein Mann die Ruhe seines Herzens verloren hat, wo soll er Trost finden und wie kann er sie zurückholen? Welche Haltung vermag sie zu bezwingen? Das Schicksal tritt plötzlich an dich heran und versetzt dich in große Unruhe. Mit fürchterlichen Augen starrt es dich an, drückt dir mit scharfen Krallen die Kehle zu, wirft dich zu Boden und trampelt mit eisenbeschlagenen Füßen auf dir herum. Dann lacht es und verschwindet wieder. Später bereut es sein Tun und bittet dich über den Umweg des Glücks um Verzeihung. Es streckt seine seidenweiche Hand nach dir aus, hebt dich empor, singt dir das Lied der Hoffnung vor und läßt dich deine Sorgen vergessen. Es schafft in dir ein neues Streben nach Zuversicht und Tatkraft. Gleicht die Rolle deines Lebens einem schönen Vogel, den du sehr liebst, dann bist du glücklich, wenn du ihm die Saatkörner deiner innersten Gefühle fütterst. Du baust aus deinem Herzen einen Käfig für ihn und bereitest ihm ein Nest aus deiner Seele. Doch während du ihn liebevoll bewunderst, entschlüpft er deinen Händen und schwingt sich hoch hinauf; dann kommt er wieder herab, fliegt in einen anderen Käfig und kehrt niemals mehr zu dir zurück. Was sollst du dann tun? Wo wirst du Trost und Geduld finden? Welche Kraft kann dein aufgewühltes Herz besänftigen?«

Nachdem er dies mit gebrochener Stimme voll Leid geäußert hatte, stand Bei Rashid Namaan auf und zitterte wie Schilf im Winde. Er streckte seine Hände aus, als wolle er etwas zwischen seinen gekrümmten Fingern zu fassen bekommen, um es zu zerstören. Seine Wangen waren eingefallen, seine Pupillen weiteten sich, und er blickte starr vor sich hin. Es schien, als sähe er einen Dämon, der aus dem Nichts aufgetaucht war, um ihn mit sich fortzuschleppen. Dann blickte er fest in meine Augen, und plötzlich veränderte sich sein Gesichtsausdruck. Sein Zorn kehrte sich in heftiges Leid, und schmerzerfüllt rief er: »Es ist die Frau, die ich aus den tödlichen Klauen der Armut errettete. Ich öffnete ihr meine Schatztruhen, und alle beneideten sie um ihre prächtigen Kleider, ihre kostbaren Juwelen und um die herrlichen Kutschen, die von feurigen Pferden gezogen wurden. Jene Frau, die ich liebte und der ich meine Zuneigung zu Füßen legte; jene Frau, der ich ein treuer Freund, ein aufrichtiger Begleiter und ein redlicher Gatte war; die Frau, die mich betrog und mich wegen eines anderen Mannes verließ, um mit ihm in Mangel und Not zu leben und das Brot des Bösen mit ihm zu teilen, das aus Schande und Schmach geknetet ist. Die Frau, die ich liebte, der schöne Vogel, den ich fütterte und dem ich mein Herz als Käfig und meine Seele als Nest gab, ist mir aus den Händen geschlüpft und hat sich in einen anderen Käfig begeben. Dieser reine Engel, der im Paradies meiner Zuneigung wohnte, erscheint mir nun wie ein schrecklicher Dämon, der aus der Dunkelheit herabstieg, um für seine Sünden zu büßen, und mich nun auf Erden für seine Verbrechen leiden läßt.«

Er verbarg sein Gesicht in den Händen, als wolle er sich vor sich selbst schützen. Dann schwieg er für einen Augenblick, doch bald seufzte er erneut: »Dies ist alles, was ich dir sagen kann. Bitte frage nicht weiter! Veranlasse mich nicht, mein Unglück noch mehr zu beklagen, laß es mich lieber still ertragen! Vielleicht wächst es in der Stille und bringt mir den Tod, so daß ich schließlich in Frieden sterben kann.«

Ich spürte, wie mir die Tränen in die Augen stiegen, und voll Mitleid im Herzen verabschiedete ich mich von ihm. Meine Worte hatten nicht die Kraft, sein wundes Herz zu trösten, und meine Lebenserfahrung verfügte über keine Fackel, die seinen Trübsinn hätte erhellen können.

Zweiter Teil

Einige Tage später traf ich Madame Rose Hanie zum ersten Mal. Sie lebte in einer ärmlichen Hütte mit einigen Büschen und Bäumen herum. Durch Bei Rashid Namaan, jenen Manne, dessen Herz sie gebrochen und mit Füßen getreten hatte, um es sodann den schrecklichen Schlägen des Schicksals zu überlassen, hatte sie schon von mir gehört. Als ich ihre wunderschönen, glänzenden Augen sah und ihre angenehme Stimme vernahm, fragte ich mich: »Kann das eine so niederträchtige Frau sein? Vermögen sich hinter diesem klaren Antlitz eine so häßliche Seele und ein so verbrecherisches Herz zu verbergen? Ist dies wirklich eine ungetreue Ehefrau? Ist das die Frau, über die ich Schlechtes sagte und die ich mit einer Schlange verglich, welche in der Gestalt eines schönen Vogels steckt?« Leise sagte ich zu mir: »Hat dieses schöne Gesicht Rashid Namaan ins Elend gebracht? Hat man nicht schon gehört, daß auffallende Schönheit der Grund für verborgenes Leid und tiefes Unglück sein kann? Und ist es nicht der schöne Mond, der einerseits die Dichter inspiriert, andererseits jedoch die Ursache dafür ist, wenn sich die Stille des Meeres in schreckliches Gebrüll verwandelt?«

Als wir uns setzten, schien es, als habe Madame Hanie meine Worte vernommen und meine Gedanken verstanden und wolle deshalb meine Zweifel nicht noch vermehren. Sie stützte ihr schönes Haupt auf die Hand, und mit einer Stimme, die sich sanfter anhörte als der Klang einer Lyra, sprach sie: »Ich habe Euch noch nie gesehen, doch aus den Erzählungen der Leute habe ich das Echo Eurer Gedanken und Träume vernommen, und das bestärkt mich in der Überzeugung, daß Ihr Mitleid und Verständnis haben werdet für eine unterdrückte Frau, für eine Frau, deren Herzensgeheimnis Ihr entdeckt und deren Gemütszustand Ihr kennengelernt habt. Erlaubt mir nun, Euch alles, was mein Herz erfüllt, zu offenbaren, damit Ihr wißt, daß Rose Hanie zu keiner Zeit eine treulose Frau war.

Ich war kaum achtzehn Jahre alt, als mich das Schicksal zu Rashid Namaan führte, der damals vierzig Jahre zählte. Er verliebte sich in mich, nahm mich zur Frau und brachte mich in sein prächtiges Heim. Dort stellte er mir Diener und Mägde zur Verfügung und stattete mich mit kostspieligen Kleidern und wertvollem Schmuck aus. Seinen reichen Freunden und seiner Familie präsentierte er mich wie eine ganz besondere Seltenheit. Er lächelte triumphierend, wenn er merkte, wie seine Bekannten mich überrascht und bewundernd anblickten, und er hob voll Stolz sein Haupt, sobald er hörte, daß die Damen der Gesellschaft lobend und freundlich über mich sprachen. Doch wenn geflüstert wurde: ›Ist das die Frau von Bei Rashid Namaan, oder hat er sie adoptiert?‹, so hörte er nicht darauf; auch nicht, als es einmal hieß: ›Hätte er zur richtigen Zeit geheiratet, dann wäre sein Erstgeborenes jetzt älter als Rose Hanie.‹

All dies ereignete sich, bevor mich das Leben aus der tiefen Bewußtlosigkeit meiner Jugend erweckte und ehe Gott mein

Herz mit der Fackel der Liebe entflammte und das Saatkorn meiner Gefühle zu sprießen begann. Ja, all dies geschah in der Zeit, da ich meinte, wirkliches Glück bestünde darin, schöne Kleider zu tragen und in prächtigen Häusern zu wohnen. Doch sobald ich aus dem Traum meiner Kindheit erwacht war, nagte ein geistiger Hunger an meiner Seele und verursachte ihr Schmerzen. Und als ich die Augen aufschlug, merkte ich, wie sich meine Flügel nach links und nach rechts bewegten und versuchten, sich in den weiten Himmel der Liebe emporzuschwingen; doch sie fielen unter den Windstößen der Gesetze zusammen, die mich an einen Mann gefesselt hatten, bevor ich die wahre Bedeutung dieser Gesetze verstand. Ich fühlte all diese Dinge, und dann erkannte ich, daß das Glück einer Frau weder vom Ansehen oder Ruhm eines Mannes noch von seiner Großzügigkeit und Güte abhängt, sondern von einer Liebe, die beider Herzen vereint und aus ihnen ein Glied am Körper des Lebens und ein Wort auf Gottes Lippen formt. Als ich mir über diese Wahrheit im klaren war, fand ich mich durch das Gesetz im Hause Rashid Namaans eingekerkert – wie ein Dieb, der Brot stiehlt und sich in den dunklen, gnädigen Schlupfwinkeln der Nacht versteckt. Ich wußte, daß jede Stunde, die ich mit Rashid verbrachte, als Lüge mit feurigen Buchstaben vor Himmel und Erde auf meiner Stirn geschrieben stand. Ich konnte ihm trotz seiner Großzügigkeit und Güte nicht meine Liebe schenken. Vergeblich versuchte ich, ihn zu lieben. Aber die Liebe ist eine Kraft, die unsere Herzen erschafft, jedoch unsere Herzen sind nicht imstande, diese Kraft entstehen zu lassen. In der Stille der Nacht betete ich zu Gott und flehte ihn an, in den Tiefen meines Herzens eine geistige Zuneigung zu erzeugen, die mich dem Manne näher bringen sollte, der mir als Gefährte meines Lebens zugewiesen worden war.

Meine Gebete wurden nicht erhört, denn die Liebe kommt nur durch den Willen Gottes zu uns und nicht auf Bitten oder Wunsch des Menschen. So blieb ich zwei Jahre im Hause Rashid Namaans. Ich mißgönnte den Vögeln auf den Feldern ihre Freiheit, während meine Freunde mich wegen meiner goldenen Ketten beneideten, die mir nur Schmerz bereiteten. Ich glich einer Frau, die von ihrem einzigen Kind getrennt wurde, und war wie ein klagendes Herz, für das es keine Liebe gibt, und wie ein unschuldig Verurteilter, der das Opfer des strengen menschlichen Gesetzes geworden war. Und der geistige Hunger und Durst töteten mich beinahe!

An einem trüben Tag blickte ich hinauf zum wolkenverhangenen Himmel und sah ein sanftes Licht, das aus den Augen eines Mannes strömte, der einsam auf dem Pfad des Lebens dahinschritt. Ich schloß meine Augen vor diesem Licht und sagte zu mir: ›O meine Seele, die Dunkelheit des Grabes ist dein Los; sehne dich nicht nach Licht!‹ Sodann vernahm ich eine wundervolle Melodie, deren Reinheit mein wundes Herz durchdrang, doch ich verschloß meine Ohren und sagte: ›O meine Seele, der Schrei der Hölle ist dein Los; sehne dich nicht nach himmlischen Gesängen!‹ Und abermals schloß ich die Augen, um nichts zu sehen, und versperrte die Ohren, um nichts zu hören, aber dennoch nahm ich das zarte Licht und den göttlichen Klang wahr. Ich erschrak und fühlte mich wie ein Bettler, der in der Nähe eines Fürstenpalastes einen wertvollen Edelstein findet, diesen jedoch trotz seiner Armut nicht anrührt, da er fürchtet, des Diebstahls bezichtigt zu werden. Ich schrie auf – es war der Schrei einer durstigen Seele, die eines Baches ansichtig wird, an dem sich wilde Tiere drängen, und die sich daraufhin zu Boden wirft und voll Angst das Geschehen verfolgt.« Rose Hanie wandte ihre Augen ab, als müßte sie sich ihrer Vergangenheit schämen, doch bald darauf fuhr sie fort: »Diejenigen, die zurück in die Ewigkeit gehen, ehe sie von der Süße des wahren Lebens gekostet haben, können die Bedeutung des Leidens einer Frau nicht verstehen; besonders dann nicht, wenn sie ihre Seele einem Manne schenkt, den sie nach Gottes Fügung liebt, und gleichzeitig ihren Körper einem anderen geben muß, dem laut Gesetz ihre Zärtlichkeit gehören soll. Es ist eine Tragödie, die mit dem Blut und den Tränen einer Frau geschrieben wird; und derjenige, der sie liest, macht sich darüber lustig, weil er kein Verständnis dafür hat. Sollte er sie jedoch verstehen, so kehrt sich sein Lachen in Spott und Hohn und ist wie Feuer für ihr Herz. Es ist ein Trauerspiel, das schwarze Nächte in der Seele einer Frau aufführen, jener Frau, deren Körper an einen Mann gebunden ist, den man als ihren Gatten ansah, noch bevor Gott sie die Bedeutung der Ehe verstehen ließ. Sie aber läßt ihre Seele über einem Manne schweben, den sie auf jede Art der reinen und wahren Liebe und Schönheit verehrt. Diese ganze furchtbare Geschichte begann in dem Augenblick, da in einer Frau die Schwäche und in einem Manne die Stärke aufkam; und sie wird andauern, solange die Zeit der Sklaverei und die Vorherrschaft der Starken über die Schwachen nicht beendet sein werden. Zwischen dem entarteten Gesetz der Menschen und der geheiligten, von Liebe erfüllten Absicht des Herzens findet ein schrecklicher Krieg statt. Auf solch einem Schlachtfeld lag ich gestern und sammelte alle mir verbliebenen Kräfte. Ich löste die Fesseln meiner Feigheit, stärkte meine Flügel und schwang mich empor in den weiten Himmel der Liebe und der Freiheit.

Heute bin ich vereint mit dem Manne, den ich liebe. Er und ich stiegen wie eine Fackel aus der Hand Gottes, noch ehe die Welt entstand. Es gibt keine Macht unter der Sonne, die dieses Glück jemals von mir nehmen könnte, denn es entstammt zwei sich umarmenden Seelen, die durch gegenseitiges Verstehen gelenkt, von der Liebe durchglüht und vom Himmel beschützt werden.«

Sie blickte mich an, als wolle sie mein Herz mit den Augen durchbohren, um zu erfahren, welchen Eindruck ihre Worte bei mir hinterlassen hatten, und um den Widerhall ihrer Stimme durch mich zu vernehmen. Doch ich schwieg, und sie sprach weiter, voll von bitterer Erinnerung, gleichzeitig aber auch offen und frei; sie sagte: »Man wird Euch erzählen, Rose Hanie sei eine abtrünnige, ungetreue Frau, die nur ihren Wünschen nachging und den Mann verließ, der sie zu sich erhob und zum Mittelpunkt seines Hauses machte. Man wird mich als Ehebrecherin und als Dirne bezeichnen, die mit besudelter Hand den Kranz der heiligen Ehe zerriß und an seine Stelle eine schmutzige Verbindung setzte, die aus den Dornen der Hölle gemacht ist; und man wird Euch sagen, daß ich das Kleid der Tugend gegen den Mantel der Sünde und Schande eintauschte. Man wird Euch noch mehr dieser Art erzählen, denn die Geister der Vorväter leben immer noch unter diesen Menschen hier, die wie verlassene Höhlen sind, welche das Echo von Worten wiedergeben, ohne deren Bedeutung zu kennen. Sie verstehen weder das Gesetz Gottes, noch begreifen sie die

Absicht des wahren Glaubens und können zwischen einem Sünder und einem Unschuldigen nicht unterscheiden. Sie sehen nur die Oberfläche der Dinge und wissen nichts von deren tiefer liegenden Geheimnissen. Sie kümmern sich nicht um Verbote, urteilen blind und stellen den Verbrecher und den Schuldlosen, das Gute und das Böse auf eine Stufe. Wehe denen, die anklagen und Urteile sprechen …

In den Augen Gottes war ich treulos und eine Ehebrecherin, als ich im Haus von Rashid Namaan lebte, denn dieser war es, der mich den Sitten und Gebräuchen entsprechend zu seiner Frau machte. Er tat dies voreilig, noch ehe der Himmel ihn für mich bestimmt hatte und ihn im Einvernehmen mit dem geistigen Gesetz der Liebe und der Zuneigung meinen Gatten werden ließ. In den Augen Gottes und auch vor mir selbst war ich eine Sünderin, als ich Rashids Brot aß und ihm für seine Großzügigkeit meinen Körper überließ. Jetzt aber bin ich lauter und rein, denn das Gesetz der Liebe hat mich frei gemacht und hat mir Ehre und Redlichkeit verliehen. Ich habe aufgehört, meinen Körper für häusliche Geborgenheit und mein Leben für Kleider zu verkaufen. Ja, ich war eine Ehebrecherin und Missetäterin, damals, als die Leute mich für eine höchst ehrenhafte und treue Gattin ansahen.

Doch heute, da ich rein und von edler Gesinnung hin, betrachten sie mich als verdorben, denn sie beurteilen eine Seele nach dem Eindruck, den sie vom Körper haben, und sie messen den Geist mit den Grundsätzen der Tatsachen.«

Rose Hanie blickte aus dem Fenster und deutete mit der Hand auf die Stadt hin, als hätte sie dort zwischen den prächtigen Bauwerken das Gespenst des Lasters und den Schatten der Schande entdeckt. Mitleidsvoll sprach sie: »Schaut Euch diese herrlichen Häuser und erhabenen Paläste an: In ihnen wohnt die Heuchelei, zwischen ihren schön verzierten Mauern herrschen Verrat und Verderbtheit, und unter ihren goldgetäfelten Decken lebt die Falschheit neben der Anmaßung. Blickt auf diese Gebäude, welche Glück, Ehre und Macht verkörpern; sie sind nichts anderes als Höhlen des Unglücks und Leids, übertünchte Gräber, in denen sich die Treulosigkeit der schwachen Frau hinter schwarz geschminkten Augen und karmesinrot gefärbten Lippen verbirgt. In jeder Ecke dieser Häuser lebt die Selbstsucht, und das Tierische im Mann regiert über allem Gold und Silber.

Könnten diese hohen und unbezwingbaren Häuser den Haß, den Betrug und die Bestechung riechen, würden sie in sich zusammenfallen. Der arme Dorfbewohner blickt unter Tränen zu solchen Palästen empor, aber wenn er herausfindet, daß ihre Besitzer nicht jene reine Liebe kennen, die im Herzen seiner Frau wohnt und seine Hütte erfüllt, wird er lächeln und zufrieden auf seine Felder zurückkehren.«

Rose Hanie nahm mich bei der Hand, führte mich an ein anderes Fenster und sagte: »Kommt, ich werde Euch nun das unverhüllte Geheimnis derer zeigen, denen nachzufolgen ich mich weigerte. Betrachtet diesen Palast mit seinen riesigen Säulen. Darin wohnt ein reicher Mann, der sein Vermögen von seinem Vater geerbt hat. Nach einem Leben in Schmutz und Verdorbenheit heiratete er eine Frau, von der er nur wußte, daß ihr Vater ein Würdenträger des Sultans war. Nach der Hochzeitsreise schon wurde er seiner Gattin überdrüssig und ließ sich mit Frauen ein, die ihren Körper für Geld verkaufen. Seine Frau ließ er allein im Palast zurück wie ein Säufer eine leere Flasche. Zuerst weinte sie und litt unter dieser Behandlung. Dann jedoch merkte sie, daß ihre Tränen kostbarer waren als ihr verkommener Ehemann. Nun genießt sie die Liebe und Anbetung eines jungen Mannes, verbringt glückliche Stunden mit ihm und läßt seinem Herzen ihre aufrichtige Liebe und Neigung zukommen.

Blickt nun zu diesem prächtigen Haus hinüber, das von einem wunderschönen Garten umgeben ist. Hier lebt ein Mann, der aus einer vornehmen Familie stammt, die viele Generationen lang das Land beherrscht hat, deren Wohlstand und Ansehen jedoch infolge ihrer Verschwendungssucht und Trägheit sanken. Vor einigen Jahren heiratete dieser Mann eine reiche, aber häßliche Frau. Nachdem er sich ihr Vermögen angeeignet hatte, vernachlässigte er sie völlig und kümmerte sich nur noch um ein schönes junges Mädchen. Seine Gattin verbringt jetzt ihre Zeit damit, sich Locken zu drehen, ihre Lippen anzumalen und sich zu parfümieren. Sie trägt die teuersten Kleider und hofft, daß irgendein junger Mann ihr zulächelt und sie besuchen kommt; aber es ist alles vergebens, sie hat keinen Erfolg, und ein Lächeln tritt ihr nur aus dem eigenen häßlichen Spiegelbild entgegen.

Schaut auf dieses große Gutshaus, das von Marmorstatuen eingefaßt ist. Hier wohnt eine schöne Frau von etwas absonderlichem Wesen. Als ihr erster Gatte starb, erbte sie sein gesamtes Vermögen. Dann nahm sie sich einen Mann, der arm an Geist und auch körperlich schwach war. Sie heiratete ihn nur, um vor böser Nachrede sicher zu sein, und benutzt ihn als Schutzschild für ihr abscheuliches Handeln, denn sie benimmt sich unter ihren Bewunderern wie eine Biene, die sich an den süßesten und köstlichsten Blumen labt.

Das schöne Haus daneben wurde vom bedeutendsten Baumeister dieser Provinz errichtet. Es gehört einem vermögenden, aber geizigen Mann, der all seine Zeit damit verbringt, Gold anzuhäufen und die Armen auszubeuten. Seine Frau ist übernatürlich schön, doch sie ist ebenfalls das Opfer einer zu frühen Heirat. Ihr Vater beging ein Verbrechen, als er sie einem Mann gab, bevor sie in einem Alter war, um Verständnis für die Ehe haben zu können. So legte er ihr das schwere Joch einer erzwungenen Heirat auf. Nun ist sie blaß und abgemagert und findet kein Schlupfloch, durch das sie ihre eingekerkerte Liebe fliehen lassen könnte. Langsam vergeht sie und sehnt sich nach dem Tod, um aus dem Netz der Unterdrückung herauszukommen und sich von einem Mann zu befreien, der sein Leben damit verbringt, Gold zu scheffeln, und der die Stunde verflucht, in welcher er eine unfruchtbare Frau geheiratet hat; denn nun wird er kein Kind haben, das seinen Namen weitertragen und sein Vermögen erben wird. Und in jenem Haus inmitten von Obstgärten lebt ein Dichter. Er ist mit einer ungebildeten Frau verheiratet, die sich über sein Werk nur lustig macht, weil sie es nicht versteht, und über sein Benehmen lacht, da sie sich der kultivierten Lebensart ihres Mannes nicht anzupassen vermag. Dieser Dichter fand die Erlösung aus seinem verzweifelten Dasein in der Liebe einer verheirateten Frau, die seinen Geist schätzt und seinen Verstand anregt, indem sie in seinem Herzen die Fackel der Liebe anzündet und ihn mittels ihres Liebreizes und ihrer Schönheit ewig bleibende Worte finden läßt.«

Eine Zeitlang herrschte Stille, und Madame Hanie ließ sich

auf einer Ruhebank neben dem Fenster nieder; es schien, als sei sie beim Herumstreifen durch dieses Stadtviertel müde geworden. Dann aber fuhr sie fort: »So beschaffen sind die Häuser, in denen zu wohnen ich mich weigerte, denn sie sind Grüfte, in denen auch ich – in geistiger Hinsicht – begraben war. Die Menschen, von denen ich mich getrennt habe, werden vom Körperlichen angezogen, vom Geistigen aber abgestoßen, und sie wissen nichts von Liebe und Schönheit. Der einzige Mittler zwischen ihnen und Gott ist das Erbarmen des Allerhöchsten; sein Gesetz kennen sie ja nicht. Ich kann sie nicht richten, denn ich gehörte zu ihnen, doch es gilt ihnen mein aufrichtiges Mitgefühl. Ich hasse nicht sie, sondern die Tatsache, daß sie sich der Schwachheit und Falschheit hingaben.

All das erzählte ich, um Euch das wahre Wesen derer aufzuzeigen, denen ich – entgegen ihrem Willen – entkommen bin. Ich versuchte, Euch das Leben derjenigen Menschen darzulegen, die schlecht über mich sprechen, weil ich auf ihre Freundschaft verzichtete und endlich mein eigener Freund wurde. Ich entwich ihrem dunklen Gefängnis und richtete meinen Blick auf das Licht, dorthin, wo Ehrlichkeit, Treue und Gerechtigkeit wohnen. Sie haben mich nun aus ihrer Gemeinschaft ausgeschlossen, worüber ich aber froh bin, denn die Menschheit verbannt nur diejenigen, deren edler Geist sich gegen Gewaltherrschaft und Unterdrückung auflehnt. Wer nicht die Verbannung der Sklaverei vorzieht, ist nicht geschaffen für Unabhängigkeit, Wahrheit und Pflichterfüllung.

Gestern noch glich ich einem Tablett, das jede Art schmackhafter Speisen trug, und Bei Rashid Namaan kam nur zu mir, wenn er ein Bedürfnis nach diesen Speisen verspürte. Doch unsere beiden Seelen blieben weitab von uns wie zwei demütige Diener. Ich habe versucht, mich mit dem, was man allgemein Unglück nennt, auszusöhnen, doch mein Geist weigerte sich, andauernd mit mir vor einem furchteinflößenden Götzenbild zu knien, das in dunkler Vorzeit aufgestellt wurde und Gesetz genannt wird. Ich blieb gefesselt, bis ich den Ruf der Liebe vernahm und sah, wie mein Geist sich zur Abreise vorbereitete. Da zerbrach ich die Ketten und verließ Rashid Namaans Haus wie ein Vogel, der aus seinem eisernen Käfig entkommt.

Ich ließ alles zurück: Juwelen, Kleider und Diener. Ich wollte mit meinem Geliebten leben und wußte, daß mein Handeln ehrenhaft war. Der Himmel will nicht, daß ich weine und leide. Oftmals betete ich nachts, es möge der Morgen kommen, und wenn er da war, flehte ich, der Tag möge vorübergehen. Es ist nicht Gottes Wunsch, daß ich ein elendes Leben führe, denn er legte das Verlangen nach Glück in meine Seele; sein Ruhm ruht in der Wonne meines Herzens.

Dies also ist die Geschichte meines Aufbegehrens vor Himmel und Erde, und ich werde sie ständig wiedererzählen. Aber die Menschen wollen nicht zuhören, weil sie fürchten, ich würde ihren Geist rebellisch machen und die Fundamente ihrer zerbrechlichen Gesellschaft könnten zusammenstürzen.

Es war ein harter Weg, den ich gehen mußte, bis ich den Gipfel meines Glücks erreichte. Wenn ich jetzt sterben müßte, träte ich bereitwillig vor den höchsten Himmelsthron, ohne Furcht und ohne Scham. Ich bin bereit, sein Urteil zu erfahren, denn mein Herz ist rein wie der Schnee. In allem, was ich tat, folgte ich dem Willen Gottes, und ich hörte auf den Ruf meines Herzens, während es den Engelsstimmen lauschte. Dies also ist meine Tragödie, welche die Bewohner von Beirut ›Ein Fluch auf den Lippen des Lebens‹ oder ›Ein Geschwür am Körper der Gesellschaft‹ nennen. Eines Tages jedoch wird die Liebe auch ihre Herzen emporheben, so wie die Strahlen der Sonne selbst aus verseuchter Erde Blumen wachsen lassen. Dereinst werden die Pilger an meinem Grabe stehen und werden die Erde, die mich bedeckt, segnen mit den Worten: ›Hier liegt Rose Hanie, die sich von der Sklaverei hinfälliger menschlicher Gesetze befreite, um sich dem göttlichen Gesetz der reinen Liebe zu unterwerfen. Sie blickte zur Sonne, um nicht ihren eigenen Schatten inmitten von Totenschädeln und Dorngestrüpp zu sehen.‹«

Die Tür ging auf, und ein junger Mann trat ein. Seine Augen strahlten, und auf seinen Lippen lag ein freundliches Lächeln. Madame Hanie erhob sich, nahm den jungen Mann an der Hand, stellte ihn mir vor und nannte ihm auch meinen Namen. Es war mir bewußt, daß er derjenige war, um dessentwillen sie die ganze Welt mißachtete und alle menschlichen Sitten und Gebräuche verletzte.

Als wir uns setzten, wurde es still, denn jeder von uns war von tiefen Gedanken in Anspruch genommen. Nach einer Weile taktvollen Schweigens blickte ich auf das junge Paar, das Seite an Seite saß, und konnte etwas beobachten, was ich noch nie zuvor gesehen hatte. Augenblicklich verstand ich die Bedeutung von Madame Hanies Geschichte und begriff das Geheimnis ihrer Auflehnung gegen die Gesellschaft, welche diejenigen verfolgt, die sich gegen einengende Gebräuche und Gesetze wehren, noch ehe der Grund ihrer Rebellion überhaupt ermittelt wurde. Ich erblickte einen einzigen göttlichen Geist vor mir, den zwei in Schönheit vereinte Menschen verkörperten. Zwischen ihnen stand der Gott der Liebe und breitete seine Schwingen über sie, um sie vor übler Nachrede zu schützen. Die lächelnden Züge der beiden drückten vollkommenes gegenseitiges Verstehen aus, das von Aufrichtigkeit und Tugendhaftigkeit erfüllt war. Zum ersten Mal im Leben sah ich das Traumbild des Glücks zwischen einem Mann und einer Frau stehen, jenes Glück, das von der Kirche verflucht und vom Gesetz bekämpft wird. Ich erhob mich, verabschiedete mich und verließ die ärmliche Hütte, in der die Liebe einen Altar der Zuneigung und des Verstehens errichtet hatte. Auf meinem Weg kam ich an jenen Gebäuden vorbei, die mir Madame Hanie gezeigt hatte. Und als ich das Stadtviertel verließ, erinnerte ich mich an Rashid Namaan und sein trauriges Los und dachte: »Er ist sehr betrübt. Wird ihn der Himmel je erhören, wenn er sich über Madame Hanie beklagt? Hat diese Frau falsch gehandelt, als sie ihn verließ und dem Freiheitsdrang ihres Herzens folgte? Oder beging Rashid ein Verbrechen, als er durch die Eheschließung ihren Körper unterjochte, noch ehe er durch Liebe ihr Herz gewann? Welcher der beiden ist der Unterdrückte und welcher ist der Unterdrücker? Wer ist der Täter und wer das Opfer?«

Ich dachte lange nach und kam zu folgendem Schluß: »Oftmals wird eine Frau durch ein Trugbild dazu verleitet, ihren Mann zu verlassen und dem Wohlstand zu folgen, denn ihre Liebe zu Reichtum und schönen Kleidern macht sie blind und bringt ihr schließlich Schande. Beging aber Madame Hanie einen Betrug, als sie den Palast ihres reichen Gatten verließ, um fortan in der Hütte eines armen Mannes zu leben? Die Unwissenheit tötet oftmals die Ehre einer Frau und bereitet ihr Kummer; sie wird von Widerwillen ergriffen, verläßt ihren Mann und folgt, getrieben von ihrem Verlangen, einem anderen, dem sie sich ebenfalls unterwirft. Handelte Madame Hanie unwissend, als sie ihren körperlichen Wünschen folgte, ihre Unabhängigkeit öffentlich kundtat und mit dem Geliebten eine Verbindung einging? Sie hätte sich auch heimlich im Hause ihres Gatten mit ihm vergnügen können, denn viele Männer wären gerne Sklaven ihrer Schönheit und Opfer ihrer Liebe geworden. Madame Hanie befand sich in einer schwierigen Lage: Sie suchte nur das Glück, und als sie es fand, griff sie danach. Dies ist die volle Wahrheit, die aber von der Gesellschaft gering eingeschätzt wird.« Und in der Stille fragte ich weiter: »Kann es erlaubt sein, daß eine Frau sich ihr Glück durch das Leid ihres Mannes erkauft? Ist es rechtens, wenn ein Mann die Zuneigung seiner Frau erzwingen will, obgleich er weiß, daß er sie nie besitzen wird?«

Ich ging weiter, und Madame Hanies Stimme klang noch in meinen Ohren, als ich an der Stadtgrenze angelangt war. Die Sonne stand eben im Begriff unterzugehen, über den Feldern und Wiesen war es still geworden, und die Vögel stimmten ihr Abendlied an. Ich blieb stehen, dachte nach und sprach dann seufzend: »Vor dem Thron der Freiheit ergötzen sich die Bäume am sanften Wehen des Windes und genießen die Strahlen der Sonne und das Licht des Mondes. Die Vögel singen ihre Lieder, und die Blumen verströmen ihren Wohlgeruch und lächeln vor den Augen der Freiheit, sobald es Tag wird. Alles auf Erden lebt nach dem Gesetz der Natur, und aus diesem Gesetz entspringen der Ruhm und das Glück der Freiheit. Der Mensch aber mißachtet dieses Glück, denn vor die gottgegebene Seele setzt er ein von ihm geschaffenes, begrenztes irdisches Gesetz. Er stellt strenge Regeln für sich auf und errichtet ein enges Gefängnis, in das er seine Gefühle und Sehnsüchte einsperrt. Er hebt ein tiefes Grab aus und versenkt darin sein Herz und dessen Ziele.

Wenn ein Mensch auf Wunsch seiner Seele seine Abkehr von der Gesellschaft erklärt und damit das Gesetz verletzt, dann nennen ihn seine Mitmenschen einen Abtrünnigen, der ausgewiesen werden muß, oder betrachten ihn als schändliches Wesen, das die Hinrichtung verdient. Soll der Mensch bis ans Ende der Welt ein Sklave der Selbstverleugnung bleiben, oder wird er im Lauf der Zeit befreit werden, so daß er im Geiste für den Geist leben kann? Wird er darauf beharren, seinen Blick stets zur Erde zu heften, oder wird er seine Augen zur Sonne erheben, um nicht seinen eigenen Schatten inmitten von Totenschädeln und Dornengestrüpp sehen zu müssen?«

Geh deiner Wege und tadle mich nicht

Geh deiner Wege und tadle mich nicht,
Um der Liebe willen,
Die deine Seele mit dem,
Der auch dich liebt, vereint;
Und um dessentwillen, das
Den Geist mit der Liebe der Mutter
Verbindet und dein Herz mit kindlicher Liebe verknüpft.
Geh und überlasse mich
Meinem eigenen weinenden Herzen.

Lasse mich auf dem Meer
Meiner Träume segeln und warte,
Bis der Morgen erscheint;
Denn ihm steht es frei,
Mit mir zu machen, was ihm beliebt.
Und deine Grausamkeit gegen mich
Ist nur ein Schatten, der mit dem Geist
Zum Grab der Erniedrigung schreitet
Und ihm die kalte, harte Erde zeigt.

In mir wohnt ein winziges, kleines Herz,
Das ich aus seinem Gefängnis befreien
Und auf Händen tragen möchte.
Ich will seine Tiefe ergründen
Und ihm sein Geheimnis entlocken.
Ziele mit deinen Pfeilen nicht auf dies Herz!
Es könnte erschrecken und müßte vergehen,
Eh' es das Blut seines Mysteriums
Auf dem Altar des Glaubens geopfert hat,
Den ihm die Gottheit verlieh,
Als es aus Liebe und Schönheit geschaffen wurde.

Die Sonne geht auf, und die Nachtigall singt,
Die Myrthe verströmt ihren Duft in das All.
Ich möchte mich aus dem Schlummer
Des Irrtums erheben, der mich umhüllt.
Halte mich nicht davon ab und tadle mich nicht!

Nimm keinen Anstoß an mir und verweise nicht
Auf die Löwen im Wald und die Schlangen im Tal!
Meine Seele kennt keine Furcht
Hier auf Erden und nimmt keine Warnungen an,
Ehe das Unheil da ist.

Ich will keinen Rat von dir haben,
Wenn du als Tadler erscheinst.
Elend und Unglück haben mein Herz geöffnet,
Meine Augen wurden durch Tränen gereinigt,
Und meine Fehler lehrten mich
Die Sprache der Herzen verstehen.

Rede nicht von Verbannung, denn das Gewissen allein
Ist mein Richter und spricht das Urteil.
Es wird mich behüten, wenn ich schuldlos bin,
Und wird mir das Leben verweigern,
Falls ich mich als Verbrecher erweise.

Der Umzug der Liebe schreitet vorbei,
Die Schönheit schwingt ihre Fahne,
Die Jugend läßt die Trompete der Freude erschallen.
Laß mich wandern, der Weg ist mit Rosen und Minze
bestreut,
Und die Luft erscheint sauber und klar.

Erzähle mir nichts von Reichtum und Stärke,
Denn meine Seele ist reich an Gnade
Und ist erfüllt von Gottes Ruhm.

Sprich nicht mit mir über Völker,
Über Gesetze und Königreiche,
Der ganze Erdkreis ist mein Geburtsort,
Und alle Menschen sind meine Brüder.

Geh endlich fort von mir,
Denn du raubst mir die Reue, die Leben verheißt;
Und deine Worte sind ohne Nutzen.

Natur und Mensch

Als der Tag anbrach, begab ich mich auf das Feld hinaus, um mit der Natur Zwiesprache zu halten. Die Menschen schlummerten noch in ihren Häusern, als ich mich ins Gras legte und darüber nachdachte, ob Wahrheit Schönheit und Schönheit auch Wahrheit sei.

Meine Gedanken entfernten mich von den Menschen, und die Kraft meiner Vorstellung schob den Schleier des Wesenhaften weg, der mein Innerstes verhüllt hatte. Nun konnte meine Seele sich ausbreiten und näher an die Natur mit ihren Geheimnissen herantreten, während sich meine Ohren für die Sprache ihrer Wunder auftaten.

Als ich tief in Gedanken versunken dasaß, fühlte ich einen leichten Wind durch die Zweige der Bäume wehen, und ich vernahm ein Seufzen, das dem Jammern eines verirrten Waisenkindes glich.

»Warum seufzt du, sanfter Wind?« fragte ich.

Und die Brise antwortete: »Weil ich aus der Stadt komme, die unter der Hitze der Sonne glüht, und weil die Keime von Krankheit und Siechtum mein reines Kleid beschmutzt haben. Wie kannst du da meinen Gram tadeln?« Ich blickte auf die tränenüberströmten Gesichter der Blumen und hörte ihr sanftes Klagen. Und ich fragte: »Warum weint ihr, liebliche Blumen?«

Eine von ihnen hob ihren Kopf und flüsterte: »Wir weinen, weil die Menschen kommen werden, um uns abzuschneiden und auf den Marktplätzen der Stadt zu verkaufen.«

Und eine andere Blume fügte hinzu: »Am Abend, wenn wir verwelkt sind, wird man uns zum Abfall werfen. Wir weinen, weil uns die grausame Hand des Menschen von unserer Heimat trennt.«

Und ich hörte den Bach jammern wie eine Witwe, die ihr

totes Kind beklagt, und fragte: »Warum jammerst du, reiner Bach?«

Der Bach antwortete: »Weil ich in die Stadt getrieben werde, wo die Menschen mich verachten und gegen den Saft der Trauben eintauschen, mich zum Gassenkehrer für ihren Abfall machen, meine Reinheit beschmutzen und meine Gefälligkeit besudeln.«

Ich hörte die Vögel klagen und fragte: »Weshalb klagt ihr, schöne Vögel?« Einer von ihnen flog herbei, setzte sich auf einen Ast und sagte: »Die Söhne Adams werden bald mit ihren todbringenden Waffen herbeieilen und gegen uns kämpfen wie gegen ihre Todfeinde. Laß uns einander Lebewohl sagen; niemand weiß, ob wir der Wut der Menschen entkommen werden, denn der Tod folgt uns überallhin.«

Als die Sonne über die Gipfel der Berge stieg und die Baumspitzen in goldenes Licht tauchte, schaute ich auf jenes wunderbare Bild und fragte: »Warum zerstört der Mensch alles, was die Natur geschaffen hat?«

Die Geschichte eines Freundes

I

Einst kannte ich einen jungen Mann, der, von wildem Verlangen getrieben, für den rechten Weg des Lebens verloren zu sein schien. Indem er seine Wünsche ohne jegliche Skrupel zu erfüllen suchte, wurde er zu einem Gefolgsmann des Todes. Da ich ihn liebte, sah ich in ihm eine zarte Pflanze, die von der Tollkühnheit ins Meer der Lüsternheit gedrängt wurde.

Ich wußte, daß er im Dorf als krankhaft veranlagtes Kind galt, das mit grausamer Hand die Nester der Vögel zerstörte, ihre Jungen tötete und die schönen Köpfe der duftenden Blumen mit seinen Füßen zertrampelte.

Ich wußte, daß er während seiner Schulzeit ein Knabe war, der das Lernen verabscheute und als Feind des Friedens angesehen wurde.

Ich wußte, daß er als junger Mann in der Stadt die Ehre seines Vaters in Verruf brachte, sein Geld in lasterhaften Häusern verpraßte und sich seinen Verstand vom Weine umnebeln ließ.

Aber dennoch liebte ich ihn; und meine Liebe zu ihm war eine Mischung aus Trauer und Zuneigung. Ich liebte ihn, weil seine Sünden nicht einem beschränkten Geist entsprangen, sondern eher die Taten einer verlorenen und verzweifelten Seele waren.

Der Geist irrt ungern vom Pfad der Weisheit ab, und er kehrt bereitwillig auf ihn zurück; aber wenn die Stürme der Jugend Sand und Staub aufwirbeln, sind die Augen oft für eine Weile blind. Ich liebte diesen Jüngling, denn ich sah, wie die Taube seines Gewissens mit dem Falken seiner bösen Veranlagung kämpfte. Und ich sah, daß die Taube nicht aus Angst unterlag, sondern wegen der Stärke ihres Feindes.

Das Gewissen ist ein gerechter, aber ein schwacher Richter.

Diese Schwäche veranlaßt es, sein Urteil ohne Kraft auszuführen.

Ich sagte, daß ich ihn liebte. Und Liebe erscheint in vielerlei Gestalten: einmal als Weisheit, ein anderes Mal als Gerechtigkeit und oftmals als Hoffnung. Meine Liebe zu ihm wurde durch die Hoffnung, daß das Licht in ihm über die Dunkelheit triumphieren möge, aufrechterhalten. Ich konnte nicht wissen, ob und wann sich die Finsternis in seiner Seele in Helligkeit verwandeln würde, sein grausames Wesen in Güte und sein Leichtsinn in eine vernünftige Lebensweise. Der Mensch weiß nicht, auf welche Weise sich seine Seele von der Knechtschaft des Materiellen befreit, bis zu dem Tag, an dem sie frei wird. Erst beim Anbruch der Morgendämmerung weiß er, wie die Blumen lächeln.

II

Tage und Nächte vergingen, und ich gedachte voll Trauer des Jünglings. Ich wiederholte seinen Namen mit einer Innigkeit, die mein Herz bluten ließ. Gestern aber kam ein Brief von ihm, in dem stand geschrieben:

»Komm zu mir, mein Freund, denn ich möchte dich mit einem jungen Mann zusammenbringen, dessen Bekanntschaft dein Herz erfreuen und deine Seele erquicken wird.«

Ich sagte: »Ach! Hat er die Absicht, seine traurige Freundschaft jemandem angedeihen zu lassen, der ihm gleicht? Ist er nicht schon allein ein hinreichendes Beispiel für die Welt des Irrtums und der Sünde? Will er seine Missetaten jetzt mit einem Gefährten weitertreiben, so daß ich sie in doppelter Schwärze sehe?«

Doch ich dachte mir: »Du mußt seiner Einladung Folge leisten, denn es kann geschehen, daß an einem Brombeerstrauch Feigen wachsen, wenn die Seele es will. Und ein liebendes Herz wird auch in der Dunkelheit ein Licht erkennen.«

Als ich ankam, traf ich ihn allein in seinem Zimmer. Er las in einem Gedichtband, und nachdem ich mich nach seinem neuen Freund erkundigt hatte, antwortete er: »Hier ist er« und zeigte auf sich selbst. Nie zuvor war eine solche Ruhe von ihm ausgeströmt, und niemals hatten seine Augen so gestrahlt, daß ihr Licht mir bis ins Herz drang. Diese Augen, die früher oft vor Grausamkeit funkelten, leuchteten jetzt voll Güte. Und er sagte mit einer mir bisher unbekannten Stimme:

»Der Jüngling, den du während seiner Kindheit kanntest und mit dem du in die Schule gingst, ist tot. Und bei seinem Tode wurde ich geboren. Ich bin dein neuer Freund, nimm meine Hand.«

Als ich sie ergriff, spürte ich die Anwesenheit eines sanften Geistes, der seine Adern durchpulste. Seine einst eiserne Hand war sanft und freundlich geworden. Und die Finger, die gestern noch wie die Pranken eines Tigers zuschlugen, streichelten heute das Herz.

Daraufhin sagte ich: »Wer bist du, und was ist geschehen? Wie bist du der geworden, der du jetzt bist? Ist der Heilige Geist in dein Herz getreten und hat deine Seele gesegnet? Oder spielst du nur eine Rolle, welche die Erfindung eines Dichters ist.«

Er aber sprach: »Ja, mein Freund, der Geist stieg herab und segnete mich. Eine große Liebe hat aus meinem Herzen einen Altar gemacht. Es ist eine Frau, mein Freund, eine Frau, von der ich gestern noch dachte, sie sei nur ein Spielzeug in der Hand des Mannes. Sie hat mich aus der Dunkelheit der Hölle erlöst und mir die Tore des Paradieses geöffnet – und ich bin eingetreten. Eine wahrhaftige Frau hat mich an den Jordan ihrer Liebe geführt und hat mich getauft. Die Frau, deren Schwester ich aus Dummheit verachtete, hat mich auf den Thron der Herrlichkeit gehoben. Die Frau, deren Freundschaft ich mit meiner Schlechtigkeit in den Schmutz zog, hat mein Herz mit ihrer Liebe gereinigt. Die Frau, deren Wesen ich mit dem Gold meines Vaters zur Sklavin machte, hat mich durch ihre Schönheit frei gemacht. Die Frau, durch deren starken Willen Adam aus dem Paradies vertrieben wurde, führte mich durch ihre Zärtlichkeit ins Paradies zurück.«

Vor dem Thron der Schönheit

An einem schönen Tag floh ich vor dem häßlichen Anblick der Menschenmenge und dem verwirrenden Lärm der Stadt. Ich lenkte meine müden Schritte in ein weites Tal und folgte dem einladenden Lauf eines Bächleins und dem Gesang der Vögel, bis ich an eine einsame Stelle gelangte, an der die Äste der Bäume die Sonne davon abhielten, mit ihren Strahlen die Erde zu berühren. Da stand ich und ließ meine Seele dahinfließen, jene dürstende Seele, die bisher nur die Täuschungen des Lebens gesehen hatte, aber nichts von seiner wahren Lieblichkeit.

Ich war in Gedanken vertieft, und mein Geist weilte in höheren Sphären, als plötzlich eine Paradiesjungfrau vor mir erschien, die nur mit einigen Weinblättern bekleidet war und einen Kranz von Mohnblumen in ihrem goldenen Haar trug. Als sie mein Erstaunen bemerkte, grüßte sie mich und sagte: »Hab keine Angst vor mir; ich bin die Nymphe des Dschungels.«

»Wie kann ein so schönes Wesen wie du an solch einem Ort leben? Sage mir bitte, wer du bist und woher du kommst«, bat ich. Anmutig ließ sie sich im Grase nieder und antwortete: »Ich bin die Verkörperung der Natur. Ich bin die göttliche Jungfrau, die schon deine Väter verehrten und für die sie die Altäre und Tempel von Baalbek und Djabeil errichteten.« »Aber diese Tempel und Altäre wurden zerstört, und die Gebeine meiner ehrenwerten Vorfahren sind zu Erde geworden«, wagte ich zu sagen. »Es blieb nichts übrig, das an ihre Göttin erinnert, außer einigen vergessenen Seiten im Buch der Geschichte.«

Sie entgegnete: »Einige Göttinnen leben so lange wie die, welche sie verehren, und sie sterben, wenn diese sterben; andere dagegen haben ein ewiges Leben. Mein Leben wird von der Welt der Schönheit getragen, die du sehen wirst, wo immer du dein Auge hinwendest, denn die Natur selbst ist diese

Schönheit. Mit ihr beginnen die Freude des Schäfers an den Hügeln, das Glück des Bauern auf den Feldern sowie die Festlichkeiten alteingesessener Stämme, die zwischen dem Gebirge und dem flachen Land leben. Diese Schönheit erhebt den Weisen auf den Thron der Wahrheit.«

Daraufhin sagte ich: »Die Schönheit ist eine schreckliche Macht!«

»Menschliche Wesen fürchten alles«, gab sie zurück, »sogar sich selbst. Ihr fürchtet den Himmel, die Quelle des geistigen Friedens; ihr fürchtet die Natur, den Hafen der Ruhe und der Stille; ihr fürchtet sogar den Gott der Güte und bezichtigt ihn des Zorns, obwohl er voll Liebe und Barmherzigkeit ist.«

Nach einer langen Stille, in die sich süße Träume einschlichen, bat ich sie: »Sprich zu mir von jener Schönheit, die die Menschen nach ihren eigenen Vorstellungen zu deuten versuchen. Ich habe gesehen, auf welch mannigfaltige Weise sie verehrt wird.« »Schönheit ist das, was die Aufmerksamkeit deiner Seele auf sich zieht«, antwortete sie, »und das, was mit Freuden gibt, ohne etwas dafür zu verlangen. Wenn du die Schönheit triffst, wirst du fühlen, daß sich in deinem Inneren die Hände weit vorstrecken, um sie in dein Herz einzulassen. Sie ist eine Kostbarkeit, in der Freude und Leid vereint sind; sie ist das Unsichtbare, das du sehen kannst, das Unbestimmte, das du verstehst, und die Lautlosigkeit, die zu vernehmen ist. Sie ist das Allerheiligste, das seinen Beginn in dir hat und jenseits deines irdischen Erscheinens endet.«

Sodann trat die Nymphe des Dschungels auf mich zu und legte ihre wohlriechende Hand auf meine Augen. Und als sie sie wieder wegzog, war ich allein. Ich kehrte in die Stadt zurück, deren Gewühl mich nun nicht mehr bedrückte, und wiederholte die Worte der Nymphe:

»Schönheit ist das, was die Aufmerksamkeit deiner Seele auf sich zieht, und das, was mit Freuden gibt, ohne etwas dafür zu verlangen.«

Die Gesellschaft

Die Leiden der Menge verursachen einen nagenden Schmerz, denn in ihrem Munde gibt es viele faule und kranke Zähne. Man neigt jedoch dazu, lindernde Arzneien zu verordnen, und gibt sich damit zufrieden, die Außenflächen schön zu polieren und die Löcher mit glänzendem Gold zu stopfen, wodurch die Augen derart geblendet werden, daß man die Fäulnis dahinter nicht sieht. Der Kranke aber kann sich dem andauernden Schmerz gegenüber nicht blind verhalten.

Innerhalb der Gesellschaft gibt es viele Zahnärzte, die sich bemühen, den Übeln der Welt mit Heilmitteln zu begegnen. Sie bieten deshalb schöne Füllungen an, und es gibt zahlreiche Patienten, die sich dem Willen dieser Neuerer unterwerfen und dadurch ihr eigenes Leid noch größer machen, noch mehr von ihrer Kraft einbüßen und sich mit zunehmender Gewißheit in den Abgrund des Todes stürzen.

Die faulen Zähne Syriens kann man schon in den Schulen entdecken, wo der Jugend von heute die Sorgen von morgen beigebracht werden. Sie sind auch in den Gerichtsgebäuden anzutreffen, wo die Vertreter der Gerechtigkeit mit den Gesetzen spielen wie ein Tiger mit seiner Beute. Man findet sie sowohl in den Palästen der Reichen, wo Falschheit und Heuchelei zu Hause sind, als auch in den Hütten der Armen, wo Angst, Unwissenheit und Feigheit wohnen.

Die Zahnärzte der Politik lassen mit sanfter Hand Honig in die Ohren der Menschen laufen und verkünden dabei, sie würden die Risse der geschwächten Nation füllen. Ihr Lied hört sich etwas besser an als das Knirschen eines Mühlsteins, ist jedoch in Wahrheit nicht mehr wert als das Gequake der Frösche in einem Sumpf.

In dieser Welt der Hohlheit gibt es viele Weise und Idealisten … und doch, wie ohnmächtig sind ihre Träume!

Der Dichter

Er verbindet die gegenwärtige und die kommende Welt,
Er ist die reine Quelle, aus der die durstigen Seelen trinken.

Er ist ein Baum, vom Flusse der Schönheit bewässert,
Und trägt die Frucht, nach der das hungrige Herz verlangt.
Er ist die Nachtigall, die den bedrückten Geist
Mit ihrem süßen Lied besänftigt.
Er ist am Horizont die weiße Wolke,
Die so hoch steigt und wächst,
Bis sie des Himmels Antlitz füllt;
Dann senkt sie sich herab auf die Blumen
Im Felde des Lebens, die ihre Kelche öffnen,
Um das Licht zu empfangen.

Er ist ein Engel, vom Himmel gesandt,
Um die Botschaft des Göttlichen zu verkünden.
Er ist eine leuchtende Lampe,
Die weder Dunkel noch Wind auslöschen können;
Denn sie brennt mit dem Öl der Ishtar
Und leuchtet mit dem Lichte Apolls,
Durch die Liebe und durch die Musik.

Der Dichter ist ein seltsames Geschöpf,
Er ist in Güte und in Einfachheit gekleidet;
Im Schoße der Natur läßt er sich nieder, um nachzudenken,
Und in der stillen Nacht erhebt er sich,
Um auf die Eingebung zu warten.

Er ist ein Sämann, der die Saat aus seinem Herzen
Auf der Liebe weite Felder streut;
Und die Menschheit fährt die Ernte ein
Und lebt davon.

So ist der Dichter, den man aber
In diesem Leben nur wenig beachtet.
Man nimmt ihn erst wahr, wenn er der irdischen Welt
Lebewohl sagt
Und in des Himmels Gefilde zurückkehrt.

So ist der Dichter:
Er bittet die Menschen nur um ein Lächeln.
So ist er, der seinen Geist erhebt
Und das All mit schönen Worten füllt;
Doch die Menschen entziehen sich seinem Einfluß.

Wie lange noch werden sie schlafend verharren?
Wie lange werden nur jene gerühmt,
Die durch des Augenblicks Gunst groß erscheinen?
Wie lange noch werden sie den mißachten, der sie befähigt,
Die Schönheit des Geists zu erkennen
Als Sinnbild für Liebe und Frieden?
Wie lange noch werden die Menschen die Toten verehren
Und nicht an die Lebenden denken, die ihre Tage im Elend
verbringen
Und sich wie brennende Kerzen verzehren,
Um der Unwissenden Weg zu erleuchten
Und die Menschheit auf den Pfad des Lichts zu führen?

O Dichter, du bist das Sinnbild des Lebens,
Du hast die Zeiten besiegt trotz ihrer Härte.

O Dichter, du wirst eines Tages die Herzen lenken,
Und deine Herrschaft wird unendlich sein.

O Dichter, schau deine Dornenkrone genau an!
Du wirst in ihr einen knospenden Lorbeerzweig finden.

Jugend und Schönheit

Die Schönheit gehört zur Jugend; aber die Jugend, um deretwillen diese Erde geschaffen wurde, ist nur ein Traum, der in seiner Süße mit Blindheit geschlagen ist, was man aber zu spät bemerkt. Wird jemals der Tag kommen, an dem der Weise den süßen Traum der Jugend und die Freude an der Erkenntnis miteinander verbindet? Wenn jedes für sich allein existiert, bedeutet es nämlich nichts. Wann endlich kommt die Zeit, in der die Natur der Lehrmeister des Menschen sein wird, die Nächstenliebe sein Gebetbuch und das Leben die Schule, die er täglich besucht?

Das Streben der Jugend nach Freude, verbunden mit der Fähigkeit zu Lust und geringem Verantwortungsbewußtsein, kann keine Erfüllung finden, solange nicht das Wissen das Nahen des Tages verkündet.

Es gibt viele Menschen, die voll Haß an die verlorene Zeit ihrer Jugend denken. Manche Frau verflucht ihre vergeudeten Jahre mit dem Zorn einer Löwin, die ihre Jungen verloren hat; und viele Jünglinge und Mädchen verwenden ihr Herz nur dafür, den Dolch der bitteren Erinnerungen bereits jetzt für die Zukunft zu zücken und sich in ihrer Unwissenheit mit den spitzen, vergifteten Pfeilen ihres Mangels an Glück selbst zu verletzen.

Das Alter ist der Schnee der Erde, und seine Aufgabe ist es, bedingt durch Licht und Wahrheit, die Saat der Jugend unter sich zu wärmen, sie zu schützen und ihr weiterzuhelfen, bis der Nisan kommt, der das wachsende Leben erwachen läßt und es zur Vollendung führt.

Wir gehen viel zu langsam auf die Erweckung unserer geistigen Erhebung zu, aber nur dieses Feld, das so endlos ist wie der Himmel, ermöglicht uns das Verständnis für die Schönheit des Lebens, indem wir sie schätzen und lieben.

Am Tor des Tempels

Als ich über die Liebe reden wollte, berührte ich meine Lippen mit heiligem Feuer, doch die Worte versagten sich mir.

Sobald ich die Liebe kennenlernte, wurden meine Worte ein schwaches Gestammel, und das Lied in meinem Herzen verstummte.

O ihr, die ihr mich nach der Liebe fragt und die ich euch von ihren Geheimnissen und Wundern überzeugen wollte – jetzt, da sie ihren Schleier um mich geworfen hat, komme ich zu euch, um euch nach der Liebe Lauf und Lohn zu fragen.

Wer kann meine Fragen beantworten? Ich frage nach dem, was in mir vorgeht; und ich strebe danach, über mich selbst Kenntnis zu erhalten.

Wer von euch vermag es, mir mein Innerstes und meiner Seele ihren Kern zu enthüllen?

Um der Liebe willen, sagt mir, was ist das für eine Flamme, die in meinem Herzen brennt, die meine Kräfte aufzehrt und meinen Willen lähmt?

Was ist das für eine verborgene Hand, die zärtlich und gewaltsam zugleich nach meiner Seele greift? Was ist das für ein Wein, der aus bitterer Freude und süßem Schmerz gemischt ist und mein Herz überströmen läßt? Was sind das für Schwingen, die in der Stille der Nacht über mir schweben und mich schlaflos halten; und keiner weiß, worüber sie wachen.

Was ist das für ein unsichtbares Ding, auf das ich blicke? Was ist das Unbegreifliche, über das ich nachdenke, und was ist das für ein Empfinden, das nicht gefühlt werden kann?

In meinen Seufzern liegt eine Trauer, die schöner ist als der Widerhall des Lachens und hinreißender als die Freude.

Weshalb überlasse ich mich dieser unbekannten Macht, die mich erschlägt und mich wieder zum Leben erweckt, sobald es dämmert, und die meinen Kummer mit ihrem Licht erfüllt?

Die Gespenster der Schlaflosigkeit zittern unter meinen

brennenden Lidern, und die Schatten der Träume schweben über meinem harten Lager.

Was ist es, das wir Liebe nennen? Sagt mir, was ist dieses Geheimnis, das sich in den Zeiten verbirgt und doch jedes Bewußtsein durchdringt?

Was macht dieses Bewußtsein aus, das zugleich Ursprung und Ergebnis aller Dinge ist?

Was bedeutet dieses Wachsein, das aus Leben und Tod einen Traum formt, der seltsamer ist als das Leben und tiefer als der Tod?

Sagt mir, Freunde, gibt es einen unter euch, der nicht aus dem Schlummer des Lebens erweckt würde, wenn die Liebe seine Seele berührt?

Wer von euch würde nicht seinen Vater und seine Mutter verlassen, sobald ihn die Jungfrau ruft, die sein Herz liebt?

Wer von euch würde nicht über ferne Meere segeln, die Wüsten durchziehen und den höchsten Berg besteigen, um die Frau zu treffen, die seine Seele erwählt hat?

Welches Jünglingsherz würde nicht dem Mädchen bis an das Ende der Welt folgen, von dessen duftendem Atem, süßer Stimme und sanfter Hand seine Seele hingerissen ist?

Welches lebende Wesen würde nicht sein Herz wie Weihrauch verbrennen vor einem Gott, der seine Bitten erfüllt und seine Gebete erhört?

Als ich gestern am Tor des Tempels stand, wünschte ich von den Vorbeigehenden etwas über das Geheimnis und das Wesen der Liebe zu erfahren und befragte sie.

Ein Mann mit einem traurigen, hageren Gesicht trat auf mich zu und meinte seufzend: »Die Liebe ist eine natürliche Schwäche, die uns vom ersten Menschen auferlegt wurde.« Doch ein junger Mann erwiderte:

»Die Liebe verbindet die Gegenwart mit der Vergangenheit und der Zukunft.«

Eine unglücklich aussehende Frau seufzte: »Die Liebe ist ein tödliches Gift, das von schwarzen Vipern, die aus der Hölle stammen, verspritzt wird. Es scheint wie Morgenduft zu sein, und die durstige Seele trinkt es begierig; doch nach dem ersten Rausch erkrankt der Trinkende und stirbt einen langsamen Tod.«

Daraufhin sagte lächelnd ein schönes Mädchen mit roten Wangen:

»Die Liebe gleicht dem Wein, den die Bräute der Dämmerung kredenzen. Er macht starke Seelen noch stärker und ermöglicht ihnen den Aufstieg zu den Sternen.« Nach ihr sprach ein schwarz gekleideter bärtiger Mann, der finster blickte:

»Die Liebe ist die blinde Unwissenheit, mit der die Jugend beginnt und mit der sie endet.«

Und ein anderer lächelte und erklärte:

»Die Liebe ist ein göttliches Wissen, das es den Menschen ermöglicht, so viel zu sehen wie die Götter.«

Ein blinder Mann, der sich seinen Weg mit einem Stock ertastete, meinte:

»Die Liebe ist ein blindmachender Nebel, der die Seele davon abhält, das Geheimnis des Seins wahrzunehmen, so daß das Herz nur zitternde Phantome des Verlangens inmitten der Hügel wahrnimmt und nur das Echo der Schreie aus den tonlosen Tälern hört.«

Ein Jüngling mit einer Laute sang:

»Die Liebe ist ein geheimnisvoller Strahl, der vom brennenden Kern der Seele ausgesendet wird und die Erde rundum erhellt. Er ermöglicht uns, das Leben wie einen geheimnisvollen Traum von Erwachen zu Erwachen wahrzunehmen.«

Und ein kraftloser Greis, der seine Füße wie zwei Klumpen schleppte, meinte schließlich mit zitternder Stimme:

»Die Liebe ist die Ruhe des Körpers in den Tiefen der Ewigkeit.«

Hinter ihm stand ein fünfjähriges Kind, das lachte:

»Die Liebe ist mein Vater und meine Mutter, und keiner kennt die Liebe außer ihnen.«

Alle, die vorübergingen, stellten die Liebe als Bild ihrer Erwartungen und Enttäuschungen dar, für mich aber blieb sie nach wie vor ein Geheimnis.

Da vernahm ich plötzlich eine Stimme, die aus dem Inneren des Tempels an mein Ohr drang, und sie sprach:

»Das Leben besteht aus zwei Hälften. Die eine davon ist mit Eis bedeckt, während in der anderen Flammen lodern; und diese Hälfte ist die Liebe.«

Daraufhin trat ich in den Tempel ein, kniete nieder und betete:

»O Herr, gib mich den lodernden Flammen zur Nahrung …

Mache mich, Herr, zur Speise des heiligen Feuers.«

Das stumme Tier

Der Blick eines stummen Tieres kann sprechen, doch nur die Seele eines Weisen vermag seine Worte wirklich zu verstehen.

INDISCHE DICHTUNG

Ein herrlicher Tag dämmerte dem Abend entgegen, und die Phantasie war geneigt, den Verstand zurückzulassen. Ich befand mich gerade am Stadtrand und blieb vor einem Haus stehen, das nur noch ein Trümmerhaufen war.

Auf dem Schutt lag ein Hund in Schmutz und Abfall. Er war mit Wunden übersät und konnte vor Schwäche nicht mehr stehen. Ab und zu blinzelte er in die untergehende Sonne, und seine traurigen Augen gaben beredte Kunde von Erniedrigung, Elend und Angst.

Langsam ging ich zu ihm hin. Ich wünschte, die Sprache der Tiere zu beherrschen, um ihn voll Mitleid trösten zu können. Doch meine Annäherung ängstigte ihn, und er versuchte zitternd, auf seine steifen Beine zu kommen. Aber er fiel wieder hin und warf mir einen Blick zu, in dem gleichzeitig hilfloser Zorn und stumme Demut lagen.

Dieser Blick sprach eine deutlichere Sprache als die Tränen eines Mannes oder – noch bewegender – als die einer Frau. Und ich verstand, was er sagen wollte:

»Mensch, durch deine Grausamkeit und deine Nachstellung bin ich krank geworden.

Ich bin vor deinen Fußtritten geflohen und halte mich hier versteckt, denn Staub und Asche sind barmherziger als deinesgleichen, und diese Ruinen sind weniger traurig als eure Seele. Fort mit dir, du Eindringling aus der Welt der Wirrnis und der Ungerechtigkeit.

Ich bin eine elende Kreatur, die den Söhnen Adams ergeben und treu diente. Ich war des Menschen bester Freund, und Tag und Nacht beschützte ich ihn. Ich war traurig, wenn er fort war, und wenn er wiederkam, begrüßte ich ihn freudig. Ich gab mich mit den Krumen zufrieden, die von seinem Tisch fielen, und war glücklich über die Knochen, die er mir übrigließ. Doch als ich alt und krank wurde, schickte er mich fort und überließ mich den grausamen Gassenjungen.

O Sohn Adams, ich sehe die Gleichartigkeit zwischen mir und deinen Mitmenschen, wenn das Alter auch sie unbrauchbar macht. In der Blüte ihres Lebens kämpften sie als Soldaten für ihr Land und bestellten später seine Äcker. Doch nun, da der Winter ihres Lebens gekommen ist, braucht man sie nicht länger, und sie werden abgeschoben.

Mein Schicksal gleicht auch dem einer Frau, die als schönes junges Mädchen von einem Jüngling begehrt wurde, später aber, nachdem sie ihr ganzes Leben dem Mann und ihren Kindern geopfert hat, alt geworden ist und dann unbeachtet bleibt oder verlassen wird.

Sohn des Adam, du bist ein Tyrann und sehr grausam!«

Dies waren die stummen Worte des Tieres, aber mein Herz verstand sie sehr wohl.

Der Ruf eines Liebenden

Wo bist du, Geliebte? Weilst du in jenem kleinen Paradies
Und gießt die Blumen, die zu dir aufblicken wie Kinder,
Die nach der Mutterbrust lechzen?

Vielleicht hältst du dich jetzt in deiner Kammer auf,
In der dir zu Ehren der Tugend Altar steht,
Auf dem meine Seele und mein Herz geopfert werden?

Sitzt du vor deinen Büchern, in denen du menschliches
Wissen suchst,
Obgleich dir des Himmels Weisheit innewohnt?

Wo bist du, Gefährtin meiner Seele? Weilst du betend
Dort im Tempel? Rief die Natur dich auf das Feld hinaus,
Wo deine Träume wie im sicheren Hafen ruhen?

Suchst du die Hütten der Armen auf und tröstest
Mit Seelengüte gebrochene Herzen,
Füllst leere Hände mit milden Gaben?

Du bist Gottes Geist allüberall
Und bist stärker als die Zeiten.

Gedenkst du des Tages, an dem wir uns zum ersten Male
trafen?
Dein Geist rief und umfaßte uns; der Liebe Engel kamen
herbei
Und priesen die Taten deiner Seele.

Gedenkst du der Zeit, da wir im Schatten der Bäume saßen,
Der uns vor den Menschen verbarg, so wie die Brust
Das heil'ge Geheimnis des Herzens vor Schaden bewahrt?

Gedenkst du der Pfade, auf denen wir gingen? Wir
faßten uns
An den Händen, wenn wir den Wald durchstreiften, und unsere Häupter
Neigten sich zueinander, als wollten wir uns in uns selbst
verstecken.

Gedenkst du der Stunde, in welcher ich Abschied nahm,
Gedenkst du des Kusses, den du mir damals gabst?
Dieser Kuß lehrte mich, daß in Liebe vereinigte Lippen
Des Himmels unsagbares Geheimnis enthüllen.

Dieser Kuß war der Beginn eines unendlichen Seufzers,
Er glich Gottes Atem, als dieser den Menschen aus Erde
formte.

Dieser Seufzer führte mich hin in die geistige Welt
Und brachte mir Kunde vom Glanz meiner Seele;
Und dort wird er bleiben, bis wir uns wiedersehen.

Ich gedenke der Zeit, da du mich immer wieder küßtest,
Während die Tränen dir über die Wangen liefen;
Du sagtest: »Irdische Körper müssen einander oftmals
Aus irdischen Gründen verlassen; sie leben getrennt,
Da es die irdischen Pläne verlangen.

Jedoch es bleibt der Geist mit dem Geiste vereint
Und ruht in der Hand der Liebe, bis dann der Tod erscheint
Und die Seelen vereint zu Gott führt.

Geh, mein Geliebter; die Liebe hat dich zu ihrem Boten
erwählt;
Geh und gehorche ihr; sie ist die Schönheit,
Die dem, der ihr folgt, den süßen Kelch des Lebens reicht.
Für meine leeren Arme wird deine Liebe mein tröstender
Bräutigam sein
Und die Erinn'rung an dich meine ewigwährende
Hochzeit.«

Wo bist du nun, mein anderes Ich? Liegst du wach
In der Stille der Nacht? Laß den Windhauch dir jeden Schlag
Meines Herzens und meine Liebe zutragen.

Streichelst du in der Erinnerung mein Gesicht?
Das Bild, das du siehst, gleicht mir nicht mehr,
Denn die Trauer hat ihren Schatten auf das glückliche Antlitz
von einst gelegt.

Das Weinen hat meine Augen, die deine Schönheit spiegelten,
Austrocknen lassen und meine Lippen, die du mit deinen
Küssen
Versüßtest, spröde gemacht.

Wo bist du, Geliebte? Vernimmst du mein Klagen
Dort jenseits des Meeres? Begreifst du mein Leid
Und kennst du das Ausmaß meiner Geduld?

Gibt es vielleicht einen Geist, der über die Luft
Dir den Atem des sterbenden Jünglings zuträgt?
Gibt es unter den Engeln geheime Boten,
Die dir mein Klagen kundtun?

Wo bist du, mein schöner Stern? Die dunkle Seite des
Lebens
Hat mich zu Boden geworfen, und Trauer hat mich
ergriffen.
Überlaß dein Lächeln der Luft; es wird mich erreichen und
beleben;
Hauche deinen Atem in die Luft; er wird mich aufrecht
halten.

Wo bist du, Geliebte?
O, wie groß ist die Liebe,
Und wie gering bin ich!

Inmitten der Ruinen

Die zarten Schleier des Mondlichts lagen über den Gärten von Baalbek, und überall herrschte tiefe Stille.

Die drohend aufragenden Ruinen der Paläste glichen lauernden Ungeheuern. Auf einer umgestürzten Marmorsäule saßen zwei Phantome, die wie Nebelschwaden aus dem See aufgetaucht waren. Während sie den mysteriösen Schauplatz betrachteten, begann die eine Erscheinung mit echoartiger Stimme zu sprechen:

»Dies sind die Überreste des Tempels, den ich für dich errichtete, meine Geliebte, und dies ist der Schutt eines Palastes, den ich dir zur Freude erbauen ließ. Nicht mehr blieb davon übrig, um den Völkern von dem Ruhm zu künden, dem ich mein Leben weihte, und von dem Prunk, um dessentwillen ich die Schwachen ausbeutete. Denke und sinne über die Elemente nach, die über meine Stadt triumphierten, meine Geliebte, und über die Zeit, die auf diese Weise meine Bemühungen zunichte machte.

Vergessen hat das Reich, das ich erbaute, ausgelöscht, und nichts ist übriggeblieben außer der Liebe, die deine Schönheit erschaffen hat, und der Wirkung der Schönheit, zu der deine Liebe den Anstoß gab.

Zu Jerusalem erbaute ich einen Tempel, und die Priester weihten ihn, doch die Zeit hat ihn zerstört. Aber der Altar, den ich der Liebe in meinem Herzen errichtete, wurde von Gott gesegnet und gegen die Mächte der Vernichtung aufrechterhalten.

Die Menschen sagten über mich: ›Welch weiser König er doch ist‹, aber die Engel sprachen: ›Wie gering ist seine Weisheit.‹ – Die Engel freuten sich, als ich dich fand, meine Geliebte, und als ich für dich das Lied der Liebe und der Sehnsucht sang; doch die Menschen hörten keinen Ton von meinem Gesang …

Die Tage meiner Herrschaft schränkten mein Verständnis für Liebe und für die Schönheit des Lebens ein, doch als ich dich erblickte, erwachte die Liebe und zerstörte diese Schranken. Ich beklagte das Leben, das ich bisher geführt hatte und in welchem ich alles unter der Sonne für eitel hielt.

Als mich die Liebe erleuchtete, wurde ich demütig, sowohl den Stämmen gegenüber, die meine Gewalt gefürchtet hatten, als auch vor meinem eigenen Volk.

Und als der Tod herbeikam, vergrub er meine tödlichen Waffen in der Erde und führte meine Liebe zu Gott hin.«

Die zweite Erscheinung erwiderte darauf »Die Seele schöpft ihre Weisheit und Stärke aus den Irrtümern der Materie, so wie die Blume Leben und Duft aus der Erde bezieht.«

Und während die beiden Erscheinungen verschmolzen und dann entschwanden, sprachen sie gemeinsam:

»Nur in der Ewigkeit vermag die Liebe zu bestehen, denn sie gleicht der Ewigkeit.«

Traurige Betrachtungen

Das Schicksal erfaßte mich aufgrund des schmerzhaften Verlaufs der engstirnigen modernen Zivilisation, es riß mich aus den Armen der Natur mit ihren kühlen grünen Bäumen und stellte mich unter die schweren Tritte der Menschenmassen, wo ich als jämmerliche Beute den Drangsalen der Stadt anheimfiel.

Niemals ward einem Kind Gottes eine strengere Bestrafung zuteil; keiner, der einen Grashalm dieser Erde mit solcher Inbrunst liebt, daß es jede Faser seines Seins erschüttert, erlitt eine derart grausame Verbannung; und keine Haft, die jemals einem Verbrecher auferlegt wurde, gleicht der Not meiner Gefangenschaft, denn die engen Wände meines Kerkers zerquetschen mein Herz.

Wir mögen vielleicht mehr Gold als die Landbewohner besitzen, doch diese sind unermeßlich reicher an der Fülle wahren Seins. Wir säen viel, doch wir ernten nichts; sie aber ernten die herrlichen Gaben, welche die Natur den geliebten Kindern Gottes zugedacht hat. Wir betreiben mit großer Schläue unsere Tauschgeschäfte, sie nehmen das, was die Natur hervorbringt, in Rechtschaffenheit und Frieden an. Wir schlafen unruhig und sehen die Schatten des kommenden Morgens; sie schlafen wie die Kinder an der Brust der Mutter und wissen, daß ihnen die Natur ihre gewohnten Gaben niemals verweigern wird.

Wir sind die Sklaven des Profits, sie sind die Meister der Zufriedenheit. Wir trinken Bitterkeit, Verzweiflung, Furcht und Überdruß aus dem Kelch des Lebens, sie genießen den reinen Nektar aus Gottes Segnungen.

O Spender der Gnaden, der du vor mir verborgen bist hinter diesen Bauwerken der Menge, die nichts als Götzen- und Trugbilder sind, höre die angstvollen Schreie meiner gefangenen Seele! Vernimm die Marterrufe meines berstenden Herzens! Hab Mitleid und bring dein verirrtes Kind zurück zu den Bergen, die deine Bauwerke sind!

Der Schrei der Gräber

Erster Teil

Der Emir betrat den Gerichtssaal und nahm auf dem Stuhl des Vorsitzenden Platz. Zu seiner Rechten und zur Linken saßen seine Berater. Die mit Schwertern und Speeren bewaffnete Wache stand in strammer Haltung, und die Leute, die dem Prozeß beiwohnten, verneigten sich ehrfurchtsvoll vor dem Emir, der eine solche Fülle von Macht ausstrahlte, daß er das Volk in Angst und Schrecken versetzte. Als die Gerichtsverhandlung beginnen sollte, hob der Emir die Hand und rief: »Bringt die Verbrecher einzeln herein und sagt mir, wessen sie beschuldigt werden.« Das Gefängnistor öffnete sich wie das Maul einer gähnenden Bestie, und zugleich mit dem Wehklagen der Gefangenen war aus den dunklen Winkeln des Kerkers das Rasseln von Ketten zu vernehmen. Die Zuschauer warteten voll Spannung darauf, die Todgeweihten aus den Tiefen dieser Hölle treten zu sehen. Und bald schon führten zwei Soldaten einen jungen Mann herein, dem die Hände auf den Rücken gebunden waren. Sein ernstes Antlitz zeigte den Ausdruck vornehmer Gesinnung und innerer Stärke. Die Soldaten stellten ihn mitten in den Gerichtssaal und traten einige Schritte zur Seite. Streng blickte der Emir den Jüngling an und fragte: »Welches Verbrechen hat dieser junge Mann, der so stolz und siegesbewußt vor mir steht, begangen?« »Er ist ein Mörder«, antwortete einer der Richter. »Gestern erschlug er einen von Euren Offizieren, der in wichtiger Mission in der Umgebung unterwegs war; als er verhaftet wurde, hatte er noch das blutige Schwert in der Hand.« Zornig rief der Emir: »Bringt diesen Mann ins Gefängnis zurück und fesselt ihn mit schweren Ketten; und bei Tagesanbruch soll ihm mit seinem eigenen Schwert der Kopf abgeschlagen werden! Seinen Leichnam werft in den Wald; die wilden Tiere mögen sein Fleisch fressen, und der Wind soll seinen Geruch zur Erinnerung in die Nasen seiner Familie und seiner Freunde tragen.« Der Jüngling wurde in den Kerker zurückgebracht, und das Volk blickte ihm mit traurigen Augen nach, denn er stand in der Blüte seines Lebens.

Als die Soldaten zurückkamen, führten sie eine junge Frau von großer Anmut und zerbrechlicher Schönheit herein. Auf ihrem blassen Gesicht konnte man die Zeichen von Demütigung und Enttäuschung wahrnehmen. Sie hatte Tränen in den Augen, und ihr Haupt war von der Last des Kummers tief gebeugt. Nachdem er sie durchdringend angeblickt hatte, rief der Emir aus: »Und diese ausgezehrte Frau, die wie ein Schatten dasteht, was hat sie getan?« »Sie ist eine Ehebrecherin«, antwortete einer der Soldaten. »In der vergangenen Nacht hat sie ihr Mann in den Armen eines anderen ertappt. Der Liebhaber floh, und der Ehemann übergab sie dem Gesetz.« Während der Emir die Frau betrachtete, zeigte ihr Gesicht keinerlei Regung. Schließlich befahl er: »Bringt sie in ihre Zelle zurück und werft sie auf ein Bett voll Dornen! Da soll sie sich an den Platz erinnern, den sie mit ihrem Fehltritt besudelt hat. Danach gebt ihr Essig zu trinken, der mit Gallapfelsaft gemischt ist; dabei möge sie an den Geschmack süßer Küsse denken. In der Dämmerung schleppt sie dann nackt aus der Stadt und steinigt sie. Laßt die Wölfe ihr zartes Fleisch genießen und die Würmer ihr Gebein durchlöchern.« Während sie in ihre Zelle zurückwankte, sahen sie die Leute mitleidig und verwundert an, denn sie waren über den Urteilsspruch des Emirs überrascht und bedauerten das Schicksal dieser Frau.

Als nächsten Angeklagten brachten die Soldaten einen jämmerlich aussehenden Mann herein, dessen Knie zitterten wie ein junger Baum im Nordwind. Kraftlos, kränklich und eingeschüchtert blickte er vor sich hin; er war bemitleidenswert und bot ein Bild des Jammers. Angeekelt sah ihn der Emir an und fragte: »Und dieser schmutzige Mensch, der einem Toten unter Lebenden gleicht, was hat er verbrochen?« Und der Wächter antwortete: »Er ist ein Dieb, der ins Kloster eingedrungen ist und die heiligen Gefäße gestohlen hat. Ein Priester entdeckte sie unter seinem Mantel, als man ihn festnahm.«

Wie ein hungriger Adler, der einen Vogel mit gebrochenen

Flügeln erspäht hat, faßte ihn der Emir ins Auge und befahl: »Werft ihn wieder in den Kerker und fesselt ihn! Und wenn es dämmert, führt ihn zu einem hohen Baum und hängt ihn zwischen Himmel und Erde auf; seine sündigen Hände sollen absterben und die übrigen Teile seines Körpers in Staub zerfallen und vom Wind verstreut werden.« Der Dieb schwankte in die Tiefen des Gefängnisses zurück, und die Leute flüsterten: »Wie kann ein so schwacher und ketzerischer Mann es wagen, die heiligen Gefäße des Klosters zu stehlen?«

Sodann vertagte sich das Gericht. Der Emir und seine Berater gingen aus dem Saal, und die Soldaten begleiteten sie. Die Zuschauer entfernten sich ebenfalls, und man vernahm nur noch das Wehklagen und Jammern der Gefangenen.

Während all dies geschah, kam ich mir wie ein Spiegel vor, an dem ein Geisterzug vorüberzieht. Ich dachte über die Gesetze nach, die Menschen für Menschen ersannen; ich machte mir Gedanken über das, was ›Gerechtigkeit‹ genannt wird, und verfiel in tiefes Sinnen über die Geheimnisse des Lebens. Ich versuchte, die Bedeutung des Universums zu begreifen, verlor mich in meinen Gedanken und glich dem hinter Wolken verschwindenden Horizont. Als ich schließlich den Ort des Geschehens verließ, sprach ich zu mir: »Die Pflanzen nehmen aus der Erde die Nährstoffe auf, und das Schaf frißt sie dann; der Wolf wiederum frißt das Schaf, und der Stier tötet den Wolf; der Löwe reißt den Stier und wird selbst letztendlich vom Tod geschlagen. Gibt es eine Macht, die den Tod besiegt und diesen Gewalttätigkeiten zu einer ewig gültigen Gerechtigkeit verhilft? Welche Kraft vermag all diese häßlichen Dinge in schöne zu verwandeln? Welche Macht kann alle Bestandteile des Lebens mit den Händen ergreifen und sie freudig an sich ziehen, so wie die See alle Flüsse umarmt und in ihre Tiefen eingehen läßt? Gibt es eine Kraft, die sowohl den Mörder als auch den Ermordeten, die Ehebrecherin und den Betrogenen, den Räuber und den Beraubten festnehmen kann, um sie dann alle vor ein Gericht zu führen, das eine höhere Gewalt darstellt als die des Emirs?«

Zweiter Teil

Ich verließ die Stadt am nächsten Tag und ging auf die Felder hinaus, wo die Stille der Seele das offenbart, wonach sich der Geist sehnt, und wo der klare Himmel den Keim der Verzweiflung erstickt, welcher innerhalb der Stadt in den engen Straßen und auf den dunklen Plätzen genährt wird. Als ich das Tal erreicht hatte, nahm ich zahllose Krähen und Geier wahr, die auf- und niederstiegen und die Luft mit ihrem Gekrächze und Geflatter erfüllten. Ich ging weiter und erblickte vor mir den Leichnam eines Mannes, der hoch oben in einem Baum hing, den nackten Körper einer Frau inmitten einer Menge Steine und den Rumpf eines Jünglings, dem man den Kopf abgeschlagen hatte und dessen Blut die Erde tränkte. Dieser Anblick hatte zur Folge, daß sich ein dunkler Trauerschleier vor meine Augen legte. Ich blickte mich um, doch ich sah überall nur das Gespenst des Todes neben diesen grausigen Überresten stehen. Nichts als das klagende Nicht-Sein war zu hören; sowie die krächzenden Krähen, die über den Opfern der menschlichen Gesetze schwebten. Drei Menschen, die sich gestern noch im Schoße des Lebens geborgen fühlten, waren nun die Beute des Todes geworden, da sie die Vorschriften der menschlichen Gemeinschaft mißachtet hatten. Wenn ein Mann einen anderen totet, nennt man ihn einen Mörder, doch wenn der Emir ihm das Leben nimmt, dann ist der Emir gerecht. Wenn ein Mann ein Kloster beraubt, wird er als Dieb bezeichnet, doch wenn ihm der Emir das Leben wegnimmt, dann ist der Emir ein ehrenwerter Mann. Wenn eine Frau ihren Gatten betrügt, heißt man sie eine Ehebrecherin; doch wenn sie auf Befehl des Emirs nackt durch die Straßen gehen muß, um danach gesteinigt zu werden, dann ist der Emir edelmütig. Alles Blutvergießen ist verboten, doch wer hat es dem Emir gestattet? Jemandem Geld zu stehlen, ist ein Verbrechen, doch jemandem das Leben zu nehmen, ist eine edle Tat. Ehebruch wird als häßlich erachtet, doch die Steinigung einer lebendigen Seele gilt als schöner Anblick. Sollen wir wirklich Böses mit Bösem vergelten und das dann ›Gesetz‹ nennen? Sollen wir Betrug mit noch größerem Betrug bekämpfen und dies ›Recht und Ordnung‹ heißen? Sollen wir Verbrechen mit noch mehr Verbrechen sühnen und dies als ›Gerechtigkeit‹ erachten? Hat der Emir noch nie einen Feind getötet? Hat er seinen schwachen Untertanen niemals ihr Geld oder ihren Besitz weggenommen? Hat er noch keinen Ehebruch begangen? War er unfehlbar, als er den Mörder töten, den Dieb aufhängen und die Ehebrecherin steinigen ließ? Wer sind diejenigen, die den Dieb an den Baum hängten? Sind es vom Himmel herabgestiegene Engel oder Plünderer und Verschwörer? Wer war es, der den Mörder enthauptete? Propheten oder Soldaten, die Blut vergießen, wo immer sie sind? Wer steinigte die Ehebrecherin? Tugendsame Einsiedler, die aus ihrer Klause kamen, oder Menschen, die unter dem Schutz des unwissenden Gesetzes mit Freuden Greueltaten begehen? Wie ist dieses Gesetz beschaffen? Wer hat es gemeinsam mit der Sonne aus des Himmels Tiefen kommen sehen? Welches menschliche Wesen hat in Gottes Herz geblickt und darin seinen Willen und sein Ziel entdeckt? In welchem Jahrhundert wandelten die Engel unter den Menschen und predigten: »Verbietet den Schwachen ein Leben in Freude, tötet die Geächteten mit dem scharfen Schwert und tretet mit eisernem Fuß auf die Sünder«? Während ich meinen Geist auf diese Weise marterte, vernahm ich im Gras das Rascheln von Schritten. Ich wurde aufmerksam und sah eine junge Frau hinter den Bäumen hervortreten. Vorsichtig blickte sie sich um, bevor sie zu den drei Leichen hinging. Als sie das abgetrennte Haupt des Jünglings sah, schrie sie laut auf, kniete nieder und umarmte es zitternd. Dann begann sie zu weinen und streichelte das blutverschmierte gelockte Haar; sie schluchzte und schrie mit herzzerreißender Stimme. Als sie den Anblick nicht länger ertragen konnte, zog sie den toten Körper in einen Graben, legte ihm das abgeschlagene Haupt sanft zwischen die Schultern und bedeckte alles mit Erde. Auf das Grab steckte sie jenes Schwert, mit dem der Jüngling geköpft worden war.

Sie wollte gerade gehen, als ich vortrat. Erschrocken starrte sie mich mit Tränen in den Augen an. Dann seufzte sie: »Bringt mich zum Emir, wenn Ihr wollt. Für mich ist es besser, zu sterben und dem zu folgen, der mein Leben vor Schande bewahrt hat, als seinen Leichnam den wilden Tieren zu überlassen.« »Hab keine Angst vor mir, armes Mädchen«, erwiderte ich, »diesen Jüngling habe ich schon vor dir beweint. Doch sage mir, auf welche Weise rettete er dich vor Schande?« Mit matter Stimme erzählte sie: »Ein Offizier des Emirs kam auf unseren Hof, um Steuern einzutreiben. Als er mich sah, schaute er mich an wie der Wolf das Lamm. Er belegte meinen Vater mit einer so hohen Steuer, daß nicht einmal ein reicher Mann diese Summe hätte bezahlen können. Daraufhin verhaftete er mich und wollte mich zum Emir bringen als Ersatz für das Gold, das mein Vater nicht aufbringen konnte. Ich bat den Offizier, mich zu verschonen, doch er kannte kein Erbarmen. Da rief ich um Hilfe, und dieser junge Mann, der nun tot ist, kam, um mich vor dem lebendigen Tod zu erretten. Der Offizier versuchte ihn zu töten, doch mein Retter ergriff ein altes Schwert, das an der Hausmauer hing, und erschlug ihn. Er lief aber nicht wie ein Verbrecher davon, sondern blieb neben dem Toten stehen, bis die Hüter des Gesetzes kamen und ihn in Verwahrung nahmen.« Nach diesen Worten, die ein jedes menschliche Herz gerührt hätten, wandte sie sich um und ging.

Eine Weile danach sah ich einen Jüngling herankommen, der sein Gesicht verborgen hielt. Er ging zum Leichnam der Ehebrecherin hin, breitete seinen Mantel über ihren nackten Körper, hob eine Grube aus und legte die tote junge Frau mit Fürsorge und Zärtlichkeit hinein. Dann bedeckte er sie mit Erde und ließ seine Tränen darauf fließen. Schließlich pflückte er ein paar Blumen und legte sie voll Ehrerbietung auf das Grab. Er wollte schon gehen, als ich ihn anhielt und fragte: »Was verbindet dich mit dieser Ehebrecherin? Was veranlaßt dich, dein Leben aufs Spiel zu setzen, indem du hierher kommst und den nackten Körper dieser Frau vor den wilden Tieren schützt?« In seinen Augen stand sein ganzes Leid geschrieben, als er mich ansah und antwortete: »Ich bin der unglückliche Mann, wegen dessen Liebe sie gesteinigt wurde. Wir liebten uns seit unserer Kindheit und wuchsen zusammen auf. Die Liebe, der wir in ehrenhafter Weise dienten, war die Gottheit unserer Herzen. Sie verband uns und umfing unsere Seelen. Eines Tages war ich von der Stadt abwesend, und als ich zurückkam, erfuhr ich, daß der Vater meiner Geliebten sie einem Manne versprochen hatte, dem sie nicht zugetan war. Mein Leben wurde nun ein immerwährender Kampf, und meine Tage wandelten sich in eine einzige lange, dunkle Nacht. Ich versuchte, mein Herz zu besänftigen, doch es blieb ruhelos. Schließlich trafen wir uns heimlich. Meine Absicht war es, nur einen Blick ihrer schönen Augen zu erhaschen und den lieblichen Klang ihrer Stimme zu vernehmen. Ich traf sie in ihrem Haus allein an, und sie klagte über ihr unglückliches Schicksal. Ich setzte mich zu ihr, und die Stille war unsere Unterhaltung und die Tugend unsere Gesellschaft. Eine Stunde vollkommenen Einverständnisses verging, als plötzlich ihr Mann das Haus betrat. Ich warnte ihn, sie anzufassen, doch er packte sie mit beiden Händen, schleppte sie auf die Straße und schrie: »Kommt alle her und seht die Ehebrecherin und ihren Liebhaber!« Alle Nachbarn eilten herbei, und später kam auch der Vertreter des Gesetzes und führte mich vor den Emir; doch die Soldaten rührten mich nicht an. Und so bestrafte das unkundige und unsicher gehandhabte Gesetz die Frau für das Vergehen ihres Vaters und begnadigte den Mann.«

Nach diesen Worten machte sich der Jüngling auf den Weg in die Stadt, während ich zurückblieb und den Leichnam des Diebes betrachtete, der noch am Baum oben hing und sachte hin und her baumelte, sobald der Wind durch die Äste fuhr. Es war, als wartete er auf jemanden, der ihn abnehmen und auf die Erde neben den Verteidiger der Ehre und die Märtyrerin der Liebe legen würde. Etwa eine Stunde später tauchte eine gebrechliche, niedergeschlagen wirkende Frau auf. Weinend stellte sie sich vor den Erhängten und betete in tiefer Ergriffenheit. Dann kletterte sie auf den Baum und biß mit ihren Zähnen so lange auf den Strick, bis er zerriß und der Tote zu Boden fiel. Die Frau stieg vom Baum herab, schaufelte ein Grab und legte den Dieb neben die beiden anderen Opfer. Sie bedeckte ihn mit Erde und fertigte aus zwei Holzlatten ein Kreuz, das sie an das Kopfende des Grabes steckte. Schon wollte sie ebenfalls in die Stadt zurückgehen, als ich vortrat und fragte: »Was hat dich veranlaßt, hierher zu kommen und diesen Dieb zu begraben?« Voll Trauer blickte sie mich an und sprach: »Er ist mein treuer Mann und guter Kamerad; er ist der Vater meiner fünf Kinder, die nun verhungern werden; das älteste ist acht Jahre, das jüngste noch ein Säugling. Mein Mann war kein Dieb, sondern ein Bauer, der auf den Ländereien des Klosters arbeitete. Wir bestritten unser Auskommen von dem wenigen, das ihm die Mönche gaben, wenn er abends nach Hause ging. Von Jugend an arbeitete er für sie, doch als er krank wurde, entließen sie ihn und gaben ihm den Rat, zu Hause zu bleiben, bis seine Kinder alt genug waren, um seine Stelle einzunehmen. Er bat sie im Namen Jesu und aller Engel im Himmel, bleiben zu dürfen, doch sie nahmen von seiner Bitte keinerlei Notiz. Sie hatten weder mit ihm noch mit seinen Kindern Mitleid, die hilflos nach Nahrung weinten. Er ging in die Stadt und suchte Arbeit, doch es war vergebens, denn die reichen Leute geben nur den Starken und Gesunden eine Beschäftigung. Da setzte er sich an den Straßenrand in den Staub und streckte den Vorübergehenden die Hand entgegen, bettelte und erzählte immerzu die traurige Geschichte seines vertanen Lebens. Er hungerte und litt unter der Demütigung, doch die Menschen ließen ihm keine Hilfe zukommen. Sie sagten, solch faules Volk verdiene keine Almosen. Eines Nachts hatten unsere Kinder wieder entsetzlichen Hunger, besonders das Jüngste, dem ich keine Milch mehr geben konnte. Damals änderte sich die Einstellung meines Mannes: Im Schutz der Nacht verließ er das Haus, brach in die Vorratskammern des Klosters ein und nahm ein Bund Weizen mit. Als er schon im Begriff war zu gehen, erwachten die Mönche. Sie nahmen ihn fest und schlugen ihn ohne Erbarmen nieder. Im Morgengrauen brachten sie ihn vor den Emir und bezichtigten ihn, die goldenen Altargefäße gestohlen zu haben. Er wurde eingesperrt und am nächsten Tag gehängt, obwohl er nur die hungrigen Mägen seiner Kinder mit dem sättigen wollte, was er selbst gesät und geerntet hatte. Doch der Emir ließ ihn töten und benutzte sein Fleisch dazu, die Mägen der Vögel und der wilden Tiere zu füttern.« Nach diesen Worten machte sie sich auf den Weg, und ich blieb allein zurück.

Da stand ich also vor den Gräbern wie ein Redner, der bei dem Versuch, etwas Erhebendes zu sagen, keine Worte findet. Ich war sprachlos, und meine Tränen traten an die Stelle der Worte und sprachen das aus, was meine Seele empfand. Mein Geist begehrte auf, sobald ich nachzudenken versuchte, denn die Seele gleicht einer Blume, die beim Einbruch der Dunkelheit ihre Kelche schließt und ihren Duft nicht in die Nacht verströmt. Ich hatte das Gefühl, als würde die Erde, welche die Opfer der Unterdrückung an diesem einsamen Orte in sich barg, meine Ohren mit den Klagen der leidenden Seelen füllen und mich zum Reden veranlassen. Ich suchte Zuflucht in der Stille und hoffte, ihre Offenbarungen zu verstehen und dadurch Gott so nahe zu kommen wie die Blumen im Tale. Wenn die Flammen meiner seufzenden Seele die Bäume erreicht hätten, wären diese von ihrem Platz gewichen und wie eine starke Armee voranmarschiert, um mit ihren Ästen gegen den Emir zu kämpfen und das Kloster jener Priester und Mönche niederzureißen. Ich stand da und fühlte, wie das süße Gefühl des Erbarmens und die Bitterkeit des Leids sich aus meinem Herzen auf die Gräber ergossen: Auf das frisch geschaufelte Grab eines jungen Mannes, der sein Leben opferte, um ein schwaches Mädchen zu beschützen und dessen Ehre vor den Klauen und Zähnen eines wüsten Menschen zu bewahren. Dieser junge Mann wurde wegen seines Mutes enthauptet, und das Schwert, das die von ihm Gerettete auf sein Grab legte, wurde zum Sinnbild für Heldentum vor dem Angesicht der Sonne, die auf ein Reich der Dummheit und des Betruges scheint. Meine Gefühle fluteten ebenso über das Grab einer jungen Frau, deren Herz von der Liebe entflammt war, ehe ihr Körper von der Begierde heimgesucht, von der Lüsternheit beschlagnahmt und von einem Tyrannen gesteinigt wurde ... Bis in den Tod erhielt sie sich ihren Glauben, und der, den sie liebte, legte Blumen auf ihr Grab, die mit ihren welken Blättern von jenen Seelen erzählen, welche die Liebe erwählt und gesegnet hatte unter Menschen, die von irdischen Gütern geblendet waren und vor Dummheit nichts sagen konnten. Schließlich war da noch das Grab jenes unglücklichen Mannes, der von der schweren Arbeit auf den Feldern des Klosters krank geworden war, bei den Mönchen um Brot für seine Kinder bat und zurückgewiesen wurde. Er mußte betteln gehen, doch keiner hatte Mitleid mit ihm. Diese Mißachtung veranlaßte ihn dazu, einen kleinen Teil des Korns, das er selbst gesät und geschnitten hatte, an sich zu nehmen; deshalb wurde er verhaftet und getötet. Seine arme Witwe stellte ein Kreuz auf sein Grab, auf daß es als Zeuge von den Sternen des Himmels in der stillen Nacht die Priester anklagen sollte, welche die Lehre Christi in scharfe Schwerter umwandeln und dem Volk damit die Köpfe abschneiden sowie die Leiber der Schwachen in Stücke zerteilen. Die Sonne tauchte am Horizont unter, als wäre sie der Probleme in dieser Welt müde geworden und hätte die Unterdrückung der Menschen satt. In diesem Augenblick begann der Abend, aus der Stille einen zarten Schleier zu weben und ihn über der Natur auszubreiten. Ich streckte meinen Arm zu den Gräbern hin, deutete auf ihre Symbole, blickte zum Himmel empor und rief: »O Tapferkeit, es ist dein Schwert, das jetzt in der Erde steckt! O Liebe, es sind deine Blumen, die vom Feuer verbrannt werden! O Herr Jesus, es ist dein Kreuz, das von der dunklen Nacht überwältigt wird!«

Der Palast und die Hütte

Erster Teil

Als es Nacht wurde und im Palast die Lichter glänzten, standen die Diener in ihren Samtlivreen am Hauptportal und warteten auf das Eintreffen der Gäste.

Im Park fuhren prächtige Kutschen vor, und die vornehmen Herrschaften stiegen aus. Sie trugen herrliche Kleider und hatten sich mit Juwelen geschmückt. Liebliche Musik ertönte, und alle tanzten zu den Klängen der Instrumente. Gegen Mitternacht wurden an einer mit allen Arten von Blumen geschmückten Tafel die feinsten und schmackhaftesten Speisen gereicht. Die Gäste aßen und tranken im Überfluß, bis der Wein seine Wirkung zu zeigen begann. Bei Tagesanbruch zerstreute sich die ausgelassene Gesellschaft, denn sie hatte eine lange Nacht hinter sich und eilte nun erschöpft heim, um sich während des Tages einem unnatürlichen Schlaf hinzugeben.

Zweiter Teil

Am Abend stand ein Mann in Arbeitskleidern vor der Tür seines kleinen Hauses. Er klopfte, und als ihm aufgemacht wurde, trat er ein und begrüßte liebevoll seine Familie, die ihn erwartet hatte. Dann begab er sich mit den Kindern an die Feuerstelle und spielte mit ihnen. Als seine Frau das Abendessen zubereitet hatte, setzten sich alle an den Tisch und aßen. Danach besprachen sie im Schein der Öllampe die Geschehnisse des Tages, und als es Nacht wurde, legten sie sich schlafen und überließen sich dem Schlummer mit einem Lobgesang und einem Gebet auf den Lippen.

Freude und Leid

Ich würde meines Herzens Lachen nicht für ein Vermögen tauschen; es wäre mir nicht recht, wenn sich das Weinen, das durch Selbstmitleid entsteht, in beschauliche Ruhe wandeln würde. Ich hoffe mit Inbrunst, daß es in meinem irdischen Dasein stets Weinen und Lachen gibt.

Das Weinen, das mir das Herz reinigt und des Lebens Geheimnis und seine Wunder enthüllt,

Das Lachen, das mich den Mitmenschen näherbringt!

Das Weinen, durch das ich mich denen zugeselle, die an gebrochenem Herzen leiden,

Das Lachen, das ich als Sinnbild der Freude an meinem wahren Dasein betrachte.

Ich ziehe den glücklichen Tod einem verzweifelten, nutzlosen Leben tausendmal vor.

Mein Streben gleicht einem ewigen Hunger nach Liebe und Schönheit. Ich weiß nun, daß die, welche nur irdische Güter besitzen, unglücklich sind. Meine Seele empfindet die Seufzer der Liebenden einschmeichelnder als die Klänge der Lyra.

Sobald die Nacht einbricht, faltet die Blume ihren Kelch und schlummert mit der Liebe ein, und wenn der Morgen naht, tun ihre Lippen sich auf, um den Kuß der Sonne zu empfangen, an der die schnellen Wolken, kommend und gehend, vorübereilen.

Das Leben der Blumen besteht aus Erwartung, Erfüllung und Frieden; aus Weinen und Lachen.

Das Wasser verdunstet und steigt nach oben; es bildet Wolken, die über den Hügeln und Tälern sich sammeln; und wenn die Wolke dann auf den Wind trifft, fällt sie hinab auf die Felder und verschmilzt mit dem Bach, der singend zum Meer hin fließt.

Das Leben der Wolken ist ein Abschied und ein Wiederfinden; ein Weinen und Lachen. Ebenso wird der Geist vom Körper getrennt und geht in die Welt der Materie ein; er eilt wie die Wolken über die Täler der Trauer und über die Berge des Glücks, bis er den Windhauch des Todes trifft und dorthin zurückkehrt, von wo er gekommen: vom endlosen Meer der Liebe und Schönheit, in dem sich Gott offenbart.

Die Bühne des Lebens

Eine Stunde nur, die dem Streben nach Schönheit und Liebe
Geweiht ist, wiegt mehr als ein ganzes Jahrhundert an Ruhm,
Das der Schwache in seinem Schrecken dem Starken darbringt.

Dieser Stunde entstammt die Wahrheit des Menschen;
Aber in diesem Jahrhundert schläft sie
In den ruh'losen Armen verwirrender Träume.

In dieser Stunde erfaßt die Seele das Gesetz der Natur,
Aber in diesem Jahrhundert nimmt sie sich selbst
In Gewahrsam vor den Gesetzen des Menschen
Und wird mit den Ketten der Tyrannei gebunden.

Diese Stunde schenkte uns Salomos Lieder,
Doch dieses Jahrhundert die blinde Wut,
Die Baalbek Tempel zerstörte.

Diese Stunde gab uns die Bergpredigt,
Doch dieses Jahrhundert legte Palmyras Paläste
Und Babylons Turm in Schutt und Asche.

In dieser Stunde gelang Mohammeds Flucht,
Doch dieses Jahrhundert vergaß Allah, Golgatha und den Sinai.
Die eine Stunde, die den Verlust des gleichen Rechts
Für die Schwachen beklagt, ist mehr wert
Als ein Jahrhundert des Neids und der Versklavung.

Es ist diese Stunde, in der das Herz
Durch die Flamme des Leids gereinigt
Und von der Fackel der Liebe erhellt wird.
Doch in jenem Jahrhundert wird alle Hoffnung
Auf Wahrheit im Schoß der Erde begraben.

Diese Stunde bedeutet die Wurzel
Der Pflanze, die blühen muß,
Ist die Zeit des Sinnens, Denkens und Betens
Und einer neuen Epoche des Heils.
Doch dieses Jahrhundert gleicht Neros Leben:
Es wird in Eigennutz und in Selbstsucht verbracht,
Die nur aus irdischen Stoffen gemacht sind.

So ist das Leben,
Dargestellt auf der Bühne der Zeit,
Auf irdische Art über Jahrhunderte festgelegt.
Es lebte jahrelang in der Fremde
Und wurde als Loblied der Tage gesungen.
Gepriesen aber wurde nur eine Stunde,
Und diese wird von der Ewigkeit
Wie ein Juwel aufbewahrt.

Zwei Wünsche

In der Stille der Nacht stieg der Tod, von Gott gesandt, auf die Erde herab. Er flog über eine Stadt und durchdrang mit seinen Blicken die Mauern der Häuser. Er sah, wie sich die Seelen auf den Schwingen der Träume wiegten und wie sich die Menschen der Barmherzigkeit des Schlafes überließen.

Als der Mond am Horizont unterging und die Stadt im Dunkel lag, wandelte der Tod still zwischen den Häusern umher und achtete darauf, nichts zu berühren. Schließlich gelangte er an einen Palast, betrat ihn durch das verriegelte Portal und stellte sich an das Bett des reichen Mannes. Als er seine Stirn berührte, öffnete der Schlafende die Augen und erschrak heftig.

Er sah die Erscheinung des Todes, und mit einer Stimme, die zwischen Angst und Ärger schwankte, rief er: »Geh weg, schreckliches Traumgebilde! Verlaß mich, furchtbares Gespenst! Wer bist du? Wie kamst du hier herein? Was willst du? Geh schleunigst fort, denn ich bin der Herr dieses Hauses und werde meine Diener und Wachen rufen, damit sie dich töten!«

Mit sanfter Stimme, die jedoch wie ferner Donner grollte, sprach der Tod: »Ich bin der Tod. Steh auf und folge mir!«

»Was willst du?« rief der Reiche, »weshalb bist du hierhergekommen, wo ich doch meine Geschäfte noch nicht erledigt habe? Was willst du von einem so mächtigen Mann, wie ich es bin? Geh zu einem Schwachen und nimm ihn mit!

Ich verabscheue den Anblick deiner blutigen Klauen und deiner hohlen Wangen, und meine Augen schmerzen mich, wenn ich deine schrecklichen Schwingen und deine knöcherne Gestalt anblicke.«

Bald aber hatte er den Ernst der Lage erfaßt und sagte begütigend: »Nein, gnädiger Tod! Achte nicht auf meine Worte, denn nur aus Angst habe ich ausgesprochen, was das Herz zu sagen verbietet.

Nimm einen Scheffel meines Goldes oder eine Anzahl Sklavenseelen, aber geh wieder fort! Ich habe mit dem Leben noch Rechnungen zu begleichen, die mein Bleiben erfordern. Ich habe noch Anspruch auf eine Menge Gold, meine Schiffe sind noch nicht im Hafen eingelaufen, und mein Weizen ist noch nicht geerntet. Nimm alles, was du willst, aber schone mein Leben! O Tod, ich besitze einen Harem mit Frauen von übernatürlicher Schönheit; welche davon du dir auch erwählst, ich schenke sie dir. Und höre, Tod! Ich habe ein einziges Kind, einen Sohn, den ich zärtlich liebe, denn er ist die Wonne meines Lebens. Ich will ihn dir opfern für das höchste Gut, das ich dir geben kann – nimm ihn, aber verschone mich!«

»Du bist nicht reich, sondern zum Erbarmen arm«, sprach der Tod leise. Dann ergriff er die Hand dieses Dieners der irdischen Güter, entriß ihn der Wirklichkeit und übergab ihn den Engeln zur Läuterung.

Langsam ging der Tod weiter und erreichte die Wohnstätten der Armen. Er betrat die armseligste Hütte, die er finden konnte, und näherte sich einem Bett, auf dem ein unruhig schlafender Jüngling lag. Als der Tod seine Augen berührte, sprang der junge Mann auf, und da er erkannte, wer vor ihm stand, rief er mit freudiger Erwartung: »Hier bin ich, schöner Tod! Nimm meine Seele, denn du bist die Hoffnung meiner Träume. Erfülle sie und umarme mich, geliebter Tod! Du bist voll Erbarmen, verlasse mich nicht! Du bist der Bote Gottes, bringe mich zu ihm! Du bist der Wahrheit rechte Hand und das Herz der Güte, mißachte mich nicht!

Wie oft schon habe ich nach dir verlangt, doch du kamst nicht. Ich versuchte dich zu finden, aber du hast mich gemieden. Ich rief nach dir, doch du hörtest mich nicht. Nun aber hast du mich vernommen! Umarme meine Seele, geliebter Tod!«

Sanft legte der Tod seine Hand auf die bebenden Lippen des Jünglings, nahm alle Wesenheit von ihm ab und breitete seine Schwingen aus, um ihm sicheres Geleit zu geben. Und während er wieder zum Himmel aufstieg, schaute er zurück und flüsterte mahnend:

»Es kehren nur die zur Ewigkeit heim,
Die schon auf Erden die Ewigkeit suchen.«

Das Geschwätz

Schwatzhafte Menschen und ihr Gerede sind mir zuwider, und ich finde sie abscheulich.

In den Briefen und Zeitungen, die ich morgens lese, ist nur Klatsch zu finden, und alles, was mir dabei vor die Augen kommt, ist wertlos und erlogen.

Sobald ich mich setze, um meinen Kaffee zu trinken und die Schläfrigkeit zu vertreiben, tritt das Geschwätz vor mich hin: es springt herum und lärmt und nörgelt. Es scheut sich nicht einmal, sich an meinem Frühstück zu laben und meine Zigaretten zu rauchen.

Gehe ich zur Arbeit, folgt es mir. Es flüstert mir ins Ohr und kitzelt mein feinfühliges Gehirn. Versuche ich das Geschwätz loszuwerden, kichert es nur und kommt in einer Flut von nichtssagendem Gerede schnell wieder zurück.

Wenn ich einkaufen gehe, steht es am Eingang eines jeden Geschäfts und fällt sein Urteil über die Kunden. Selbst auf dem Gesicht friedsamer Menschen sehe ich es, denn es begleitet auch sie. Sie merken nichts von seiner Anwesenheit, doch es stört sie in ihrem Handeln. Ich setze mich zu einem Freund, das Geschwätz kommt ungebeten hinzu – und wir sind drei. Ich will mich ihm entziehen, doch es bringt es fertig, mir so nahe zu bleiben, daß der Klang seiner Stimme mich verwirrt und meinen Magen aufwühlt, als hätte ich verdorbenes Fleisch gegessen.

Besuche ich Gerichtsgebäude und Lehranstalten, finde ich das Geschwätz auch dort – samt seinen Eltern: der Falschheit, die in ein seidenes Gewand gehüllt ist, und der Heuchelei, die einen prachtvollen Umhang und einen herrlichen Turban trägt.

Zu meiner Überraschung entdecke ich das Geschwätz und seine Verwandtschaft auch in den Kontoren. Mit seinen wulstigen Lippen schnattert und plappert es, und seine Begleiter klatschen ihm Beifall und machen sich über mich lustig.

Wenn ich Tempel und Kirchen besuche – es ist schon da. Es sitzt auf einem Thron, trägt eine Krone und hält ein funkelndes Zepter in der Hand.

Komme ich abends heim, erwartet es mich auch schon hier. Es hängt von der Decke herunter wie eine Schlange; oder es kriecht wie eine Boa in den vier Ecken meines Hauses herum.

Kurz, das Geschwätz ist überall: in und über dem Himmel, auf und unter der Erde, im luftigen Äther und in der wogenden See, in den Wäldern und Höhlen und auf den Gipfeln der Berge.

Wo kann sich jemand, der die Stille und Ruhe liebt, von ihm erholen? Wird Gott je mit mir Mitleid haben und mir die Gnade der Taubheit gewähren, so daß ich im Paradies der Stille leben kann?

Gibt es auf dieser Welt einen Winkel, wohin ich gehen kann, um glücklich mit mir selbst zu leben?

Gibt es einen Ort ohne dieses leere Gerede?

Gibt es auf dieser Erde einen Menschen, der sich nicht selbst beweihräuchert, wenn er von sich spricht?

Gibt es unter allen Sterblichen einen einzigen, dessen Mund keinen Schlupfwinkel für schurkisches Geraune bietet?

Gäbe es nur eine Art von Geschwätz, wäre es noch zu ertragen. Doch es gibt eine Unzahl davon, und man könnte sie sogar in Gruppen einteilen.

In solche, die sich tagsüber im Sumpf auftun, aber des Nachts ans Ufer kommen, den Kopf aus dem Schlamm strecken und die Nacht mit ihrem gräßlichen Gequake durchdringen, daß die Ohren schmerzen.

Ferner gibt es jene, die zur Familie der Haarspalter gehören. Es sind diejenigen, die über unseren Köpfen schweben und aus reiner Bosheit und wildem Haß einen teuflischen Lärm entfachen.

Eine Sippschaft gibt es, deren Mitglieder Bier und Schnaps hinunterspülen, an Straßenecken herumlungern und lauter brüllen als ein Stier.

Wir bemerken außerdem eine sonderbare Gesellschaft, die ihre Zeit auf Friedhöfen verbringt und die Stille in ein Klagegeheul wandelt, das jammervoller klingt als das Schreien der Eule.

Dann gibt es noch eine Horde von Geschwätzigen, die das Leben für ein Stück Nutzholz halten, von dem sie sich ein Stück abschaben wollen. Während sie dies tun, entsteht ein Gekreisch, das häßlicher klingt als der Lärm einer Sägemühle.

Dieser Horde folgt eine Anzahl von Kreaturen, die mit Hämmern auf sich selbst einschlagen und dumpfe Töne erzeugen, die ärger dröhnen als die Trommeln des Urwalds. Solche Kreaturen werden von einer Partei unterstützt, deren Mitglieder nichts anderes zu tun haben, als sich hinzusetzen, wo immer es eine Gelegenheit hierzu gibt: Da kauen sie dann an ihren Worten herum, anstatt sie auszusprechen.

Zuweilen trifft man eine Ansammlung geschwätziger Leute, die es verstehen, aus nichts nichts zu machen; letztlich aber stehen sie nackt da.

Oft begegnen wir einer ganz besonderen Form von Schwätzern. Ihre Vertreter gleichen den Staren, halten sich jedoch selbst für Adler, sobald sie nur in der Strömung ihrer eigenen Worte schweben.

Und was ist mit denen, die wie Glocken läuten, um die Menschen zum Gebet zu sammeln, selbst aber niemals eine Kirche betreten?

Es gibt noch wesentlich mehr Sippen und Stämme von Geschwätzigen, doch es sind zu viele, um sie alle aufzuzählen. Die seltsamste Gruppe unter ihnen ist meiner Meinung nach diejenige, deren Mitglieder das All mit ihrem Schnarchen erschüttern und – wenn sie gelegentlich aufwachen – sagen: »Wie gelehrt wir doch sind!«

Nachdem ich nun meine Abscheu vor dem Schwätzer und seinen Artgenossen kundgetan habe, komme ich mir vor wie ein Arzt, der sich selbst nicht heilen kann, oder wie ein Zuchthäusler, der seinen Mitinsassen predigt. Ich habe das Geschwätz in allen seinen Arten geschmäht – und bin selbst geschwätzig geworden. Ich bin vor den Geschwätzigen geflohen und bin selbst einer von ihnen.

Gott möge mir meine Sünden verzeihen und mich segnen; und er möge mich in die Welt der Gedanken, der Wahrheit und der Liebe versetzen, dorthin, wo keine Schwätzer zu finden sind!

Die bezaubernde Huri*

Wo führst du mich hin, bezaubernde Huri?
Wie lange soll ich dir noch
Auf dieser dornenreichen Straße folgen?
Wie lange sollen uns're Seelen
An diesem gewundenen, steinigen Pfad
Auf- und niedersteigen?

Wie ein Kind seiner Mutter nacheilt,
So folge ich dir.
Ich halte dich fest am Saum deines Kleides,
Vergess' meine Träume und sehe nur deine Schönheit.
Von deinem Zauber sind meine Augen geblendet,
Phantastische Bilder umgaukeln mich,
Und eine innere Kraft, die ich nicht abwehren kann,
Zieht mich zu dir hin.

Halte kurz inne und laß mich dein Antlitz seh'n;
Blicke auch du einmal auf mich!
Vielleicht entdecke ich deines Herzens Geheimnis
In deinen seltsamen Augen.
Halt ein, ich bin müde,
Und meine Seele zittert vor Angst
Auf diesem schrecklichen Weg.
Halt inne, wir sind an der Wegkreuzung angelangt,
An welcher der Tod das Leben umarmt.

O Huri, erhöre mich! Ich war frei wie ein Vogel,
Durchstreifte die Täler und Wälder
Und schwebte am endlos weiten Himmel dahin.
Am Abend ruhte ich mich auf den Bäumen aus

---

* Die Huri ist nach dem Koran eine Paradiesjungfrau. Anm. d. Übers.

Und blickte auf die Paläste und Tempel der Wolkenstadt,
Welche die Sonne am Morgen in herrlichen Farben erbaut
Und im Zwielicht des Abends zerstört.

Ich war dem Gedanken gleich, als ich allein und in Frieden
Das Universum von Osten nach Westen durchlief.
Ich versuchte, mich an der Schönheit des Lebens zu freuen
Und ins Geheimnis des Seins einzudringen.

Ich glich einem Traum, der sich davonschleicht
Unter den freundlichen Schwingen der Nacht
Und durch geschlossene Fenster in Mädchenkammern dringt,
Um voll Ausgelassenheit Hoffnungen zu erwecken …
Dann begab ich mich zu den Jünglingen
Und stachelte deren Sehnsüchte an;
Schließlich kam ich dorthin, wo die Älteren wohnen,
Und gab ihrem Denken heitere Zufriedenheit.

Doch dann geriet ich in deinen Bann;
Seit diesem Augenblick fühle ich mich
Wie ein Gefangener, der seine Ketten schleppt
Und an einen ihm unbekannten Ort getrieben wird …
Von deinem süßen Wein ward ich berauscht,
Er nahm mir den Willen, und nun
Küßt mein Mund jene Hand, die mich schlägt.
Vermagst du mit dem Auge deiner Seele
In mein gequältes Herz zu sehen?
Halt ein nur einen Augenblick!
Zurückgewinnen will ich meine Stärke,
Will meinen Fuß von schweren Ketten befreien.
Den Kelch, aus dem ich dein köstliches Gift trank,
Hab' ich in Stücke geschlagen …
Nun aber bin ich in einem mir fremden Land
Und sehr verwirrt; welchem Weg soll ich folgen?

Nun habe ich meine Freiheit wiedererlangt;
Wirst du mich jetzt als einen Gefährten annehmen,
Der ohne Schmerz in die Sonne blickt
Und ohne Zittern die Hand ins Feuer legt?

Meine Schwingen sind frei, ich bin bereit
Emporzusteigen. Möchtest du einen Jüngling begleiten,
Der seine Tage damit verbringt,
Wie ein einsamer Adler im Gebirge umherzustreifen,
Und in den Nächten als rastloser Löwe
Die Wüste durchwandert?
Wirst du die Freundschaft dessen entgegennehmen,
Der die Liebe als einen Gastgeber ansieht
Und auch gewillt ist,
Sie als Lehrmeister zu betrachten?

Wirst du ein Herz willkommen heißen,
Das liebt, sich aber nie ergibt;
Das lodert, aber niemals schmilzt?
Wird diese Seele auch nach deinem Wunsche sein,
Da sie im Sturm erzittert,
Doch nie von ihm gebrochen wird?
Willst du mich als Begleiter haben,
Der niemanden versklavt und selbst kein Sklave werden will?
Willst du mich haben, ohne daß du mich besitzest,
Indem du meinen Körper nimmst, doch nicht mein Herz?

Ich reiche dir die Hand, ergreife sie!
Nimm meinen Körper und umfasse ihn mit deinen Armen,
Berühre meine Lippen mit den deinen
Und küsse sie mit tiefer Leidenschaft.

Mein Volk ist tot

*(Geschrieben in der Verbannung
während der Hungersnot in Syrien)*

Erster Weltkrieg

Dahingegangen ist mein Volk, ich aber lebe noch
Und klage in der Einsamkeit …
Tot sind alle meine Freunde,
Und durch ihren Tod ist meinem Leben
Ein großes Unheil widerfahren.

Die Hügel meines Landes sind überschwemmt
Mit Tränen und mit Blut; mein Volk und die,
Welche ich liebte, sind dahin; und ich bin hier.
Ich lebe so wie früher, als mein Volk
Und meine Freunde das Leben und seine Gaben genossen
Zu einer Zeit, da die Hügel des Landes gesegnet waren
Und von den Strahlen der Sonne umfaßt.

Mein Volk mußte darben,
Und wer nicht am Hunger starb,
Den fällte das Schwert. Und ich bin hier
In diesem fernen Land
Und lebe unter frohen Menschen,
Die in weichen Betten schlafen und dem Tag zulächeln,
Wenn er sie strahlend begrüßt.

Mein Volk starb einen qualvollen, beschämenden Tod;
Und ich lebe hier im Überfluß und in Frieden …
Es ist ein wehmütiges Trauerspiel,
Auf meines Herzens Bühne immerzu aufgeführt.
Nur wenige würden es wagen, dem Drama beizuwohnen,

Denn mein Volk gleicht den Vögeln mit den gebrochenen Schwingen,
Welche vom Schwarm zurückgelassen werden.

Würde ich Hunger leiden und bei meinem
Hungernden Volke leben und wäre verfolgt
Inmitten meiner versklavten Brüder,
Dann wäre die Last der trüben Tage leichter
Und das Dunkel der Nacht nicht so nah vor meinen leeren Augen,
Vor meinem weinenden Herzen und meiner verletzten Seele;
Denn wer mit seinem Volke
Die Sorgen und die Todesqualen teilt,
Wird höchsten Trost erfahren,
Wie nur das Leid des Opferns es zustande bringt.
Er wird dann mit sich selbst im Frieden sein
Und ohne Schuld wie seine Freunde, wenn er stirbt.

Aber ich lebe nicht bei meinem hungernden
Und gejagten Volk, das mit dem Tod zusammen
Zu Qual und Marter schreitet ...
Ich lebe hier, jenseits des weiten Meeres,
Lebe im Schatten der Ruhe
Und in der Sonne des Friedens ...
Ich bin weitab vom Schauplatz des Leidens und der Schmerzen
Und kann mich keiner eig'nen Taten rühmen
Und nicht einmal auf meine Tränen stolz sein.

Was kann ein ausgewies'ner Sohn
Den Menschen seines Volkes, welche leiden,
Gutes tun? Und welchen Wert haben die Klagen
Eines Dichters, der in der Fremde lebt?

Wär' ich doch eine Weizenähre,
Die auf dem Heimatboden wächst! Dann könnte ein hungerndes Kind
Mich pflücken und durch meine Körner

Der Hand des Todes entkommen!
Wäre ich eine reife Frucht in den Gärten des Landes,
Dann würde die darbende Frau mich auflesen und überleben!

Wär' ich ein Vogel hoch über dem Heimatland,
So könnte mein hungernder Bruder mich jagen
Und mit dem Fleisch meines Körpers
Den Schatten des Grabes vertreiben.
Doch ach! Ich bin keine Ähre,
Die auf den Feldern Syriens wächst,
Bin keine reife Frucht aus den Tälern des Libanon.
Das ist mein Kummer, mein stilles Leid,
Das meine Seele vor den Schatten der Nacht erniedrigt.
Es ist ein qualvolles Trauerspiel,
Das meine Zunge verstummen läßt
Und meine Arme in Fesseln legt.
Ich bin ein Opfer der Macht und der Willkür.
Dies ist der Fluch, der vor Gott und den Menschen
Auf meiner Stirn eingebrannt ist.

Oftmals sagte man mir:
»Das Ungemach deines Landes bedeutet nichts
Im Vergleich zum Unglück der Welt;
Und das Blut und die Tränen deines Volks
Zählen gering gegen die Ströme von Tränen und Blut,
Die Tag für Tag und jede Nacht
In aller Welt vergossen werden …«

Das ist wohl wahr; doch meines Volkes Untergang
Klagt in der Stille an, denn er ist ein Verbrechen,
Das in den Köpfen von Schlangen entstand, die niemand sieht …
Er ist ein Trauerspiel ohne Gesang und Szenen …
Hätten meine Brüder die Macht der Despoten bekämpft
Und wären dann als Rebellen gefallen,
So könnte ich sagen: »Es ist besser,
Für Freiheit und Recht zu sterben,
Als in der Sklaverei zu leben; und jener,

Der den Tod umarmt, das Schwert der Wahrheit in der Hand,
Wird ewig in der Wahrheit leben.
Der Tod ist stärker als das Leben,
Die Wahrheit aber stärker als der Tod.

Hätte mein Volk am Kriege teilgenommen,
Den alle gegen alle führten,
Und wäre am Schlachtfeld gestorben.
Würde ich sagen: »Der rasende Sturm
Hat mit seiner Kraft die grünen Äste abgerissen;
Und im Sturm umzukommen ist edler,
Als in den Armen des Alters langsam zu vergehen.«
Doch es gab kein Entkommen aus dem sich schließenden Schlund ...
Mein Volk sank hinab und weint mit den Engeln.

Hätte das Land ein Beben erlebt
Und wär' von der Erde verschlungen worden,
So würde ich sagen: »Ein großes, unfaßbares Gesetz
Wurde vom Willen der göttlichen Kraft bewegt,
Und es wäre vermessen, wenn wir versuchten,
Sein tiefstes Geheimnis ergründen zu wollen ...«
Jedoch meine Brüder starben nicht als Rebellen,
Sie wurden nicht auf dem Schlachtfeld getötet;
Kein Erdbeben brachte das Land ins Wanken
Und stürzte sie in den Abgrund.
Der Tod war ihr einziger Retter
Und das Verhungern ihr einz'ger Gewinn.

Meine Landsleute starben am Kreuz ...
Sie starben und streckten die Hände
Nach Osten und nach Westen aus,
Während sie gerade noch
Das dunkle Firmament erschauten.
Sie starben in der Stille,
Denn die Menschheit wollte ihr Schreien nicht hören.
Sie starben, weil sie nicht die Freunde
Ihrer Feinde werden wollten.
Sie starben, weil sie ihre Nachbarn liebten.

Sie starben, weil sie ihr Vertrauen
In die ganze Menschheit setzten.

Sie starben, weil sie ihre Unterdrücker
Selbst nicht niederzwingen konnten.
Sie starben, weil sie die zertret'nen Blumen waren
Und nicht der Fuß, der darauf tritt.
Sie starben, weil sie Frieden wollten.
Sie starben an Hunger
In einem Land voll Milch und Honig.
Sie starben, weil die Ungeheuer der Hölle
Kamen und alles zerstörten, was auf den Feldern wuchs,
Und die Vorräte in ihren Scheunen verschlangen …
Sie starben, weil Vipern und deren Brut
Ihr Gift in den Himmel spritzten,
Dorthin, wo die Heiligen Zedern,
Die Rosen und der Jasmin Ihren Duft verströmen.

Mein Volk und dein Volk, o syrischer Bruder,
Ist tot … Was kann man denn für Sterbende tun?
Unser Klagen wird ihren Hunger nicht lindern,
Und unsere Tränen werden den Durst
Ihrer Lippen nicht löschen.
Was können wir tun,
Um sie aus den eisernen Klauen
Des Hungers zu retten? Mein Bruder,
Die Güte fordert von dir, dein Leben
Zum Teil dem Menschen zu schenken,
Der eben im Schatten des Lebens steht.
Dies ist die einzige Tugend, durch die wir
Das Licht des Tags und den Frieden der Nacht
Uns verdienen …
Denke daran, mein Bruder: Die Münze,
Die du in jene Hand legst,
Die sich dir zitternd entgegenstreckt,
Ist die einzige Kette aus Gold,
Welche dein reiches Herz
Mit dem liebenden Herzen Gottes
Verbindet …

Die Söhne der Göttin und die Söhne der Affen

Die Zeit ist seltsam, doch auch wir sind sonderbar; wenn sie eine Veränderung durchmacht, ändern auch wir uns. Sie schreitet vorwärts, zeigt ihr Gesicht, verwirrt uns und bringt uns wieder zur Einsicht.

Vor kurzem klagten wir noch über die Zeit und hatten Angst vor ihr. Heute aber sind wir imstande, ihr Liebe und Achtung entgegenzubringen, denn wir erkennen jetzt ihre Bestrebungen, ihr von der Natur bestimmtes Wesen sowie ihre Geheimnisse und Wunder.

Gestern noch krochen wir furchtsam am Boden wie schlotternde Gespenster, voll Furcht vor der Nacht und vom Tage bedroht. Doch heute steigen wir frohgemut auf den Gipfel des Berges, dorthin, wo der tobende Sturm und der Donner zu Hause sind.

Gestern noch aßen wir Brot, das mit Blut geknetet war, und wir tranken mit Tränen vermischtes Wasser. Doch heute empfangen wir das Manna aus der Hand des Morgens und den alten Wein, der den süßen Duft des Frühlings verströmt.

Gestern waren wir ein Spielzeug in der Hand des Schicksals. Doch heute ist das Schicksal aus seiner Betäubung erwacht, um mit uns zu spielen und zu lachen und mit uns zu gehen. Wir folgten nicht ihm, sondern es folgt uns.

Gestern verbrannten wir Weihrauch vor unseren Götzenbildern und opferten den zürnenden Göttern. Doch heute opfern wir unserem eigenen Sein und bringen ihm Weihrauch dar, denn der Erhabenste und Schönste aller Götter hat seinen Tempel in unserem Herzen errichtet.

Gestern verneigten wir uns vor den Königen und verbeugten uns vor den Sultanen. Heute jedoch verehren wir nur mehr das Recht, und wir folgen niemandem als der Schönheit und der Liebe.

Gestern blickten wir noch zu falschen Propheten und Zauberern auf. Doch heute hat sich die Zeit geändert, und siehe, sie hat auch uns geändert. Nun können wir das Antlitz der Sonne bewundern und die Lieder der See vernehmen, und außer einem Wirbelsturm vermag uns nichts zu erschüttern.

Gestern rissen wir unsere Seelentempel nieder, und aus ihren Trümmern errichteten wir Grabmäler für unsere Vorfahren. Heute jedoch haben sich unsere Seelen in heilige Altäre gewandelt, die von den Gespenstern der Vergangenheit nicht erreicht und vom knochenfingrigen Tod nicht berührt werden können.

Wir waren ein stummer Gedanke, der sich in den Winkeln des Vergessens verbarg. Heute sind wir eine gewaltige Stimme, die das Firmament widerhallen läßt.

Wir waren ein verglühender Funke, unter der Asche begraben. Heute sind wir ein loderndes Leuchtturmfeuer.

Viele Nächte verbrachten wir wachend, die Erde war unser Kissen und der Schnee unsere Decke. Nacht für Nacht irrten wir wie eine unbewachte Herde von Schafen umher, und obgleich unsere Gedanken und Gefühle unsere Weide waren, blieben wir ungesättigt und lechzten nach Nahrung und Wasser.

Immer wieder fanden wir uns im Widerstreit zwischen dem Tag, der vergangen war, und der kommenden Nacht. Wir bedauerten das Dahinschwinden der Jugend und wünschten das Unbekannte sehnlichst herbei. Wir richteten unseren Blick zum leeren, verdunkelten Himmel empor und vernahmen das Klagen der Stille und das Schreien der Nacht. Jene Zeiten umschlichen uns wie Wölfe die Grabhügel. Heute hat sich unser Himmel aufgehellt, und wir können friedlich auf göttlichen Lagern ruhen, unsere Gedanken und Träume willkommen heißen und unsere Wünsche in die Arme schließen. Indem wir ohne Zittern die Fackeln ergreifen, die um uns herum geschwenkt werden, vermögen wir mit unsren Schutzgeistern in tiefem Sinn zu sprechen. Und sobald die himmlischen Heerscharen an uns vorüberziehen, werden sie vom Verlangen unseres Herzens und von den Lobgesängen unserer Seele entflammt.

Gestern waren wir, und heute sind wir. Dies ist es, was die Göttin für ihre Söhne will. Aber was wollt ihr, Söhne der Affen? Habt ihr je einen einzigen Schritt vorwärts getan, seit ihr aus den Felsspalten der Erde hervorgekrochen kamt? Habt ihr je gen Himmel geblickt, seit der Satan euch die Augen öffnete? Habt ihr je ein Wort aus dem Buch des Rechts von euch gegeben, seit die Schlange eure Lippen küßte? Oder habt ihr auch nur einen Augenblick auf das Lied des Lebens gehört, seitdem der Tod eure Ohren verschloß?

Schon vor siebzigtausend Jahren sah ich euch wie Gewürm in euren Höhlen herumkriechen; und vor sieben Minuten nahm ich von meinem Fenster aus wahr, wie ihr als Sklaven durch die Stadt geschleppt wurdet und der Tod schon seine Schwingen über euch breitete. Heute seht ihr genauso aus wie gestern, und morgen und übermorgen werdet ihr auch nicht anders aussehen als am Anfang.

Gestern waren wir, aber heute sind wir! Dies ist der Wille der Göttin für ihre Söhne.

Was aber ist euer Wille, ihr Söhne der Affen?

Der einsame Dichter

Ein Fremder bin ich in dieser Welt, und die Abgeschiedenheit in meiner Verbannung ist schmerzlich und schwer zu ertragen. Ich bin allein, doch in meinem Alleinsein erschaue ich ein unbekanntes Land voll Liebreiz, und diese Erfahrung erfüllt meine Träume mit den Bildern eines großen, aber weit entfernten Reiches, das meine Augen noch nie gesehen haben.

Ein Fremder bin ich inmitten meines Volkes, und ich habe auch keine Freunde. Wenn ich einen Menschen sehe, frage ich mich: »Wer ist das? Wie bin ich mit ihm bekannt geworden? Weshalb ist er hier, und welches Gesetz hat mich ihm zugesellt?«

Ein Fremder bin ich mir selbst, und wenn ich mich sprechen höre, wundern sich meine Ohren über meine Stimme. Ich sehe von innen her mein Lächeln, mein Weinen, meinen Mut und meine Angst. Und mein irdisches Sein wundert sich über mein Wesen, während die Seele das Herz befragt. Ich bleibe mir selbst unbekannt, und eine gewaltige Stille drückt mich nieder. Meine Gedanken sind stärker als mein Körper, und wenn ich in einen Spiegel sehe, entdecke ich etwas in meinem Antlitz, das meine Seele nicht wahrnimmt, und ich finde etwas in meinen Augen, das meinem inneren Selbst nicht vertraut ist.

Wenn ich mit leeren Augen durch die lärmerfüllten Straßen der Stadt gehe, folgen mir die Kinder und rufen: »Ein Blinder! Wir wollen ihm einen Stock geben, damit er seinen Weg findet.« Ich laufe dann davon und stoße auf eine Gruppe junger Mädchen, die nach dem Saum meines Mantels haschen und sagen: »Er ist taub wie ein Fels; wir wollen seine Ohren mit der Musik der Liebe anfüllen.« Und wenn ich vor ihnen fliehe, deutet eine Schar alter Leute mit zittrigen Fingern auf mich und stellt fest: »Er ist ein Verrückter, der in der Welt der Geister seinen Verstand verloren hat.«

Ein Fremder bin ich in dieser Welt. Ich durchquere das All von einem Ende zum andern, doch ich konnte noch keinen Platz entdecken, an dem ich mein Haupt zur Ruhe hätte legen können. Ich traf keinen Menschen, der sich mir zugesellt hätte, und kein Wesen, das meinem Geist Beachtung schenkte.

Wenn ich nach einer schlaflosen Nacht die Augen öffne, finde ich mich eingesperrt in einer dunklen Höhle, an deren Decke Insekten hängen und auf deren Boden Schlangen kriechen.

Wenn ich hinaustrete, um das Licht zu begrüßen, folgt mir mein eigener Schatten. Doch meines Geistes Schatten eilt mir voraus und führt mich an einen unbekannten Ort; er sucht nach Dingen, die ich nicht kenne, und greift nach Gegenständen, die ohne Bedeutung für mich sind.

Am Abend kehre ich dann zurück und lege mich in mein weiches Federbett, das mit Dornen umsäumt ist. Ich denke nach und habe lästige und glückliche Empfindungen und verspüre schmerzliche und freudige Hoffnung zugleich.

Um Mitternacht treten die Geister vergangener Zeiten und vergessener Kulturen durch die Spalten der Höhle und suchen mich heim ... und gegenseitig starren wir uns an. Ich spreche zu ihnen, und lächelnd antworten sie; doch wenn ich nach ihnen greife, gleiten sie mir durch die Finger und lösen sich auf wie der Nebel über dem See.

Ein Fremder bin ich in dieser Welt, und im ganzen All gibt es keinen, der meine Sprache versteht. Bizarre Erinnerungsmuster entstehen mit einem Mal in meinem Kopf, und vor meine Augen treten seltsame Bilder und traurige Erscheinungen. Ich wandle in menschenleeren Gefilden und beobachte den Lauf von Flüssen, die von den Tiefen des Tales auf die Gipfel der Berge strömen. Ich sehe, wie kahle Bäume blühen und Früchte tragen, und plötzlich werfen sie ihre Blätter ab, und ihre Äste fallen herunter und verwandeln sich in gesprenkelte Schlangen. Ich sehe Vögel in der Luft schweben und höre ihren Gesang, doch jählings halten sie inne, öffnen die Flügel und werden zu nackten Mädchen mit langem Haar, die mich mit ihren schwarzen Augen betörend anblicken, mit vollen Lippen honigsüß lächeln und ihre duftenden Hände nach mir ausstrecken. Doch dann steigen sie wieder empor und verschwinden wie Phantome; und nur das Echo ihres spöttischen Gelächters ist noch in der Luft zu vernehmen.

Ein Fremder bin ich in dieser Welt ... ich bin ein Dichter, der des Lebens Prosa in Verse kleidet und aus den Liedern des Lebens Romane macht.

Aus diesem Grunde bin ich ein Fremder und werde es auch bleiben, bis mich die gütigen weißen Schwingen des Todes heim in mein schönes Vaterland tragen. Dort, wo es Licht, Frieden und Verständnis im Überfluß gibt, werde ich auf die anderen Fremdlinge warten, wenn sie der gnädige Lauf der Zeit aus dieser engen, finsteren Welt entläßt.

Die Mahnung meiner Seele

Meine Seele mahnte mich, und ich lernte durch sie, das zu lieben, was von der Menge verabscheut wird, und den als Freund zu betrachten, der von ihr geschmäht wird.

Meine Seele zeigte mir, daß die Liebe nicht nur auf den stolz ist, der liebte, sondern auch auf den, der geliebt wird.

Ehe mich meine Seele ermahnte, glich die Liebe in meinem Herzen einem dünnen Faden, der zwischen zwei Haken gespannt ist.

Doch nun ist sie ein Ruf geworden, dessen Anfang sein Ende ist und dessen Ende sein Beginn. Sie umgibt jedes Wesen und streckt sich aus, um alles zu umarmen, was sein wird.

Meine Seele beriet mich, und sie lehrte mich, die verborgene Schönheit der Oberfläche, der Gestalt und der Farben wahrzunehmen. Sie ließ mich auf das achten, was die Menschen häßlich nennen, bis es seine Anmut und seinen Reiz offenbarte.

Ehe mir meine Seele beistand, hielt ich die Schönheit für eine zitternde Fackel in aufsteigendem Rauch. Jetzt, da der Rauch verschwunden ist, sehe ich nichts als die Flamme.

Meine Seele ermahnte mich, und sie ließ mich auf jene Stimmen hören, die weder durch Zunge noch Kehlkopf oder Lippen geäußert werden.

Ehe meine Seele mich ermahnte, vernahm ich nur Geschrei und Klagen. Doch nun kümmere ich mich eifrig um die Stille, und ich vernehme ihre Choräle und wie sie die Hymnen der Zeiten und die Lieder des Firmaments singt und die Geheimnisse des Unsichtbaren verkündet.

Meine Seele ermahnte mich, und sie lehrte mich, den Wein zu trinken, der nicht gekeltert werden kann und der auch nicht aus Kelchen fließt, die von Händen hochgehoben und von Lippen berührt werden.

Bevor meine Seele mich ermahnte, glich mein Durst einem

matten Funken, der verborgen in der Asche liegt und von einem Tropfen Wasser gelöscht werden kann.

Doch nun wurde aus meinem Verlangen mein Kelch, aus meiner Begeisterung mein Wein und aus meiner Einsamkeit meine Trunkenheit; und selbst in diesem unstillbaren Durst liegt ewige Freude.

Meine Seele ermahnte mich, und sie lehrte mich, das zu berühren, was noch nicht Fleisch geworden ist. Sie enthüllte mir, daß alles, was wir anfassen, ein Teil unseres Wünschens ist.

Jetzt haben sich meine Finger dem Nebel zugewandt, und sie durchdringen das Sichtbare im All und vermengen sich mit dem Unsichtbaren.

Meine Seele lehrte mich, jenen Duft einzuatmen, den weder Myrrhe noch Weihrauch ausströmen. Bevor meine Seele mich dies lehrte, sehnte ich mich nach dem Wohlgeruch in den Gärten, in Duftgefäßen und in Weihrauchschalen.

Doch nun kann ich jenen Duft genießen, der nicht durch das Abbrennen von Opfergaben entsteht. Und ich fülle mein Herz mit einem Wohlgeruch, den ein Windhauch aus dem All niemals herbeitragen kann.

Meine Seele ermahnte mich, und sie lehrte mich zu sagen: »Ich bin bereit«, sobald Unbekanntes und Gefahr mich rufen.

Bevor meine Seele mich ermahnte, antwortete ich allein mit der Stimme des Schreihalses, den ich kannte, und ging nur auf leichten und ebenen Wegen.

Nun ist das Unbekannte zu einem Streitroß geworden, das ich besteigen kann, um der Gefahr zu begegnen; und die Ebene hat sich in eine Leiter verwandelt, auf deren Sprossen ich den Gipfel erklimmen kann.

»Miß nicht die Zeit«, sprach meine Seele zu mir. »Indem du sagst, dieses war gestern und jenes wird morgen sein.«

Bevor meine Seele zu mir sprach, sah ich die Vergangenheit als einen Zeitabschnitt an, der nicht mehr zurückkehrt, und hielt die Zukunft für unerreichbar.

Aber nun ist mir bewußt geworden, daß die gesamte Zeit in einem einzigen Augenblick der Gegenwart liegt, und in diesem ist alles enthalten, was erhofft, getan und realisiert werden kann.

Meine Seele ermahnte mich, und sie riet mir, nicht die Welt

zu begrenzen, indem ich sage: »Hier, da und dort.« Bevor meine Seele mich ermahnte, meinte ich, jeder Ort, an den ich ging, sei weit von jedem anderen entfernt.

Jetzt habe ich erfahren, daß der Ort, an dem ich bin, auch immer alle anderen Orte mit einschließt; und die Entfernung, die ich durchmesse, birgt alle Entfernungen in sich.

Meine Seele ermahnte mich und hielt mich an, wach zu bleiben, während die anderen schlafen, und mich dem Schlummer hinzugeben, wenn die anderen aufstehen.

Ehe meine Seele mich dies lehrte, konnte ich in meinem Schlaf die Träume der anderen nicht sehen, und sie achteten auch nicht auf die meinen.

Nun aber löse ich die Fesseln meiner Träume nicht eher, als die anderen auf mich achten, und sie erheben sich nicht in den Himmel ihrer Träume, sobald ich mich nicht an ihrer Freiheit ergötze.

Meine Seele ermahnte mich und sprach: »Freue dich nicht zu sehr über ein Lob und sei nicht bekümmert wegen eines Tadels.«

Ehe meine Seele mir dies riet, zweifelte ich stets am Wert meines Tuns.

Nun habe ich erkannt, daß die Bäume im Frühling blühen und im Sommer Früchte tragen, ohne Lob zu erheischen, und daß sie im Herbst ihre Blätter verlieren und im Winter nackt dastehen, ohne daß sie jemand tadelt.

Meine Seele ermahnte mich und zeigte mir, daß ich weder ein Zwerg noch ein Riese bin.

Aber bevor mich meine Seele ermahnte, teilte ich die Menschheit in zwei Hälften: die Schwachen, die ich bemitleidete, und die Starken, denen ich nachfolgte und denen ich nicht widersprach.

Doch jetzt habe ich gelernt, daß ich wie beide bin und aus denselben Stoffen entstanden. Mein Ursprung ist der ihre, mein Gewissen ist das ihre, mein Hader ist der ihre, und ihre Wanderschaft ist auch die meine.

Wenn sie sündigen, bin auch ich ein Sünder. Tun sie Gutes, bin ich stolz auf ihre Wohltaten. Wenn sie sich erheben, erhebe ich mich mit ihnen; und werden sie träge, so teile ich ihre Faulheit.

Meine Seele sprach zu mir: »Die Lampe, die du trägst, ist nicht die deine, und das Lied, das du singst, entstand nicht in deinem Herzen; denn auch wenn du das Licht trägst, so bist du nicht das Licht, und wenn du auch eine Laute bist, so bist du nicht der Lautenspieler.«

Mein Bruder, meine Seele mahnte mich, und ich erfuhr vieles durch sie. Auch du wurdest von deiner Seele ermahnt, und sie unterwies auch dich. Du und ich sind nämlich untrennbar, und wir unterscheiden uns allein dadurch, daß ich nachdrücklich mein innerstes Selbst verkünde, während du das, was dich innerlich bewegt, wie ein Geheimnis bewahrst; jedoch diese Verschwiegenheit kann man auch als Tugend betrachten.

Einheit

*In diesem Prosagedicht sieht der Prophet des Libanon die Vereinigung von Ägypten und Syrien voraus.**

Die Nacht hatte das Firmament mit ihren wie Perlen schimmernden Sternen geschmückt. Da erhob sich im Tal des Nils eine Jungfrau des Paradieses und ließ sich von unsichtbaren Schwingen auf einen Nebelthron zwischen Himmel und Erde emportragen. Und ein Chor von Engeln sang vor ihr: »Heilig, heilig, heilig ist die Tochter Ägyptens! Die Welt ist erfüllt von ihrer Herrlichkeit.«

Und von den Zedernhängen des Fam el Mizab trug ein Seraph einen Jüngling in die Höhe, und nachdem dieser sich neben der Jungfrau niedergelassen hatte, umringten die Engel den Thron und sangen: »Heilig, heilig, heilig ist der Sohn des Libanon! Seine Erhabenheit erfüllt die Ewigkeit.«

Und als der Bräutigam die Hand seiner Geliebten ergriff und ihr in die Augen blickte, trugen Wind und Wogen die Kunde von ihrer Vereinigung in das gesamte All:

Wie makellos ist dein strahlender Glanz, o Tochter der Isis, und wie bete ich dich an!

Wie anmutig erscheinst du unter den Jünglingen, o Sohn der Astarte, und wie verlang es mich nach dir!

Meine Liebe ist standhaft wie eure Pyramiden, und die Zeiten werden sie nicht zerstören.

Meine Liebe ist fest verwurzelt wie eure heiligen Zedern, und die Kraft der Natur wird sie nicht erschüttern.

Aus Ost und West kommen die Wissenden aller Völker, um deine Weisheit zu erkennen und deine Zeichen zu deuten.

Aus allen Königreichen der Welt eilen die Gelehrten zu dir,

---

* Von 1958 bis 1961 war Syrien mit Ägypten in der Vereinigten Arabischen Republik zusammengeschlossen. – Anm. d. Übers.

um sich an deiner immerwährenden Schönheit und dem Zauber deiner Stimme zu laben.

Deine Hände gleichen überfließenden Brunnen.

Deine Arme sind Quellen reinen Wassers, und dein Atem ist eine erfrischende Brise des Windes.

Des Nils Paläste und Tempel künden von deinem Ruhm, und die Sphinx erzählt von deiner Erhabenheit.

Die Zedern auf deiner Brust gleichen einem Orden, und die Türme deines Landes berichten von deiner Tapferkeit und Kraft.

Wie süß ist deine Liebe und wie wundervoll die Hoffnung, daß du sie bewahrst!

Welch edler Gefährte und treuer Gatte bist du! Wie glanzvoll sind deine Geschenke und wie kostbar deine Opfergaben!

Du hast mir junge Männer gesandt, die mich gleichsam aus tiefem Schlummer erweckt haben. Du gabst mir wagemutige Helden, um die Schwachheit meines Volkes zu besiegen, Gelehrte, um es in seinem Wissen voranzubringen, und Auserwählte, um seine Kräfte zu veredeln.

Aus den Samen, die ich dir sandte, zogst du Blumen, und aus den Setzlingen ließest du Bäume wachsen; denn du bist eine jungfräuliche Wiese, auf der Rosen und Lilien sprießen und Zedern und Zypressen gedeihen.

Ich sehe Kummer in deinen Augen, mein Geliebter. Wie kannst du traurig sein, wo du doch an meiner Seite sitzt?

Ich habe Söhne und Töchter, die das Land verließen und bis jenseits der Meere wanderten. Weinend blieb ich zurück und sehne mich nach ihrer Wiederkehr.

Bist du besorgt, o Tochter des Nils, du Teuerste unter all den Völkern?

Ich fürchte einen Tyrannen, der sich mir mit süßer Stimme nähert, auf daß er mich später mit der Kraft seiner Waffen beherrschen kann.

Das Leben der Völker, Geliebte, ist mit dem Leben des Menschen zu vergleichen. Es ist ebenfalls voll heiterer Hoffnung, doch ebenso mit Furcht verbunden, von Wünschen bestimmt und von Verzweiflung verdüstert.

Die beiden Liebenden umarmten einander und genossen

gemeinsam den Wein der Zeiten aus dem Kelch der Liebe; und der Engelchor, der ihren Thron umringte, sang abermals: »Heilig, heilig, heilig! Himmel und Erde sind erfüllt vom Ruhm der Liebe.«

Die Meerjungfrauen

In den Tiefen der See, nahe den Inseln des Sonnenaufgangs, wo es Perlen im Überfluß gibt, lag der Leichnam eines Jünglings auf dem Meeresboden.

Wasserjungfrauen mit langem goldenen Haar schwammen um ihn herum, betrachteten ihn eingehend mit ihren tiefblauen Augen und unterhielten sich über ihre Entdeckung. Ihr klangvolles Gespräch wurde von den Tiefen aufgenommen und durch die Wogen an das Gestade getragen, wo mir der Wind ihre Worte zutrug.

Eine der Jungfrauen meinte: »Dies ist ein Mensch, der gestern unsere Welt betrat, als die See wütete.«

»Die See war nicht wütend«, sagte die zweite. »Dieser Mann, der beansprucht, ein Abkömmling Gottes zu sein, führte einen grausamen Krieg; und sein Blut wurde vergossen, bis sich das Wasser der See purpurrot färbte. Dieser Mensch ist ein Opfer des Krieges.«

Eine dritte wandte ein: »Ich weiß zwar nicht, was Krieg ist, doch ich weiß, daß der Mensch, nachdem er sich das Festland untertan gemacht hatte, angriffslustig wurde und beschloß, auch die See zu unterwerfen. Er erfand ein sonderbares Gerät, das ihn über das Meer trug. Ob dieser menschlichen Begehrlichkeit erzürnte unser gestrenger Neptun. Um ihn zu beruhigen, begann der Mensch, ihm Geschenke und Opfer darzubringen; und dieser regungslose Körper, der hier vor uns liegt, ist das jüngste Opfer, das vor kurzem erst unserem großen und schreckenerregenden Neptun dargebracht wurde.« Und die vierte setzte hinzu: »Wie mächtig Neptun doch ist und wie grausam sein Herz! Wäre ich der Beherrscher der See, würde ich eine solche Gabe nicht annehmen …

Kommt nun, wir wollen uns diesen Tribut näher ansehen, vielleicht können wir durch ihn etwas über das Menschengeschlecht erfahren.«

Die Meerjungfrauen schwammen zu dem Jüngling hin, untersuchten seine Taschen und fanden einen Brief, der über seinem Herzen lag.

Eine von ihnen las ihn den anderen vor:

»Mein Geliebter,

Die Mitternacht ist angebrochen, und ich habe keinerlei Trost außer meinen Tränen und der Hoffnung, daß Du aus den blutigen Klauen des Krieges zu mir zurückkehrst. Ich kann die Worte, die Du mir beim Abschied sagtest, nicht vergessen. Du sprachst: ›Jeder Mensch hat einen gewissen Vorschuß an Tränen, den er eines Tages zurückgeben muß.‹

Ich weiß nicht, was ich sagen soll, Geliebter, denn meine Seele will sich auf dieses Pergament ergießen ... meine Seele, die durch die Trennung leidet, aber in jener Liebe Trost findet, die den Schmerz in Freude wandelt und die Trauer in Glück. Als die Liebe unsere Herzen verband und wir dem Tag entgegenblickten, an dem sie von Gottes mächtigem Atem erfaßt werden würden, mußtest Du dem grauenhaften Ruf des Krieges folgen, da Dich Deine Pflicht den Anführern gegenüber dazu zwang.

Was ist das für eine Pflicht, die Liebende trennt, aus Ehefrauen Witwen und aus Kindern Waisen macht? Was ist das für eine Vaterlandsliebe, die Kriege verursacht und wegen Nichtigkeiten Königreiche zerstört? Welche Sache könnte bedeutender sein als ein einziges Leben? Was soll eine Pflicht, die armen Dorfbewohnern befiehlt, für den Ruhm ihrer Herrscher zu sterben; Dorfbewohnern, die von den Machthabern und Adelsgeschlechtern ohnehin gering geachtet werden? Wenn die Pflicht den Frieden unter den Völkern zerstört und die Vaterlandsliebe das menschliche Geschlecht um seine Ruhe bringt, dann laß uns sagen: ›Friede sei mit der Pflicht und der Vaterlandsliebe!‹

Nein, mein Geliebter! Schenke meinen Worten keine Beachtung! Sei tapfer und bleibe Deinem Lande treu ... Höre nicht auf das Geschwätz eines jungen Mädchens, das vor Liebe blind geworden und durch die Einsamkeit außer sich geraten ist ... Sollte die Liebe Dich in diesem Leben mir nicht mehr zurückgeben, dann wird sie uns im zukünftigen wieder vereinen.

Für immer die Deine.«

Die Meerjungfrauen legten den Brief wieder unter das Hemd des Jünglings und schwammen still und traurig davon. Als sie sich in einiger Entfernung wieder trafen, sagte eine von ihnen: »Das menschliche Herz ist noch grausamer als das des Neptun!«

Die Riesen

Wir leben in einer Zeit, in der sogar die einfachsten Menschen mehr Eindruck hinterlassen als die bedeutendsten Vertreter vergangener Epochen. Was einstmals von unserm Geist Besitz ergriff, ist heute von geringer Wichtigkeit, denn der Mantel der Gewohnheit umhüllt es. Wie Nebel sind die herrlichen Träume verschwunden, die früher unser Bewußtsein beherrschten, und an ihre Stelle traten Riesen, die wie Orkane voranstürmen, wie Ozeane wallen und wie Vulkane brodeln.

Welches Schicksal werden die Riesen am Ende ihres Kampfes der Welt bescheren?

Wird der Bauer auf sein Feld zurückkehren, um dort zu säen, wo der Tod die Knochen der Verstorbenen eingepflanzt hat?

Wird der Schäfer seine Herde auf den Feldern, die das Schwert abgemäht hat, weiden lassen?

Werden die Schafe aus den Quellen trinken, deren Wasser mit Blut gefärbt ist?

Wird der Fromme in einem entweihten Tempel knien, auf dessen Altar der Satan getanzt hat?

Wird der Dichter unter Sternen, die vom Rauch der Gewehre umnebelt sind, seine Verse schreiben?

Wird der Musiker in einer Nacht, der die Stille gewaltsam geraubt wurde, seine Laute anstimmen?

Wird die Mutter, wenn sie an die Gefahren der Zukunft denkt, an der Wiege ihres Kindes singen können?

Werden sich die Lebenden auf Schlachtfeldern treffen und sich dort küssen, wo noch der Rauch der Bomben weht?

Wird der Frühling wieder zur Erde zurückkehren und ihre Wunden in sein Gewand hüllen?

Was wird das Schicksal eures und meines Landes sein? Welcher Riese wird die Berge und Täler besitzen, die uns hervorbrachten, uns aufzogen und im Angesicht der Sonne Männer und Frauen aus uns machten?

Wird mein Land weiterhin zwischen dem Lager der Wölfe und dem Stall der Schweine liegen? Oder wird es sich mit dem Sturm in die Höhle des Löwen begeben oder zum Horst des Adlers schweben?

Wird je die Morgenröte einer neuen Zeit über den Bergen des Libanon erscheinen?

Jedesmal, wenn ich allein bin, stelle ich mir diese Fragen. Doch meine Seele ist stumm wie das Schicksal.

Wer von euch denkt nicht Tag und Nacht über das Schicksal der Welt unter der Herrschaft der Riesen nach, die sich an den Tränen der Witwen und Waisen berauschen?

Ich glaube an das Gesetz der Weiterentwicklung und bin überzeugt, daß alle Wesen, auch die gefühllosen, einem Reifeprozeß unterworfen sind und daß auch die Religionsgemeinschaften und die politischen Herrschaftsformen höhere Stufen erreichen werden.

Das Gesetz der Evolution hat ein strenges und tyrannisches Gesicht, und diejenigen, deren Verstand begrenzt oder ängstlich ist, fürchten sich davor; doch seine Leitlinien sind gerecht, und wer sie erlernt, wird erleuchtet. Durch ihre Vernunft können die Menschen über sich selbst hinauswachsen und das Erhabenste erreichen.

Alle um mich herum sind Zwerge, die zusehen, wie die Riesen auftauchen; und diese Zwerge quaken wie die Frösche:

»Die Welt ist wieder in die Barbarei zurückgefallen. Was Wissenschaft und Bildung hervorgebracht haben, wird von den neuen Primitiven zerstört. Wir ähneln schon prähistorischen Höhlenbewohnern. Nichts unterscheidet uns mehr von ihnen als unsere Vernichtungswerkzeuge und unsere verfeinerten Mordtechniken.«

So sprechen diejenigen, welche das Gewissen der Welt an ihrem eigenen messen. Sie vergleichen den Raum jeder Existenz mit der winzigen Spanne ihres eigenen Seins – als wäre die Sonne nur zu ihrer Erwärmung da und als wäre das Meer nur geschaffen worden, damit sie sich die Füße darin baden können.

Aus dem Innersten des Lebens, aus der Tiefe des Universums, wo die Geheimnisse der Schöpfung verwahrt werden, erheben sich die Riesen wie die Winde, steigen empor wie Wolken und türmen sich auf wie Berge. Und in ihren Kämpfen gelangen uralte Probleme zur Lösung.

Der Mensch jedoch ist bei all seinem Wissen und Können, ungeachtet der Liebe und des Hasses in seinem Herzen und trotz der Qualen, die er erduldet, nur ein Werkzeug in der Hand der Riesen, mit dem sie ihre Ziele erreichen und ihre unvermeidlichen, hohen Absichten verwirklichen können.

Die Ströme von Blut werden dereinst Flüsse voll Wein werden; und die Tränen, welche die Erde benetzten, werden duftende Blumen hervorbringen; und die Seelen, die ihren Aufenthaltsort verlassen haben, werden sich vereinen und am Horizont als ein neuer Morgen erscheinen.

Der Mensch wird dann erkennen, daß Recht und Vernunft von ihm verkauft worden sind, und er wird einsehen, daß diejenigen, die für die Gerechtigkeit kämpfen, nicht untergehen werden. Wer den Frühling ohne den vorangegangenen Winter sucht, wird ihm niemals begegnen.

Erde

O Erde, du bist so schön und erhaben!
Vollendet bist du ein Diener des Lichts
und unterwirfst dich mit Würde der Sonne!
Du bist so lieblich, wenn dich die Schatten umhüllen,
dein Antlitz erfüllt uns mit Wonne,
wenn Dunkelheit es vor uns verbirgt.

Wie sanft ist das Lied deines Morgens,
wie streng der Gesang deiner Nacht!
Wie vollkommen bist du, o Erde, und wie erhaben!

Ich hab' deine Eb'nen durchwandert und deine felsigen
Berge erklommen. In deine Täler stieg ich hinab
und fand den Eingang zu deinen Höhlen.
Deine Träume entdeckte ich in der Ebene, auf dem Berg
deinen Stolz und im Tal deine Ruhe.
In den Felsen sah ich deine Entschlossenheit, und in den
Höhlen spürte ich dein Geheimnis.

Du bist schwach und bist stark, bescheiden und auch stolz.
Du bist biegsam und bist starr, sichtbar, aber auch verhüllt.
Ich habe deine Meere befahren und deine Flüsse erkundet,
ich bin dem Lauf deiner Bäche gefolgt.
Durch Flut und Ebbe vernahm ich den Gesang der Ewigkeit,
von deinen Hügeln klang das Echo deiner Lieder aus ver-
gang'ner Zeit.
In deinen Bergen und an deinen Hängen hört' ich das Leben
nach dem Leben rufen.
Dein Frühling weckte mich und führte mich auf deine Felder,
wo gleich dem Weihrauch voller Duft dein Atem schwebt.
Ich hab' die Fülle deines Sommers wahrgenommen
und sah dein Blut als Wein im Herbste fließen.

Dein Winter trug mich in dein Bett, in dem der Schnee von deiner Reinheit kündete.
Im Frühling bist du duftende Essenz, in Sommer gnadenreich,
im Herbst die Quelle aller Fülle.
In einer ruhigen, klaren Nacht stieß ich die Fenster und die Türen meiner Seele auf und trat hinaus, um dich zu seh'n;
mein Herz schlug schnell vor Wonne und Verlangen.
Ich sah dich zu den Sternen blicken; sie lächelten auf dich herab. Da warf ich meine Fesseln fort, denn nun ward mir bewußt: der Seele Wohnstatt liegt in deinem Raum.
Und ihre Wünsche wachsen mit den deinen, ihr Friede
liegt in deinem Frieden, ihr Glück in jenem gold'nen Staub,
den dir die Sterne auf den Körper streuen.

Nach dem Dunkel der Nacht, als der Morgen schon graute,
war meine Seele voll Angst und matt.
Da trat ich zu dir hinaus,
und du glichst einem Riesen,
der mit Stürmen bewaffnet war,
in denen die Gegenwart mit dem Vergangenen kämpft,
die Altes mit Neuem tauschen und
an die Stelle des Schwachen das Starke setzen.

So lernte ich, daß das Gesetz der Menschen
auch dein Gesetz ist,
daß der, dess' dürre Äste
nicht im Sturme brechen, ermattet sterben wird,
und der, der sich nicht auflehnt, um seine trocknen Blätter
abzustreifen, langsam zugrunde geht.
Wie gebefreudig bist du, Erde, und wie sehr sehnst du dich nach deinen Kindern, die zwischen dem verloren sind,
was sie erhalten haben, und dem, was sie nicht haben können.
Wir klagen, und du lächelst; wir fliehen,
doch du bleibst!
Wir fluchen, und du segnest,
wir schänden, und du heiligst.

Wir schlafen ohne Träume, jedoch du
träumst in ewigem Erwachen.

Mit Schwert und Speer durchbohr'n wir deine Brust,
du aber pflegst mit Öl und Balsam unsre Wunden.
Wir pflanzen deinen Feldern Knochen und auch Schädel ein,
du läßt daraus Zypressen
und die Weidenbäume wachsen.

Wir leeren unsern Abfall auf dein Antlitz,
du füllst mit Weizengarben uns're Scheunen
und mit Trauben uns're Keltern.
Wir rauben dir die Elemente, um Bomben
und Kanonen zu erzeugen, du aber schaffst aus unserm Stoff
nur Lilien und Rosen.

Wie duldsam bist du, Erde, und wie gnädig!
Bist du ein Staubkorn, das der Fuß des ew'gen Gottes
hochwarf, als er vom Osten her zum Wesen seines
  Universums ging?
Bist du ein Funke, den die Ewigkeit
aus ihrem Herde warf?
Bist du die Saat, die auf das Feld des Himmels fiel,
um Gottes Baum zu werden und mit starken Zweigen das
  Firmament zu überragen?
Bist du ein Tropfen Blut
in eines Riesen Adern, ein Tropfen Schweiß
auf seiner Stirn?

Bist du die Frucht, die in der Sonne reift?
Wächst du am Baum des absoluten Wissens,
der Wurzeln hat, die sich zur Ewigkeit erstrecken,
  und dessen Äste bis zur Unendlichkeit sich schwingen.

Bist du ein Edelstein, den einst der Gott der Zeit
dem Gott des Raumes in die Hand gelegt?

Wer bist du, Erde, und was bist du wohl?
Du bist Ich, o Erde!

Du bist mein Auge und mein Urteil,
bist mein Wissen und mein Traum;
du machst mir Hunger und läßt mich dürsten,
bist meine Freude und meine Not,
meine Erkenntnis und meine Verblendung, die
Schönheit, die mein Auge trinkt.
Du bist die Sehnsucht meines Herzens
und meiner Seele ewiges Leben.

Du bist mein Ich, o Erde.
Und wärest du nicht für mich erschaffen,
so würdest du nicht sein.

Eine Vision

Mit der hereinbrechenden Nacht senkte sich auch der Schlaf über die Erde. Da machte ich mich auf den Weg zum Meer, denn ich dachte mir: »Die See schläft niemals, und deshalb vermag sie schlaflose Seelen zu trösten.«

Als ich zur Küste gelangte, hatte der Nebel aus den Bergen die ganze Gegend eingehüllt wie ein Schleier das Antlitz einer jungen Frau. Ich blickte auf die sich wiegenden Wogen, lauschte ihrem Lobgesang auf die Schöpfung und dachte über die ewige Kraft nach, die hinter ihnen verborgen liegt – jene Kraft, die mit dem Sturm herbeieilt, aus dem Vulkan aufsteigt, durch die Blüten der Rosen lächelt und in den Bächen singt.

Da sah ich plötzlich drei Erscheinungen auf einem Felsen sitzen. Ich stolperte auf sie zu, als ob mich eine unbekannte Macht gegen meinen Willen hinziehen würde.

Einige Schritte von ihnen entfernt ließ mich diese magische Kraft erstarren. In diesem Augenblick erhob sich eine der Erscheinungen und sprach mit einer Stimme, die aus den Tiefen des Meeres zu kommen schien:

»Leben ohne Liebe gleicht einem Baum ohne Blüten und Früchte. Und Liebe ohne Schönheit ist wie eine Blume ohne Duft oder eine Frucht ohne Samen ... Leben, Liebe und Schönheit sind eins; sie können weder getrennt noch ausgetauscht werden.«

Die zweite Erscheinung erhob daraufhin ihre Stimme, die wie ein Wasserfall klang:

»Leben ohne Aufruhr gleicht einem Jahr ohne Frühling. Und Aufruhr ohne Recht ist wie der Frühling in einer unfruchtbaren Wüste ... Leben, Aufruhr und Recht sind eins; sie können weder getrennt noch ausgetauscht werden.«

Mit einer Stimme wie Donner sprach schließlich die dritte Erscheinung: »Leben ohne Freiheit gleicht einem Körper ohne Seele, und Freiheit ohne Denken ist wie ein verwirrter Geist ...

Leben, Freiheit und Denken sind eins; sie sind ewig und vergehen nie.«

Die drei Erscheinungen erhoben sich und sprachen gemeinsam mit mächtiger Stimme:

»Was die Liebe erzeugt,
der Aufruhr bewirkt
und die Freiheit schafft,
ist Gottes dreifache Ordnung.
Nur Gott ist der Ausdruck
des Geistes im Universum.«

Das Rauschen unsichtbarer Flügel durchdrang plötzlich die Stille, und das Beben ätherischer Wesen war zu verspüren.

Mit geschlossenen Augen lauschte ich dem Nachklang der soeben gehörten Worte. Aber als ich wieder um mich blickte, bemerkte ich nur die von dichten Nebelschwaden bedeckte See. Ich näherte mich dem Felsen, auf dem ich die drei Phantome gesehen hatte, gewahrte jedoch nur eine zum Himmel aufsteigende Weihrauchwolke.

Gemeinschaft des Geistes

Erwache, Geliebte, erwache! Über das Meer hinweg ruft dich mein Geist und möchte dich auf Flügeln über die tosenden Wellen tragen. Erwache, dem Lärm der Stadt hat die Stille Einhalt geboten, und der Schlaf umfängt den Geist der Menschen. Ich allein wache noch, und mein Verlangen trägt mich über den Schutz des Schlummers hinweg.

Die Liebe bringt mich dir so nahe, doch dann führt die Angst mich wieder weit fort.

Ich habe mein Lager verlassen, denn ich fürchte den Geist des Vergessens, der sich in den Falten der Decken verbirgt.

Mein Buch habe ich beiseite gelegt, denn meine Seufzer ließen die Worte verstummen und die Seiten vor meinen Augen leer werden.

Wach auf, wach auf, Geliebte, und höre mich!

Ich höre dich, Geliebte! Ich hörte deinen Ruf von jenseits des Meeres und spürte den sanften Schlag deiner Schwingen. Ich bin aufgestanden und in den Garten gegangen, und der Tau der Nacht hat meine Füße und den Saum meines Kleides benetzt. Hier stehe ich unter den Blüten des Mandelbaumes und achte auf den Ruf deiner Seele.

Sprich mir zu, Geliebte, und laß deinen Atem den Windhauch besteigen, der aus den Tälern des Libanon zu mir kommt. Sprich, keiner hört dich außer mir. Die Nacht hat all die anderen zu ihrer Bettstatt geführt.

Der Himmel hat aus dem Mondlicht einen Schleier gewebt und ihn über den Libanon gebreitet. Aus den Schatten der Nacht hat er einen dichten Umhang gewirkt, der vom Rauch der Fabriken und dem Atem des Todes umsäumt ist, und er legte ihn über die Stadt, du meine Geliebte.

Die Dorfbewohner, deren Hütten inmitten von Weiden und Walnußbäumen stehen, haben sich dem Schlaf hingegeben. Ihre Seelen, Geliebte, sind ins Land der Träume aufgebrochen.

Die Menschen gehen gebeugt unter der Last des Goldes, und die steile, grasbewachsene Straße lähmt ihren Gang. Ihre Lider sind schwer von Zerwürfnis und Kummer, und sie fallen in ihr Bett, als wäre es ein Zufluchtsort vor den Geistern der Angst und der Verzweiflung.

In den Tälern tauchen die Schatten vergangener Zeiten auf, und die Geister der Könige und Propheten schweben über dem Gebirge. Ich denke zurück an die Macht der Chaldäer, an den Ruhm der Assyrer und an die edle Denkweise der Araber.

In den finsteren Straßen aber treiben sich die häßlichen Erscheinungen von Dieben herum, die Schlangenköpfe der Lüsternheit tauchen aus den Spalten der Schutzwälle auf, und das Fieber der Krankheit läuft schaudernd – vereint mit Todesqualen – durch die Stadt. Die Erinnerung hat den Schleier des Vergessens von meinen Augen genommen und hat mir die Widerlichkeit Sodoms und die Sünden Gomorrhas aufgezeigt.

Die Zweige wiegen sich im Wind, Geliebte, und das Rascheln ihrer Blätter begleitet das Murmeln des Baches im Tal. Sie lassen das Hohelied Salomons, die Weisen von Davids Harfe und die Gedichte von Ishak-al-Mausili an unser Ohr gelangen.

Die Seelen hungriger Kinder zittern in den Elendsquartieren, und die Seufzer der Mütter auf den Lagern der Verzweiflung haben den Himmel erreicht. Träume der Angst quälen das Herz der Schwachen; ich höre ihre bitteren Klagen.

Der Duft der Blumen hat sich mit dem würzigen Geruch der Zedern vermischt. Eine leichte Brise weht über die Hügel, sie füllt die Herzen mit Liebe an und läßt den Wunsch aufkommen hochzufliegen.

Doch aus den Sümpfen steigen Seuchen auf und breiten sich aus. Wie unsichtbare scharfe Pfeile sind sie in die Sinne eingedrungen und haben die Luft verpestet.

Es ist Morgen geworden, Geliebte, und die sanften Finger des Erwachens streicheln die Augen der Träumenden. Licht strömt durch die Fenster und kündet von der Entschlossenheit und vom Glanz des Lebens. Die Dörfer, die friedlich und still an den Hängen des Tales liegen, erwachen aus ihrem Schlummer, der Klang der Kirchenglocken erfüllt die Luft und fordert freundlich zur Morgenandacht auf; und aus den Höhlen tönt ihr Echo, als würde sich die ganze Natur in andächtigem Gebet begegnen. Kälber, Schafe und Ziegen haben ihre Stallungen verlassen, um auf dem glitzernden, taunassen Gras zu weiden. Die Schäfer gehen voran und blasen auf ihren Rohrflöten, hinter ihnen ziehen die jungen Mädchen und singen wie die Vögel, die den Morgen willkommen heißen.

Aber nun liegt die schwere Hand des Tages auf der Stadt. Die Vorhänge werden zurückgezogen und die Türen geöffnet. Müde Augen und von schwerer Arbeit gezeichnete Gesichter tauchen in den Werkstätten auf. Sie fühlen, wie der Tod in ihr Leben drängt, und auf ihren vergrämten Mienen spiegeln sich Angst und Verzweiflung. Die Straßen sind mit hastenden, habgierigen Menschen erfüllt, und überall ist das Klirren von Eisen, das Rattern von Rädern und das Pfeifen von Dampfmaschinen zu vernehmen. Die Stadt hat sich in ein Schlachtfeld verwandelt, auf dem die Starken die Schwachen niederringen und die Reichen die Armen ausbeuten und unterdrücken.

Geliebte, wie herrlich ist das Leben! Es gleicht dem Herzen des Dichters, denn es ist voll Licht und Zärtlichkeit. Es ist aber auch so grausam wie das Herz eines Verbrechers, und das Laster und die Angst wohnen in ihm.

Vollkommenheit

Mein Bruder, du willst wissen,
wann der Mensch vollkommen ist.
Hier meine Antwort:
Verspürt er, daß er ohne Grenzen ist,
ein Meer ohne Gestade,
ein ewig brennendes Feuer,
ein unlöschbares Licht,
ein sanfter Wind, ein tobender Sturm,
ein Himmel mit Donner und Regen,
ein singender Fluß, ein klagender Bach,
ein Baum, der den Frühling erblickt,
oder ein nackter Schößling im Herbst,
ein Berg, der hoch sich erhebt, oder ein sinkendes
Tal,
eine fruchtbare Ebene oder ein wüstes Land.

Doch um sein Ziel auch zu erreichen,
muß er begreifen,
daß er ein Kind ist, das von der Mutter abhängt,
ein Vater, der für die Familie steht,
ein Jüngling, der in Liebe sich verzehrt,
ein Greis, der mit vergang'nen Zeiten ringt,
ein Betender in seiner Kirche,
ein Missetäter im Gefängnis,
ein kluger Mann inmitten seiner Bücher,
die Seele ohne Wissen, die in der Dunkelheit der
Nacht und in der Düsternis des Tages stolpert,
die Nonne, die ihr Leid trägt inmitten
der Blumen ihres Glaubens und der Disteln ihrer
Einsamkeit,
die Dirne in den Krallen ihrer Schwachheit
und in den Klauen der Bedürfnisse,

ein Armer in der Falle seiner Bitterkeit und Unterwerfung,
ein Reicher im Konflikt von Gier und Ehrenhaftigkeit,
ein Dichter in den Nebeln seiner Abenddämmerung
und in den Strahlen seiner Morgenröte.

Wer all dies erfährt und sehen und verstehen lernt,
der kann Vollkommenheit erreichen
und wird vielleicht ein Schatten
von Gottes Schatten werden.

Des Dichters Tod ist sein Leben

Die schwarzen Schwingen der Nacht umfingen die Stadt, auf welche die Natur ein reines, weißes Gewand aus Schnee gebreitet hatte. Die Menschen verließen die Straßen und betraten ihre Wohnstätten, während der Nordwind mit der Verwüstung der Gärten begann. Am Rande der Stadt lag eine alte, verfallene Hütte unter der Last des Schnees. Darin stand in einem dunklen Winkel ein armseliges Bett, in dem ein sterbender Jüngling lag. Er starrte in das trübe Licht der Öllampe, die durch den Windzug ständig flackerte. Der junge Mann, der noch im Frühling seines Lebens stand, fühlte die Stunde des Friedens, die ihn aus den harten Griffen des Lebens befreien sollte, schnell herankommen. Mit Freude wartete er auf den Besuch des Todes, und auf seinem blassen Antlitz erschienen Zeichen von Hoffnung: auf seinen Lippen lag ein trauriges Lächeln, und seine Augen strahlten Vergebung aus.

Der Jüngling war ein Dichter, der in der Stadt der Reichen verhungerte. Er war in diese Welt getreten, um das menschliche Herz mit schönen und tiefsinnigen Worten zu erheben. Er war eine edle Seele, die von der Göttin der Erkenntnis gesandt worden war, um dem irdischen Geist Ruhe zu verschaffen. Aber ach! Er nahm freudig Abschied von dieser kalten Welt, denn er hatte von ihren seltsamen Bewohnern niemals ein Lächeln erhalten.

Er lag in den letzten Zügen und hatte niemanden bei sich als jene Öllampe und einige Pergamentblätter, auf denen er die Empfindungen seines Herzens niedergeschrieben hatte. Noch einmal sammelte er seine ganze Kraft und hob die Hände zum Himmel empor. Und während er seine Augen auf die Decke des Raumes richtete, als wolle er sie mit seinen Blicken durchdringen, um die Sterne hinter dem Wolkenschleier zu sehen, sprach er: »Komm, schöner Tod, meine Seele verlangt nach dir! Komm und löse mich aus den eisernen Ketten des Lebens, denn ich bin es leid, sie herumzuschleppen. Komm, süßer Tod, befreie mich von meinen Mitmenschen, die mich als Fremdling betrachten, da ich ihnen die Sprache der Engel deuten wollte. Eile herbei, o sanfter Tod, und trage mich hinweg von diesen Leuten, die mich in der dunkelsten Ecke des Vergessens zurückließen, da ich im Gegensatz zu ihnen die Schwachen nicht zu erpressen versuchte. Komm, gütiger Tod, nimm mich unter deine weißen Schwingen, denn die Menschen wollen mich nicht. Umarme mich, der du voll Liebe und Güte bist! Lege deine Lippen auf die meinen, die nie den Kuß einer Mutter spürten und niemals einer Schwester Wange liebkosten oder die Hände einer Geliebten berührten. Komm und nimm mich, geliebter Tod!« Plötzlich erschien neben dem sterbenden Dichter ein Engel von übernatürlicher, göttlicher Schönheit, der in seiner Hand einen Lilienkranz trug. Er umarmte ihn und schloß ihm die Lider, so daß er nur noch mit seinen geistigen Augen zu sehen vermochte. Dann küßte er ihn lange und zärtlich, und auf den Lippen des Jünglings erschien das unvergängliche Lächeln der Erfüllung. Auf einmal war die Hütte leer, und es blieb nichts darinnen zurück als einige Pergamentblätter, die der Dichter mit bitterer Geringschätzung verstreut hatte. Viele hundert Jahre später, als die Menschen dieser Stadt aus dem krankhaften Schlummer der Unwissenheit erwachten und das Herankommen der Erkenntnis wahrnahmen, errichteten sie im schönsten Park ein Denkmal für den Dichter und feierten jedes Jahr ein Fest zu Ehren des Mannes, der sie durch seine Schriften frei gemacht hatte. O wie grausam und engstirnig sind doch die Menschen!

Der Totengräber

In der schreckenerregenden Stille der Nacht, als alle Lichter des Himmels hinter dem dichten, dunklen Gewölk verschwunden waren, wanderte ich einsam und ängstlich durch das Tal der Toten. Gegen Mitternacht, während die Gespenster mit ihren gräßlichen knöchernen Schwingen über mich hinweghuschten, sah ich plötzlich einen riesigen Geist vor mir stehen, der mich durch sein unheimliches Aussehen in Bann schlug. Mit donnernder Stimme rief er: »Deine Angst ist eine zweifache, denn du fürchtest, vor mir Furcht zu haben! Du kannst das nicht verhehlen, denn du bist schwächer als der dünne Faden einer Spinne. Wie ist dein Name auf Erden?«

Ich lehnte mich gegen einen großen Felsen und versuchte, mich von diesem Schock zu erholen; dann antwortete ich mit zitternder Stimme: »Mein Name ist Abdallah, das bedeutet ›Sklave Gottes‹.« Einen Augenblick lang hielt der Geist still, doch es war eine angsterregende Stille. Allmählich gewöhnte ich mich an seine Gegenwart, doch alsbald wurde ich erneut erschreckt von seinen schauerlichen Gedanken und absonderlichen Feststellungen. »Gott hat eine große Anzahl von Sklaven«, polterte er, »und seine Klagen über sie sind gewaltig. Weshalb nannte dein Vater dich nicht ›Herr der Dämonen‹? Dadurch hätte er dem großen Unheil auf Erden noch ein weiteres beigefügt. Du haftest voll Angst an den geringen Gaben deiner Vorfahren, und dein Unglück ist im Vermächtnis deiner Eltern begründet; du wirst ein Sklave des Todes bleiben, bis du selbst tot bist.

Was du tust, ist nutzlos, und dein Leben ist ohne Inhalt. Niemals hat dich das wahre Sein aufgesucht und wird es auch nicht tun. Dein trügerisches Selbst wird es nicht wahrnehmen, daß du ein lebendiger Toter bist. Deine von der Einbildung getrübten Augen sehen nur, wie die Menschen vor dem Brausen des Lebens erzittern, und du hältst sie deshalb für Lebende, obgleich sie von Geburt an tot sind. Da es niemanden gab, der sie beerdigt hätte, wäre es das beste, du würdest Totengräber werden. Dann kannst du die wenigen wirklich Lebenden aus den Leichenhaufen retten, die in den Häusern, auf den Straßen und in den Kirchen liegen.«

»Einer solchen Berufung kann ich nicht Folge leisten«, protestierte ich. »Meine Frau und meine Kinder bedürfen meiner Unterstützung und Begleitung.«

Er lehnte sich gegen mich und zeigte mir seine Muskeln, die mir wie die Wurzeln einer starken, vor Lebenskraft strotzenden Eiche vorkamen; dann schrie er: »Drücke jedem einen Spaten in die Hand und zeige ihm, wie man ein Grab schaufelt! Dein Leben ist nichts als schwarzes Elend, das sich hinter weißgetünchten Mauern verbirgt. Kommt mit uns, wir Geister sind die einzigen, die im Besitz der Wahrheit sind! Das Ausschaufeln von Gräbern hat einen geringen, doch positiven Nutzen, denn es bewirkt, daß die toten Geschöpfe verschwinden, die im Sturme zittern, aber niemals mit ihm gehen.« Nach kurzem Nachdenken fragte er: »Welcher Religion gehörst du an?«

»Ich glaube an Gott und verehre seine Propheten«, bekannte ich mutig. »Ich liebe die Tugend und hoffe auf ein Leben in der Ewigkeit.«

Mit bemerkenswerter Klugheit und voll Überzeugung meinte er: »Diese leeren Worte wurden den Menschen von der Vergangenheit auf die Lippen gelegt und nicht von der Erfahrung, denn tatsächlich glaubst du nur an dich selbst. Du verehrst niemanden außer dir und vertraust nur der Unvergänglichkeit deiner eigenen Sehnsucht. Seit dem Anbeginn der Zeit hat der Mensch nur sein eigenes Ich verehrt. Er gab ihm auch angemessene Namen, bis heute, da er das Wort ›Gott‹ gebraucht, aber das gleiche Ich meint.« Daraufhin lachte der Riese so laut, daß seine Stimme in den Höhlen widerhallte, dann spottete er: »Wie seltsam sind doch diejenigen, die sich selbst verehren, denn ihr wahres Leben ist nichts anderes als ein irdischer Leichnam.«

Als er endlich innehielt, dachte ich über seine Worte und deren Bedeutung nach. Er besaß ein Wissen, das fremdartiger war als das Leben, schrecklicher als der Tod und tiefer als die

Wahrheit. Angsterfüllt wagte ich ihn zu fragen: »Hast du eine Religion oder einen Gott?«

»Man nennt mich den besessenen Gott«, erwiderte er. »Ich lebe seit eh und je und bin mein eigener Gott. Ich bin nicht weise, denn Weisheit ist eine Eigenschaft der Schwachen. Aber ich bin stark, und die Erde bewegt sich unter meinen Schritten; wenn ich anhalte, bleiben auch die Sterne stehen. Ich verhöhne die Menschen ... ich begleite die Giganten der Nacht ... ich geselle mich den großen Königen der Geister zu ... ich bin im Besitz aller Geheimnisse des Seins und des Nicht-Seins.

Am Morgen schmähe ich die Sonne ... gegen Mittag verfluche ich die Menschheit ... am Abend verwünsche ich die Natur ... und nachts knie ich nieder und bete mich an. Ich ernähre mich vom Fleisch der Menschen und lösche mit ihrem Blut meinen Durst; ich raube ihren letzten Hauch für meinen Atem. Obgleich du es nicht glauben wirst, du bist mein Bruder und lebst genauso wie ich. Fort mit dir, du Heuchler! Krieche wieder in die Erde zurück und verehre dich weiterhin selbst unter lebendigen Toten!«

Völlig verwirrt wankte ich aus dem felsigen Höhlental. Ich konnte kaum glauben, was meine Ohren gehört und meine Augen gesehen hatten. Seine Behauptungen quälten mich, und so wanderte ich die ganze Nacht hindurch mit schwermütigen Gedanken über die Felder.

Ich verschaffte mir einen Spaten und sprach zu mir: »Hebe tiefe Gräber aus ... Geh, und wo immer du einen der lebendigen Toten findest, begrabe ihn.« Seit dieser Zeit hebe ich Gräber aus und beerdige lebendige Tote. Es sind ihrer sehr viele, und ich bin allein und habe keinen Helfer ...

Die Schönheit des Todes

M. E. H. gewidmet

Erster Teil: Der Ruf

Laßt mich schlafen, die Seele ist von der Liebe berauscht;
Laßt mich ruhen, mein Geist hat die Gaben von Tag und Nacht genossen.
Zündet die Kerzen an und verbrennt Weihrauch an meinem Bett!
Streut Blüten von Jasmin und Rosen über mich!
Salbt mein Haar und sprüht auf meine Füße wohlriechende Essenzen!
Lest, was die Hand des Todes auf meine Stirn geschrieben hat!
Laßt mich in des Schlummers Armen liegen, denn meine Augen sind müde;
Laßt die silbernen Saiten der Lyra ertönen, sie bringen Ruhe über den Geist.
Aus Harfen- und Lautenklängen webt einen Schleier um mein Herz!
Singt von vergangenen Tagen, als ihr das Keimen der Hoffnung in meinen Augen bemerktet,
Denn diese Zauberkraft gleicht einem weichen Lager, auf dem das Herz zur Ruhe kommt.

Trocknet eure Tränen, Freunde, hebt euer Haupt wie die Blumen empor,
Wenn sie den Morgen willkommen heißen.
Seht auf die Braut des Todes, die wie eine Säule aus Licht
An meinem Bett und vor der Ewigkeit steht.
Haltet den Atem an und lauscht mit mir dem Flattern ihrer Schwingen.

Kommt nahe heran und sagt mir Lebewohl; küßt meine Augen mit lächelnden Lippen;
Laßt die Kinder mit ihren zarten Fingern nach meinen Händen greifen
Und laßt die Alten mit zitternder Hand mich segnen.
Laßt die Jungfrauen kommen, damit sie den Schatten Gottes in meinen Augen sehen
Und seines Willens Widerhall durch meinen Atem vernehmen.

Zweiter Teil: Das Hinansteigen

Ich habe den Gipfel des Berges überschritten und meine Seele schwebt
In des Himmels unbegrenzter Freiheit.
Ich bin schon weit entfernt, meine Freunde;
Die Wolken verbergen die Hügel vor meinen Augen,
Und die Täler werden von einem Meer der Stille überflutet.
Die Hände des Vergessens umfassen Straßen und Häuser,
Ebenen und Felder verschwinden hinter einem weißen Schleier,
Der Frühlingswolke ähnlich; gelb wie das Kerzenlicht
Und rot wie die Abenddämmerung.

Die Lieder der Wellen und der Flüsse Gesang
Sind vergangen, der Lärm der Menge hat sich in Stille gewandelt.
Ich höre nur noch die Klänge der Ewigkeit,
Die mit den Wünschen des Geistes im Einklang steh'n.
Ich bin in weißes Licht gehüllt;
Ich bin getröstet; ich bin im Frieden.

Dritter Teil: Das Verbleibende

Nehmt mich aus diesem weißen Leinenhemd, bekleidet mich
Mit den Blättern von Lilien und Jasmin.

Hebt meinen Körper aus diesem Sarg von Elfenbein und laßt ihn ruhen
Auf Kissen von Orangenblüten.
Stimmt keine Klagelieder an, singt von der Jugend und der Freude;
Beweint mich nicht und unterdrückt die Seufzer, doch zeichnet mit eurem Finger
Das Sinnbild von Liebe und Freude auf mein Gesicht.
Stört nicht mit euren Totengesängen die Ruhe der Lüfte,
Doch eure Herzen mögen mit mir das Lied des Ewigen Lebens anstimmen.

Tragt wegen mir keine schwarzen Gewänder,
Sondern kleidet euch bunt und freut euch mit mir.
Sprecht nicht mit seufzendem Herzen von meinem Scheiden,
Ihr werdet mich sehen immerdar.

Legt mich sacht auf ein Lager von Blättern
Und tragt mich auf euren Schultern
Langsam in den tiefen Wald.
Bringt mich nicht auf einen überfüllten Friedhof; dort finde ich keinen Schlaf,
Denn das Klappern der Gebeine stört mich.
Tragt mich in den Zypressenhain und begrabt mich dort,
Wo Veilchen und Mohnblumen wachsen, ohne sich zu behindern.
Hebt ein tiefes Grab aus, damit die Flut
Mein Gebein nicht in das Tal hinausspült.
Macht mir ein breites Grab, auf daß die Schatten der Dämmerung kommen und bei mir verweilen.

Nehmt alles Nichtige mir ab und senkt mich tief hinein
In meine Mutter, die Erde; legt mich sanft an ihre Brust
Und deckt mich mit leichten Schollen zu;
Gebt jeder Handvoll Erde die Samen von Lilien, Jasmin und Myrthen bei,
Damit sie keimen und wachsen aus mir heraus
Und den Duft meines Herzens ins All verströmen.

Sie tun dann auch der Sonne das Geheimnis meines Friedens kund
Und geh'n mit dem Wind auf die Reise.

Nehmt Abschied von mir, meine Freunde, verlaßt mich mit ruhigem Schritt,
So wie die Stille selbst im einsamen Tale wandelt.
Überlaßt mich nun Gott und entfernt euch sacht, so wie sich
Mandel- und Apfelblüten im Winde des Nisan verstreuen.
Kehrt heim in das Wohlbehagen eurer Häuser; dort werdet ihr finden,
Was der Tod weder von euch noch von mir nehmen kann.
Verlaßt diesen Ort, denn was ihr hier seht, ist weit entfernt
Vom Sinn der irdischen Welt. Verlaßt mich!

O Nacht

O Nacht der Liebe, die Dichter und Sänger beflügelt,
o Nacht der Phantome, der Geister und Schatten,
o Nacht des Verlangens, des Hoffens und Wissens!
Du bist wie ein Riese, der abends die Wolken vertreibt
und über die Röte des Morgens ragt.
Du bist mit dem Schwert der Angst bewaffnet,
des Mondes Strahlen krönen dich,
du wirst von Ruhe und Ordnung umhüllt.

Mit tausend Augen durchdringst du die Tiefe des Lebens,
Mit tausend Ohren hörst du des Todes
und Nicht-Seins Gejammer.
Das Licht des Himmels scheint durch dein Dunkel,
denn Tag ist ein Licht, das mit
der Erde Dunkelheit uns erdrückt.

Du öffnest unsre Augen in Ehrfurcht vor der Ewigkeit
und gibst uns Hoffnung,
denn der Tag ist eine Täuschung, die uns
durch Maß und Menge blind sein läßt.
Du bist vollkommene Stille und enthüllest die Geheimnisse
der Geister, die im Himmel wachen.
Der Tag ist nur ein Aufruhr, der die Seelen rüttelt,
so daß
sie zwischen Sinn- und Wundervollem schweben.
Du bist Gerechtigkeit, die an den Ort des Schlummers die
Träume der Geschwächten bringt, auf daß sie sich vereinen
mit der Hoffnung auf die Kraft.

Ein gnäd'ger Herrscher bist du, der mit Zauberhänden
die Augen der Betrübten schließt
und ihre müden Herzen in freundlichere Reiche führt.

Der Geist der Liebe findet Zuflucht
in den Falten deines Kleides;
Und auf deine taubenetzten Füße gießen
Verlass'ne und Verlor'ne ihre Tränen.

In deiner flachen Hand, in der der Duft
der Täler liegt, findet der Fremdling Linderung
für sein Verlangen.
Die Liebenden begleitest du, schenkst den Betrübten Trost.
Du schützt den Fremden und auch den Verlass'nen.
In deinem Schatten ruht des Dichters Sinnen
und wacht das Herz der Seher auf.
Und unter deiner Krone nimmt
des Denkers Weisheit Formen an.
Du regst die Dichter an, und den Propheten schenkst du
Offenbarungen; du lehrst die Philosophen.

Wenn meine Seele die Menschen nicht mehr ertragen kann
und meine Augen den Tag nicht sehen wollen,
geh' ich dorthin, wo die schweigenden Schatten
vergangener Zeiten ruhen.

Da halte ich vor einer düsteren Versammlung inne,
die tausendfüßig auf die Erde tritt
und sie erzittern läßt.

Da blicke ich dem Schatten in die Augen
und vernehme das Rauschen unsichtbarer Schwingen;
ich fühle
den sanften Schwung des dichten Kleids der Stille und bleibe
standhaft vor den Schrecken schwarzen Dunkels.

Da seh' ich doch, o Nacht, schrecklich und schön, wie du mit
Nebel dich umgibst und zwischen Erd' und
Himmel schwebst; und eine Wolke hüllt dich ein,
und du verlachst die Sonne, hast Spott nur für den Tag,
verhöhnst die Sklaven, die schlaflos ihren Göttern opfern.

Ich sehe, daß voll Zorn du auf gekrönte Häupter blickst, wie
sie in samt- und seid'nen Betten schlafen.

Ich sehe, wie die Diebe vor deinem wachen Blicke fliehn und
wie die Kinder du im Schlaf bewachst.
Ich seh' dich über das gequälte Lachen einer Dirne weinen
und über Tränen von Verliebten lächeln.
Ich seh', wie deine rechte Hand das Gute aufhebt und wie
dein Fuß das Böse in den Boden stampft.

Ich sehe dich, und du siehst mich, o Nacht.
Trotz deiner Schrecklichkeit bist du mir wie ein Vater,
und ich
seh' mich in meinen Träumen als dein Sohn.

Der Wall des Argwohns zwischen uns
ist weggeräumt, und du enthüllst mir
deinen Plan und dein Geheimnis;
und ich eröffne dir mein Hoffen und mein Wünschen.
Dein Schrecken hat sich in ein Lied gewandelt,
das süßer als der Blumen Duft mein Herz erfüllt.

Die Angst ist verschwunden,
ich bin so ruhig wie die Vögel,
Du hobst mich empor und hältst mich im Arm,
du lehrtest mich sehen und hören
und meine Lippen das Sprechen.
Mein Herz vermag nun zu lieben,
was andere hassen,
und lernte zu hassen,
was andere lieben.

Mit sanfter Hand berührst du
die Gedanken; und mein Inn'res fließt
wie ein gewalt'ger Strom.

Mit heißen Lippen küßt du
meine Seele,
und einer Fackel gleich entflammst du sie.

Ich habe dich begleitet, Nacht, und folgte dir,
bis wir Verwandte wurden.

Ich liebte dich, bis daß mein Sein
ein Spiegelbild von deinem Wesen ward.

Ins dunkle Selbst haben die Gefühle
glitzernde Sterne gestreut,
den Zug der Träume erhellt ein Mond
in meinem Herzen.
In meiner Seele ohne Schlaf enthüllt die Stille
der Liebenden Geheimnis,
und das Gebet der Frommen gibt sie wie ein Echo wieder.
Mein Gesicht trägt eine Zaubermaske, die
von des Todes Qual zerrissen und
von der Jugend Lied wiederbelebt wird.
In jeder Weise sind wir uns gleich, o Nacht.

Wird man mich für einen Prahler halten, wenn ich mich mit dir vergleiche?
Prahlt der Mensch nicht auch damit, daß er dem Tage ähnlich sei?
Ich bin wie du, o Nacht;
und wir sind beide angeklagt,
etwas zu sein, was wir nicht sind.
Ich bin wie du, auch wenn die Dämmerung mich nicht mit ihren gold'nen Wolken krönt.
Ich bin wie du, auch wenn der Morgen nicht mein Kleid mit ros'gen Strahlen ziert.
Ich bin wie du, auch wenn ich nicht
in der Galaxis treibe.
Ich bin die Nacht: unendlich, still.
Meinem Dunkel ist kein Anfang,
meiner Tiefe ist kein End!
Und wenn die Seelen dann
zum Licht der Freude streben,
hebt auch meine Seele sich empor,
verklärt vom Dunkel ihres Leids.
Ich bin wie du, o Nacht! Und wenn mein Morgen naht, hat meine Zeit ein End.

Der Prophet

in der Übersetzung von
Georg-Eduard Freiherr von Stietencron,
erstmals erschienen 1925

Almustafa, der Auserwählte und Geliebte, der eine Dämmerung war seines eigenen Tages, hatte zwölf Jahre in der Stadt Orphalese gewartet auf sein Schiff, das zurückkehren sollte, ihn heimzubringen zu der Insel seiner Geburt.

Und im zwölften Jahre, am siebenten Tage des Jelool, des Monats der Ernten, stieg er auf die Hügel außerhalb der Wälle der Stadt und blickte seewärts; und siehe: sein Schiff kam mit dem Nebel.

Da schwangen die Tore seines Herzens auf, und seine Freude flog weit über das Meer. Und er schloß seine Augen und betete in dem Schweigen seiner Seele.

Aber da er die Hügel herabstieg, kam Traurigkeit über ihn, und er dachte in seinem Herzen: Wie soll ich in Frieden gehen und ohne Leid? Nein, nicht ohne eine Wunde im Geiste werde ich diese Stadt verlassen.

Lang waren die Tage des Schmerzes, die ich in den Wällen verbrachte, und lang waren die Nächte der Einsamkeit; und wer kann Abschied nehmen ohne Bedauern von seinen Schmerzen und seiner Einsamkeit?

Zuviel Stücke meines Geistes habe ich verstreut in diesen Straßen, und zu viele sind der Kinder meiner Sehnsucht, die da nackend schreiten zwischen diesen Hügeln, und nicht kann ich von ihnen scheiden ohne eine Last und ein Leid. Nicht ein Kleid tue ich heute ab, sondern eine Haut zerreiße ich mit meinen eigenen Händen. Und kein Gedanke ist es, den ich hinter mir lasse, sondern ein Herz, milde geworden durch Hunger und durch Durst.

Und doch kann ich nicht länger warten. Das Meer, das alle Dinge zu sich ruft, ruft mich, und ich muß mich einschiffen.
Denn zu bleiben, ob auch die Stunden brennen in der Nacht, hieße gefrieren und zu Kristall werden und gebunden bleiben an eine feste Form.
Gern nähme ich mit mir alles, was hier ist. Doch wie könnte ich es?
Eine Stimme kann nicht die Zunge tragen und die Lippen, die ihr Flügel gaben. Allein muß sie den Äther suchen.
Und allein und ohne sein Nest muß der Adler fliegen gegen die Sonne.

Und da er den Fuß des Hügels erreichte, wandte er sich wieder gegen das Meer, und er sah sein Schiff sich dem Hafen nähern, und auf seinem Bug die Seeleute seines eigenen Landes.

Und seine Seele schrie ihnen entgegen, und er sprach:
Söhne meiner früheren Mutter, die ihr reitet auf den Gezeiten, wie oft seid ihr gesegelt durch meine Träume. Und nun kommt ihr in mein Erwachen, das mein tieferer Traum ist.
Bereit bin ich zu gehen, und mein Verlangen, mit vollgesetzten Segeln, wartet des Windes.
Nur noch einen Atemzug will ich atmen in dieser stillen Luft und noch einen liebenden Blick rückwärts werfen.
Und dann werde ich unter euch sein, ein Seefahrer unter Seefahrern.
Und du, weite See, schlaflose Mutter,
Die du allein Frieden gibst und Freiheit dem Bach und dem Strom,
Nur noch eine Windung wird dieser Strom machen, nur noch ein Murmeln in dieser Lichtung,

Und dann werde ich zu dir kommen, unendlicher Tropfen zum grenzenlosen Ozean.

Und da er schritt, sah er von fernher Männer und Weiber ihre Felder verlassen und ihre Weingärten und eilen nach den Toren der Stadt. Und er hörte ihre Stimmen seinen Namen rufen und Rufe von Feld zu Feld, kündend das Kommen seines Schiffes.

Und er sprach zu sich selber.
Wird der Tag des Scheidens zum Tage der Ernte werden und meine Abenddämmerung in Wahrheit zum Erwachen meines Morgens?
Und was werde ich dem geben, der seinen Pflug verließ in der Furchenmitte, oder dem, der da anhielt das Rad seiner Kelter?
Wird mein Herz ein Baum werden, schwerbeladen mit Früchten, daß ich sie sammeln möge, sie ihnen zu geben?
Und werden meine Wünsche fließen gleich einem Brunnen, daß ich füllen möge ihre Schalen?
Bin ich eine Harfe, daß die Hand des Allmächtigen mich anrühre, oder eine Flöte, daß sein Atem durch mich gehe?
Ein Sucher der Schweigen bin ich, und welchen Schatz habe ich gefunden im Schweigen, den ich austeilen könnte mit Zuversicht?
Ist dieses der Tag meiner Ernte, in welchen Feldern habe ich dann die Saat gesät, und in welchen unerinnerten Jahreszeiten?
Ist dies in der Tat die Stunde, in der ich meine Laterne hebe, so ist es nicht meine Flamme, die in ihr brennen wird.
Leer und dunkel werde ich meine Laterne heben, und der Wächter der Nacht wird sie füllen mit Öl, und er wird sie auch anzünden.

Diese Dinge sprach er in Worten. Doch vieles in seinem Herzen blieb ungesprochen. Denn er selber konnte nicht aussprechen sein tieferes Geheimnis.
Und als er in die Stadt hineintrat, kam alles Volk ihm entgegen, und sie schrien zu ihm wie mit einer einzigen Stimme.
Und die Ältesten der Stadt traten vor und sprachen:
Gehe noch nicht von uns.
Ein Mittag warst du in unserer Dämmerung, und deine Jugend schenkte uns Träume zu träumen. Kein Fremder bist du in unserer Mitte, noch ein Gast, sondern Sohn uns und herzlich Geliebter. Laß noch nicht unsere Augen hungern nach deinem Angesicht.

Und die Priester und die Priesterinnen sprachen zu ihm: Laß nicht die Wellen des Meeres uns nun trennen, daß uns die Jahre, die du verbrachtest in unserer Mitte, nicht zur Erinnerung werden.
Ein Geist, bist du unter uns gewandelt, und dein Schatten war ein Licht auf unserem Antlitz.
So sehr haben wir dich geliebt. Doch sprachlos war unsere Liebe und verschleiert in Schleiern. Doch nun ruft sie laut aus zu dir und möchte sich dir enthüllen.
Und immer war es so: Liebe kennt nicht ihre eigene Tiefe bis zur Stunde der Trennung.

Und andere kamen und baten. Doch er antwortete ihnen nicht. Er beugte nur sein Haupt; und die, so ihm nahe standen, sahen seine Tränen fallen auf seine Brust.
Und er begab sich mit dem Volke zu dem großen Platze vor dem Tempel.

Und siehe, es trat aus dem Heiligtum ein Weib, mit Namen Almitra. Und sie war eine Seherin. Und er blickte auf sie mit übergroßer Zärtlichkeit, denn als erste war sie

ihm gefolgt und hatte an ihn geglaubt, da er kaum einen Tag in der Stadt war.
Und sie grüßte ihn und sprach:
Prophet Gottes, in Suche des Unendlichen: seit langem schon hast du die Fernen befragt nach deinem Schiffe.
Und nun ist dein Schiff gekommen, und du mußt gehen.
Tief ist deine Sehnsucht nach dem Land deiner Erinnerungen und den Wohnungen deiner höheren Wünsche, und unsere Liebe möchte dich nicht binden, noch unser Bedürfen dich halten.
Doch dies Eine bitten wir dich, ehe du uns verläßt, daß du sprechest zu uns und uns gebest von deiner Wahrheit.
Und wir wollen sie unseren Kindern geben, und die ihren Kindern, und sie wird nicht sterben.
In deiner Einsamkeit hast du bewacht unsere Tage, und in deiner Wachheit hast du gelauscht dem Weinen und dem Gelächter unseres Schlafs. Darum öffne dich uns nun und sage uns alles, was dir gezeigt wurde von dem, das zwischen Geburt ist und Tod.

Und er antwortete:
O Volk von Orphalese, wovon kann ich sprechen, denn nur von dem, das eben jetzt sich bewegt in eueren Seelen!

Da sagte Almitra: sprich uns von der Liebe.
Und er hob sein Haupt und blickte auf das Volk, und eine Stille fiel über sie. Und er sprach mit großer Stimme:
Wenn die Liebe euch ruft, so folget ihr,
Ob ihre Wege auch hart sind und steil. Und so ihre Flügel euch decken, so gebet euch hin,
Ob ihr verborgenes Schwert euch auch Wunden schlage.
Und glaubet ihr, so sie zu euch spricht,

Ob auch ihre Stimme eure Träume auseinanderjage, wie der Nordwind die Gärten verwüstet.

Denn wie die Liebe euch krönt, so wird sie euch kreuzigen. Und wie sie euch wachsen läßt, so wird sie euch zurückschneiden.
Wie sie sich erhebt zu eurer Höhe und liebkost eure zartesten Zweige, die in der Sonne zittern,
So wird sie herabsteigen zu euren Wurzeln, die sich in die Erde klammern und ihren Halt erschüttern.

Wie Kornähren sammelt sie euch.
Sie drischt euch, daß ihr nackend werdet,
Sie siebt euch, daß ihr frei werdet von euren Schalen.

Sie malt euch weiß.
Sie knetet euch biegsam;
Und dann weiht sie euch ihrem Feuer, daß ihr werdet geheiligtes Brot zu Gottes heiligem Festmahl.

All dieses wird euch die Liebe tun, auf daß ihr kennet die Geheimnisse eures Herzens und werdet in diesem Wissen zu einem Bruchstück vom Herzen des Lebens.

Doch wenn ihr in eurer Furcht nur der Liebe Frieden suchet und der Liebe Lust,
So wäre es besser, ihr bedecktet eure Blöße und wichet von der Tenne der Liebe
In die Welt ohne Jahreszeiten, wo ihr lachen werdet, doch nicht all euer Lachen, und weinen, doch nicht all eure Tränen.

Nur sich selbst gibt die Liebe und nimmt nur von sich selber.
Die Liebe besitzt nicht, noch will sie besessen werden,
Denn Liebe genügt der Liebe.

Wenn ihr liebet, so sollt ihr nicht sagen: Gott ist in meinem Herzen; sondern: »Ich bin im Herzen Gottes.«
Und denket nicht, daß ihr könnet richten den Lauf der Liebe, denn Liebe, wenn sie euch würdig erfindet, richtet euren Lauf.

Liebe hat kein anderes Verlangen als nur: sich selbst zu erfüllen.
Doch so ihr liebet und dennoch müsset Verlangen haben, so sei es dies:
Zu schmelzen und zu sein wie ein fließendes Wasser, das singet sein Lied der Nacht.

Zu wissen um das Weh allzugroßer Zärtlichkeit. Verwundet zu werden durch euer eigenes Verstehen der Liebe;
Und zu bluten, willig und mit Freuden.
Des frühen Morgens zu erwachen mit beschwingtem Herzen und Dank zu geben für einen neuen Tag der Liebe.
Des Mittags zu ruhen und zu überdenken den Rausch der Liebe.
Heimzukehren am Abend voll Dankbarkeit;
Und dann zu schlafen, ein Gebet für den Geliebten in eurem Herzen und einen Lobgesang auf euren Lippen.

Und wieder sprach Almitra und sagte:
Und wie ist es mit der Ehe, Meister?
Und er antwortete und sprach:
Zusammen wurdet ihr geboren, und zusammen werdet ihr bleiben für alle Ewigkeit.
Ihr werdet beisammen sein, wenn die weißen Flügel des Todes eure Tage zerstreuen.
Ja, ihr werdet beisammen sein selbst in dem schweigenden Gedächtnisse Gottes.
Doch seien Zwischenräume in eurem Zusammensein,
Und lasset die Winde des Himmels tanzen zwischen euch.

Liebet einander, doch machet die Liebe nicht zu einer Fessel.
Sie sei vielmehr ein bewegtes Meer zwischen den Gestaden eurer Seelen.
Fülle Einer des Anderen Schale, doch trinket nicht aus einer Schale.
Gebe Einer dem Anderen von seinem Brot, doch esset nicht von dem selben Laibe,
Singet und tanzet zusammen und seid fröhlich, doch bleibe ein jeder von euch allein,
Gleich wie die Saiten einer Harfe alleine stehen, ob sie gleich zittern in einer gleichen Musik.

Gebt eure Herzen, doch nicht einander in Gewahrsam.
Denn nur die Hand des Lebens kann eure Herzen enthalten.
Und stehet beisammen, doch nicht zu nahe zusammen:

Denn des Tempels Säulen stehen getrennt,
Und nicht wachsen Eichbaum und Cypresse,
Einer im Schatten des Andern.

Und ein Weib, den Säugling an der Brust, sagte: Sprich uns von den Kindern.

Und er sprach:

Eure Kinder sind nicht eure Kinder.

Sie sind die Söhne und die Töchter der Sehnsucht des Lebens zu sich selber.

Durch euch kommen sie, doch nicht von euch. Und sind sie gleich bei euch, so gehören sie dennoch euch nicht.

Eure Liebe möget ihr ihnen geben, doch nicht eure Gedanken,

Denn sie haben ihre eigenen Gedanken.

Ihre Körper möget ihr versorgen, doch nicht ihre Seelen,

Denn ihre Seelen wohnen im Hause des Morgen, das ihr nicht besuchen könnet, nicht einmal in euren Träumen.

Ihr möget streben zu werden wie sie, doch suchet nicht sie euch gleich zu machen,

Denn das Leben schreitet nicht rückwärts, noch hält es sich auf mit Gestern.

Ihr seid der Bogen, von dem eure Kinder, gleich lebenden Pfeilen, abgesandt werden.

Der Schütze sieht das Ziel auf dem Pfade der Unendlichkeit, und er biegt euch mit seiner Kraft, daß seine Pfeile schnell fliegen mögen und weit.

Gebogen zu werden durch des Bogners Hand, sei euch Glück;

Denn gleich wie er den Pfeil liebt, der fliegt, also liebt er den Bogen, der sicher ist.

Dann sagte ein reicher Mann: Sprich uns vom Geben.
Und er antwortete:
Nur wenig gebt ihr, so ihr gebet von eurem Besitze,
Wenn ihr von euch selber gebet, so gebet ihr wahrhaft.
Denn was ist euer Besitz, denn Dinge, die ihr bewahrt und bewacht aus Furcht, ihrer morgen zu bedürfen?
Und was wird das Morgen bringen dem allzuvorsichtigen Hunde, der Knochen verscharrt in dem spurenlosen Sande, da er den Pilgern nachfolgt zur Heiligen Stadt?
Und was ist Furcht vor Bedürftigkeit anders als Bedürftigkeit selber?
Ist nicht die Furcht des Durstes vor vollem Brunnen, Durst, der unstillbar ist?

Da sind die, die wenig geben von dem Vielen, das sie besitzen – und sie geben es gegen Anerkennung, und ihr verborgenes Gelüste vergiftet ihre Gaben.
Und da sind die, die wenig haben und dies Wenige ganz geben.
Diese sind, die da glauben an das Leben und die Güte des Lebens, und ihre Truhe wird nimmer leer.
Da sind die, die da geben mit Freuden, und diese Freude ist ihre Belohnung.
Und da sind die, die da geben mit Schmerzen, und dieser Schmerz ist ihre Taufe.
Und da sind die, die da geben ohne Schmerz und suchen keine Freude, und sind nicht bewußt ihrer Tugend;
Sie geben, wie in der Tiefe des Tals die Myrte ihren Duft ausatmet in den Raum.

Durch solcher Hände spricht Gott, und hinter ihren Augen lächelt er auf die Erde.
Es ist gut zu geben dem Bittenden, aber besser ist es ungebeten zu geben, aus Verständnis;
Und für den Freigiebigen ist die Suche nach einem, der empfangen wird, größere Freude denn das Geben selber.
Und ist da etwas, das ihr zurückhalten solltet?
Alles, was ihr habt, wird eines Tages gegeben werden;
Darum gebet nun, daß euer sei die Jahreszeit des Gebens und nicht eurer Erben.

Oft sprachet ihr: »wohl wollte ich geben, doch nur dem Würdigen.«
Die Bäume eurer Obstgärten sprechen nicht also, noch die Herden eurer Weide.
Sie geben, um zu leben, denn Zurückzuhalten ist Sterben.
Sicher ist der, der da würdig ist zu empfangen seine Tage und seine Nächte, auch würdig alles Andere durch euch zu erhalten.
Und der da verdiente den Trunk aus dem Ozean des Lebens, verdient auch seine Schale zu füllen an eurer Quelle.
Und welches größere Verdienst gibt es als das, das da liegt in dem Mut und dem Vertrauen, nein in der Wohltat des Empfangens?
Und seid ihr es wert, daß die Menschen ihr Herz öffnen sollen und ihren Stolz entschleiern, damit ihr nackend sehet ihren Wert und ihren Stolz unbeschämt?
Seht erst selbst zu verdienen Gebende zu sein, und ein Werkzeug des Gebens. Denn in Wirklichkeit gibt Leben dem Leben, während ihr, die da zu geben glaubet, nichts seid als nur Zeugen.

Und ihr Empfangenden – und alle seid ihr Empfangen-

de – leget kein Gewicht auf Dankbarkeit, daß ihr nicht eine Last auf euch bürdet und auf den, der da gibt.
Erhebet euch lieber mit dem Geber auf seinen Gaben wie auf Schwingen;
Denn allzusehr eingedenk sein eurer Schuld heißt zweifeln an der Freigebigkeit dessen, der da hat zur Mutter die weitherzige Erde und Gott zum Vater.

Dann bat ein alter Mann, Wirt eines Gasthauses: Sprich uns vom Essen und Trinken.

Und er sprach:

Oh, daß ihr leben könntet von dem Dufte der Erde und gleich einer Luftpflanze euch nähren könntet vom Licht.

Doch da ihr töten müßt, um zu essen, und berauben den Neugeborenen der Milch seiner Mutter, um euren Durst zu stillen, so lasset es sein einen Gottesdienst,

Und sei euer Tisch ein Altar, auf dem geopfert wird das Reine und Unschuldige des Waldes und der Ebene dem, was noch reiner ist und noch unschuldiger im Menschen.

So ihr ein Tier tötet, so sprechet also zu ihm in eurem Herzen:

»Durch die gleiche Macht, die dich schlachtet, werde auch ich geschlachtet, und auch ich werde gegessen werden.

Denn das Gesetz, das dich auslieferte meiner Hand, wird mich ausliefern einer mächtigeren Hand.

Dein Blut und mein Blut ist nichts denn der Saft, der da nähret die Bäume des Himmels.«

Und so ihr zermalmet einen Apfel zwischen euren Zähnen, so sprechet also zu ihm in euren Herzen:

»Dein Same soll leben in meinem Leibe,

Und die Knospen deines Morgen sollen blühen in meinem Herzen.

Und dein Duft soll mein Atem sein,

Und miteinander wollen wir uns freuen durch alle die Jahreszeiten.«

Und des Herbstes, so ihr sammelt die Trauben eurer Weinberge für die Kelter, saget also in euren Herzen
»Auch ich bin ein Weinberg, und meine Früchte werden gelesen werden für die Kelter.
Und gleich wie neuen Wein wird man mich bewahren in ewigen Gefäßen.«
Und im Winter, so ihr abziehet den Wein, sei in eurem Herzen ein Lied für jeden Becher;
Und sei in dem Lied ein Erinnern an die Tage des Herbstes, und den Weinberg, und an die Kelter.

Dann sagte ein Pflüger: Sprich uns von der Arbeit.
Und er antwortete und sprach:
Ihr arbeitet, auf daß ihr Schritt halten möget mit der Erde und mit der Seele der Erde.
Denn untätig zu sein heißt: fremd werden den Jahreszeiten und heraustreten aus dem Festzuge des Lebens, der da schreitet in Hoheit und stolzer Unterwerfung zu dem Unendlichen hin.

So ihr arbeitet, seid ihr die Flöte, deren Herz das Flüstern der Stunden wandelt zu Musik.
Wer von euch wollte ein Rohr sein, stumm und stumpf, da doch alles singet im Einklang?

Immer ward euch gesagt, ein Fluch sei die Arbeit und das schwere Schaffen ein Unglück.
Doch ich sage euch, daß ihr im Schaffen verwirklicht einen Teil des fernsten Traumes der Erde, der euch zugeteilt ward in der Geburtsstunde dieses Traumes.
Und daß, so ihr weiter schaffet, ihr in Wahrheit liebet das Leben.
Und wenn ihr liebet das Leben durch Arbeit, so seid ihr vertraut dem innersten Geheimnis des Lebens.
Doch so ihr in eurem Schmerz Geburt ein Leidsal nennt und die Erhaltung des Fleisches einen Fluch, geschrieben auf eure Stirne, dann antworte ich euch, daß nur der Schweiß wegwaschen wird die Schrift von eurer Stirne.

Und wieder ward euch gesagt, das Leben sei dunkel,

und eure Schwachheit wiederholt, was von den Schwachen gesagt ward.
Und ich sage, daß Leben Dunkelheit ist fürwahr, außer wo da ist Trieb.
Und aller Trieb blind ist, außer wo da ist Wissen.
Und jedes Wissen Wahn ist, außer wo da ist Schöpfung.
Und alle Schöpfung leer ist, außer wo da ist Liebe;
Und wenn ihr werket mit Liebe, verbindet ihr euch: euch selber und den anderen und Gott.

Und was heißt, mit Liebe zu schaffen?
Es ist, zu weben das Tuch mit Fäden, gesponnen aus eurem Herzen, gleich als solle eure Geliebte diesen Stoff tragen.
Ein Haus zu bauen mit Zuneigung, gleich als solle euer Geliebter in diesem Hause wohnen.
Zu säen die Saat mit Zärtlichkeit und zu ernten die Ernte mit Freuden, gleich als solle eure Liebste von diesen Früchten essen.
Zu durchdringen jedes Ding, das ihr herstellet, mit einem Hauche eures eigenen Geistes
Und zu wissen, daß alle die Seligen euch umstehen und euch betrachten.

Oft hörte ich euch sagen, als sprächet ihr im Schlafe: »Der da in Marmor schafft und findet im Stein die Gestalt seiner eigenen Seele, der ist edler denn der, der da pflügt in der Scholle.
Und der da greift nach dem Regenbogen, ihn in Menschengestalt auf die Leinwand zu legen, der ist mehr denn jener, der da Sandalen herstellt für unsere Füße.«
Aber ich sage euch, nicht im Schlaf, sondern in der Überwachheit des Mittags, daß der Wind nicht süßer redet zur Rieseneiche denn zu dem letzten aller Grashalme.
Und der allein ist groß, der aus der Stimme des Windes

ein Lied macht, das süßer ward durch seine eigene Liebe.

Arbeit ist sichtbar gemachte Liebe.
Und so ihr nicht könnet arbeiten mit Liebe, sondern nur mit Widerwillen, so wäre es euch besser, zu verlassen euer Werk und zu sitzen am Tore des Tempels und Almosen zu nehmen von denen, die da arbeiten mit Lust.
Denn so ihr gleichgültig euer Brot backet, so backt ihr ein bitteres Brot, das nur zur Hälfte stillt des Menschen Hunger,
Und so ihr unlustig zerquetschet die Trauben, so sondert euere Unlust ein Gift ab in den Wein.
Und so ihr singet wie die Engel, und liebet nicht den Gesang, so verschließet ihr die Ohren der Menschen den Stimmen des Tages und den Stimmen der Nacht.

Dann sagte eine Frau: Sprich uns von Freude und Schmerz.
Und er antwortete:
Eure Freude ist eure Traurigkeit ohne Maske.
Und der selbige Brunnen, aus dem euer Lachen sich erhebt, war oftmals gefüllt mit euren Tränen. Und wie wäre es anders?
Je tiefer Leid durchdringt euer Sein, desto mehr Freude könnt ihr enthalten.
Ist nicht die Schale, die euren Wein empfängt, die gleiche Schale, die gebrannt ward in des Töpfers Ofen?
Und ist nicht die Flöte, die euren Geist tröstet, dasselbe Holz, das man aushöhlte mit dem Messer?
Wenn ihr fröhlich seid, so blicket tief in euer Herz, und ihr werdet finden, daß, was euch Leid brachte, euch nun Freude bringt.
Wenn ihr traurig seid, so blicket wiederum in euer Herz, und ihr werdet sehen, daß ihr in Wahrheit weinet um das, was euch einst entzückte.

Einige unter euch sagen: »Freude ist größer denn Leid«, und andere sagen: »mit nichten, Leid ist größer«.
Aber ich sage euch: unzertrennlich sind sie.
Zusammen kommen sie, und so eines sitzet an eurem Tische, so bedenket, daß das andere schläft auf eurem Bette.

Wahrlich, aufgehängt seid ihr wie eine Wage zwischen eurer Trübsal und eurer Freude.

Nur wenn ihr leer seid, seid ihr im Stillstand und Gleichgewicht.
Wenn der Schatzmeister euch hebt, zu wiegen sein Gold und sein Silber, so muß notwendig eure Freude oder Traurigkeit steigen oder fallen.

Dann trat ein Maurer vor und sagte: Sprich uns von Häusern.
Und er antwortete und sprach:
Bauet aus euren Einbildungen eine Hütte in der Wildnis, ehe daß ihr ein Haus baut innerhalb der Stadtmauern.
Denn gleichwie ihr kennet die Heimkehr in der Dämmerung, so auch der Wanderer in euch, der ewig Ferne und Einsame.
Euer Haus ist euer größerer Körper.
Es wächst in der Sonne und schläft in der Stille der Nacht; und ist nicht ohne Träume. Träumet euer Haus nicht? Und verläßt träumend die Stadt, für Hain oder Hügel?

Oh, könnte ich eure Häuser sammeln in meine Hand und gleich einem Sämann sie zerstreuen in Wald und Wiese.
Oh, daß die Täler euere Straßen wären und die grünen Pfade eure Alleen, daß ihr einander suchtet durch Weinberge, mit dem Duft der Erde in euren Gewändern.
Doch diese Dinge sollen noch nicht sein.
In ihrer Furcht sammelten euch eure Vorväter so dicht zusammen. Und diese Furcht soll noch ein Weniges dauern. Ein Weniges noch sollen die Stadtmauern trennen eure Herde von euren Feldern.

Und saget mir, Volk von Orphalese, was habt ihr in diesen Häusern? Und was behütet ihr hinter verschlossenem Turm?

Habt ihr Frieden, den ruhigen Drang, der eure Macht enthüllt?
Habt ihr Erinnerungen, die in leuchtenden Bögen überspannen die Höhen eures Geistes?
Habt ihr Schönheit, die das Herz emporhebt von den Dingen aus Holz und Stein zu dem heiligen Berge?
Saget mir, habt ihr diese Dinge in eurem Hause? Oder habt ihr nur Bequemlichkeit und Wunsch nach Wohlleben, dieses heimliche Wesen, das als Gast das Haus betritt und dann zum Mieter wird und endlich zum Herren?
Ja, und es wird zum Bändiger und macht mit Haken und Geißel Puppen aus euren größeren Begierden.
Hat es gleich seidenweiche Hände, so ist sein Herz doch aus Eisen.
Es lullt euch in Schlaf, um an eurem Bette zu stehen und zu höhnen die Würde des Fleisches.
Es treibt Spott mit euren gesunden Sinnen und legt sie in Daunen, gleich gebrechlichen Gefäßen.
Wahrlich die Lust nach Bequemlichkeit mordet die Leidenschaft der Seele und schreitet dann grinsend im Begräbniszuge.

Doch ihr, Kinder des Raums, ihr Ruhelosen selbst in der Ruhe, ihr sollt nicht gefangen werden, noch gezähmt.
Euer Haus soll kein Anker sein, sondern ein Mast. Es soll kein glitzerndes Gewebe sein, das eine Wunde bedeckt, sondern ein Augenlid, das das Auge hütet.
Ihr sollt eure Flügel nicht falten, um die Türen zu durchschreiten, noch beugen die Häupter, daß sie nicht an die Decke stoßen, noch fürchten zu atmen, auf daß nicht die Mauern sich spalten und zusammenstürzen.
Ihr sollt nicht in Gräbern wohnen, von den Toten gebaut für die Lebendigen.
Und ob auch prächtig und herrlich, soll euer Haus doch

nicht bewahren euer Geheimnis, noch eure Sehnsucht bergen.
Denn das Grenzenlose in euch wohnt in dem Hause des Himmels; dessen Tür ist der Morgennebel, und dessen Fenster sind die Lieder und das Schweigen der Nacht.

Und der Weber sprach: Sprich uns von den Kleidern.
Und er antwortete:
Eure Kleider verbergen viel von eurer Schönheit und verbergen doch nicht das Häßliche.
Und ob ihr gleich in Gewändern suchet die Freiheit der Heimlichkeit, so findet ihr in ihnen oft nur ein Joch und eine Kette.
Oh, daß ihr begegnetet der Sonne und dem Wind mit mehr Haut und weniger Kleidung. Denn der Atem des Lebens ist in dem Licht der Sonne, und die Hand des Lebens ist in dem Wind.

Einige unter euch sagen: »Es ist der Nordwind, der die Kleider gewoben hat, die wir tragen.«
Und ich sage euch: ja, es war der Nordwind, aber die Scham war sein Webstuhl und die Entnervung sein Faden.
Und da sein Werk getan war, lachte er im Walde.

Vergesset nicht, daß Schamhaftigkeit nur ein Schild ist gegen das Auge des Unreinen.
Und wenn der Unreine nicht mehr ist, so ist sie nur eine Fessel und eine Beschmutzung des Geistes.
Und vergesset nicht, daß die Erde sich freut, zu fühlen eure nackten Füße, und der Wind sich sehnt, zu spielen mit eurem Haar.

Und ein Händler sagte: Sprich uns vom Kaufen und Verkaufen.
Und er antwortete und sprach:
Die Erde gönnt euch ihre Frucht, und ihr werdet nicht Mangel leiden, so ihr nur eure Hände zu füllen wisset.
Im Austausch der Geschenke der Erde werdet ihr Fülle und Befriedigung finden.
Doch findet der Austausch nicht statt in Liebe und gütiger Gerechtigkeit, so wird er nur etliche zur Gier führen und etliche zu Hunger.

Wenn, auf dem Marktplatz, ihr Arbeiter der See und der Felder und der Weinberge begegnet den Webern und den Töpfern und den Sammlern der Gewürze.
So rufet an den Herrengeist der Erde, daß er in eure Mitte komme und heilige die Maße und das Rechnen, mit dem ihr aufwieget Wert gegen Wert. Und duldet nicht in euren Verhandlungen die, die mit leeren Händen ihre Worte verkaufen möchten für eure Arbeit.
Zu solchen solltet ihr sagen:
Kommt mit uns auf das Feld, oder gehet mit unseren Brüdern auf das Meer hinaus und werfet eure Netze.

Denn das Land und das Meer sollen fruchtbar sein für euch, gleichwie für uns.
Und wenn die Sänger kommen und die Tänzer und die Flötenspieler – so kaufet auch von ihren Gaben.
Denn auch sie sind Sammler von Früchten und Weihrauch, und was sie bringen, ist, wenngleich aus Träumen gebildet, Kleidung und Nahrung eurer Seele.

Und bevor ihr den Marktplatz verlaßt, sehet, daß niemand seines Weges gehe mit leeren Händen. Denn der Herrengeist der Erde wird nicht in Frieden schlafen auf dem Wind, ehe das Bedürfnis des Geringsten unter euch befriedigt ist.

Dann trat einer der Richter der Stadt vor und sagte: Sprich uns von Verbrechen und Strafe.
Und er antwortete und sprach:
Wenn euer Geist wandert auf dem Winde,
Tuet ihr, allein und unbewacht, anderen Schaden und damit auch euch selbst.
Und müsset, um dieses Übels willen, klopfen und eine Weile ungehört warten an den Toren des Gesegneten.

Wie der Ozean ist euer Gott-ich:
Ewig fleckenlos,
Und wie der Äther hebt es nur die Beschwingten.
Ja, wie die Sonne ist euer Gott-ich.
Es kennt nicht die Wege des Maulwurfs, noch sucht es die Löcher der Schlangen.
Aber euer Gott-ich wohnt nicht allein in eurem Wesen.
Vieles in euch ist noch Mensch, und vieles in euch ist noch nicht Mensch,
Sondern ein formloser Zwerg, der schlafend schreitet im Nebel und sucht sein eigenes Erwachen.
Und von dem Menschen in euch will ich nun sprechen.
Denn er, und nicht euer Gott-ich und nicht der Zwerg im Nebel, kennt Verbrechen und des Verbrechens Strafe.

Oftmals hörte ich euch sprechen von Einem, der da Übel tat, als sei er nicht einer von euch, sondern ein euch Fremder und ein Eindringling in eure Welt.
Aber ich sage, daß gleich wie der Heilige und der Gerechte sich nicht erheben können über das Höchste, das in euch ist.

Also auch können der Böse und der Schwache nicht tiefer fallen als das Tiefste, das gleichfalls in euch ist.
Und wie kein einziges Blatt gelb wird ohne das schweigende Wissen des ganzen Baumes,
Also kann der Übeltäter nicht Übel tun, ohne euer Aller verborgenen Willen.
Wie ein Festzug schreitet ihr zusammen eurem Gott-ich zu.
Der Weg seid ihr und seid die Wallfahrer.
Und so einer von euch fällt, so fällt er für die hinter ihm, eine Warnung vor dem Stein des Anstoßes.
Ja, und er fällt für die vor ihm, die, obzwar schneller und sicheren Fußes, doch nicht forträumten den Stein des Anstoßes.
Und auch dieses, ob auch das Wort schwer liege auf euren Herzen: Der Gemordete ist nicht unschuldig an seinem eigenen Morde
Und der Bestohlene nicht ohne Tadel an seinem Bestohlensein
Und der Weißhändige nicht rein von den Handlungen der Betrüger.
Ja, der Schuldige ist oft das Opfer des Verletzten.
Und öfter noch trägt der Verurteilte die Last des Schuldlosen und Untadeligen.
Ihr könnt nicht trennen den Gerechten vom Ungerechten noch den Guten vom Bösen;
Denn sie stehen vor dem Antlitz der Sonne, verwoben ineinander wie der weiße Faden und der schwarze.
Und so der schwarze Faden reißt, wird der Weber das ganze Gewebe prüfen und den Webstuhl auch.

So einer von euch richten will das untreue Weib,
So möge er zugleich auf einer Wage wiegen das Herz ihres Gatten und seine Seele messen mit Maßen.
Und möge der, der da peitschen möchte den Beleidiger, blicken in den Geist des Beleidigten.

Und so einer von euch strafen möchte im Namen der Gerechtigkeit und die Axt legen an den schlechten Baum, so möge er auch seine Wurzeln betrachten.
Und wahrlich wird er finden die Wurzeln der Guten und der Bösen, der Fruchtbaren und der Unfruchtbaren, verwurzelt miteinander im schweigenden Herzen der Erde.
Und ihr Richter, die ihr gerecht sein wollt,
Welches Urteil sprecht ihr über den, der im Fleische ehrlich und doch ein Dieb ist im Geiste?
Und wie verfolgt ihr den, der im Tun ein Betrüger ist und ein Angreifer,
Und doch auch gekränkt ist und schimpflich behandelt?

Und wie strafet ihr die, deren Reue schon größer ist als ihre Missetat?
Ist nicht Reue das Urteil, das verhängt wird von eben dem Gesetz, dem ihr zu dienen vorgebt?
Und doch könnt ihr nicht Reue werfen über den Unschuldigen, noch sie heben vom Herzen des Schuldigen.
Ungebeten wird sie rufen in der Nacht, daß die Menschen erwachen und auf sich selber blicken.

Und ihr, die ihr Recht begreifen möchtet, wie vermöchtet ihr es, es sei denn, ihr blicket auf alle Taten in der Fülle des Lichts.
Nur dann werdet ihr wissen, daß der Aufrechte und der Gefallene nur Ein Mensch ist, der da steht im Zwielicht zwischen der Nacht seines Zwerg-ich und dem Tag seines Gott-ich,
Und daß der Eckstein des Tempels nicht höher ist als der tiefste Stein seines Fundamentes.

Dann sagte ein Rechtsanwalt: Und unsere Gesetze, Meister?

Und er antwortete:

Gerne macht ihr Gesetze,

Doch lieber noch brecht ihr sie, gleich Kindern, die da am Meere beharrlich bauen Türme aus Sand und sie dann lachend zerstören.

Doch dieweil ihr eure Sandtürme baut, trägt der Ozean mehr Sand an den Strand,

Und wenn ihr sie zerstört, lacht der Ozean mit euch.

Wahrlich, immer lacht der Ozean mit dem Mitschuldigen.

Doch die, denen das Leben kein Meer ist und Menschenrecht kein Sandturm,

Sondern das Gesetz ein Meißel und das Leben ein Fels, dem sie einprägen möchten ihr eigenes Spiegelbild?

Und der Krüppel, der die Tänzer haßt?

Und der Ochse, der sein Joch liebt und hält den Elch und den Hirsch der Wälder für seltsame und irrewandernde Wesen?

Und die alte Schlange, die ihre Haut nicht abwerfen kann und alle andern nackt heißt und ohne Scham?

Und der da frühe kommt zu dem Hochzeitsfest und übersättigt und müde seines Weges geht und sagt: alle Feste seien Übertretungen und alle Feiernden Gesetzesbrecher?

Was soll ich von ihnen sagen, als daß auch sie im Lichte stehen, doch mit dem Rücken gegen die Sonne.

Sie sehen nur ihre Schatten, und ihre Schatten sind ihre Gesetze.
Und was ist ihnen die Sonne, denn ein Schattenwerfer?
Und ihre Gesetze anerkennen heißt sich niederbeugen und ihre Schatten nachzeichnen auf der Erde.

Doch ihr, die ihr schreitet, das Antlitz zur Sonne gewendet, was für Bilder, die die Erde widerspiegelt, können euch zurückhalten?
Ihr, die ihr reiset mit dem Winde, welcher Wetterhahn vermag euren Lauf zu richten?
Welch Menschengeist kann euch binden, so ihr zerbrechet euer Joch, doch an Niemandes Gefängnistür?
Welche Gesetze solltet ihr fürchten, so ihr tanzet, doch strauchelt über Niemandes Eisenketten?
Und wer sollte euch richten, so ihr euer Gewand von euch werft, doch auf Niemandes Weg?
Volk von Orphalese, ihr könnt abdämpfen die Trommel und lockern die Saiten der Harfe, doch wer kann der Lerche befehlen, nicht zu singen?

Und ein Redner sagte: Sprich uns von der Freiheit.
Und er antwortete:
Am Stadttor und an eurem Herde sah ich euch niederfallen und euere eigene Freiheit anbeten.
Gleich wie Sklaven sich erniedrigen vor einem Tyrannen und ihn preisen, ob er sie auch erschlage.
Ja, in dem Haine des Tempels und in dem Schatten der Zitadelle sah ich die Freiesten unter euch ihre Freiheit tragen wie ein Joch und eine Handschelle.
Und mein Herz blutete in mir; denn ihr könnt nur frei sein, wenn ihr selbst in dem Wunsche nach Freiheit eine Fessel seht und ihr aufhöret von Freiheit zu sprechen als von einem Ziel und einer Erfüllung.

Wahrlich, frei werdet ihr sein, wenn eure Tage nicht ohne eine Sorge sind, noch eure Nächte ohne einen Mangel und einen Schmerz, wenn diese Dinge vielmehr euer Leben umgürten und ihr euch doch erhebt über sie, nackt und ungebunden.

Und wie könnt ihr euch erheben, über eure Tage und Nächte, es sei denn, ihr brächet die Ketten, die ihr im Dämmern eures Bestehens gelegt habt um eure Mittagsstunde.
In Wahrheit! was ihr eure Freiheit nennt, ist die stärkste dieser Ketten, ob ihre Glieder auch glitzern in der Sonne und eure Augen blenden.
Und was wollt ihr von euch werfen, um frei zu werden, als Stücke eures eigenen Ichs?
Wollt ihr ein ungerechtes Gesetz umwerfen, so ward dies

Gesetz geschrieben mit eurer eigenen Hand auf eure eigene Stirne.

Ihr könnt es nicht auslöschen, so ihr eure Gesetzbücher verbrennet, noch so ihr die Stirnen eurer Richter waschet, ob ihr gleich das Meer über sie ausleeret.

Und wolltet ihr einen Despoten entthronen, so sehet erst, daß sein Thron, in euch errichtet, zerstört werde. Denn wie kann ein Tyrann herrschen über die Freien und die Stolzen, ohne eine Tyrannei in ihrer eigenen Freiheit und eine Scham in ihrem eigenen Stolz?

Und wollt ihr eine Sorge fortwerfen, so ward diese Sorge mehr von euch gewählt als euch aufgebürdet.

Und wollt ihr eure Furcht zerstreuen, so ist die Saat dieser Furcht in eurem Herzen und nicht in der Hand des Gefürchteten.

Wahrlich, alle Dinge bewegen sich in eurem Sein in ständiger halber Umarmung: das Gewünschte und Gefürchtete, das Widerliche und das Geliebte, das Verfolgte und das, dem ihr entrinnen möchtet.

Diese Dinge bewegen sich in euch, wie Lichter und Schatten zu verbundenen Paaren.

Und wenn der Schatten verblaßt und nicht mehr ist, so wird das Licht zum Schatten eines anderen Lichtes.

Und so wird eure Freiheit, die ihre Fesseln verliert, zur Fessel einer größeren Freiheit.

Und wieder sprach die Priesterin und sagte: Sprich uns von Vernunft und Leidenschaft.
Und er antwortete und sprach:
Oftmals ist eure Seele ein Schlachtfeld, auf dem eure Vernunft und eure Urteilskraft Krieg führen gegen eure Leidenschaft und euer Verlangen.
Ich wollte, ich könnte Frieden stiften in eurer Seele – den Mißklang und die Gegnerschaft eurer Elemente zur Einheit bringen und Melodie. Doch wie kann ich's, so ihr nicht selber auch Friedensstifter seid, nein, die Freunde aller eurer Elemente.

Eure Vernunft und eure Leidenschaften sind das Steuer und die Segel eurer seefahrenden Seele.
So euch Segel oder Steuer brechen, so könnt ihr nur hin- und hergeworfen treiben, oder stilliegen in der Mitte des Meeres.
Denn Vernunft, allein herrschend, ist eine begrenzte Kraft, und Leidenschaft, unbewacht, ist eine Flamme, die brennt zu ihrer eigenen Zerstörung.
Darum lasset eure Seele eure Vernunft erheben zur Höhe der Leidenschaft, daß sie singen möge;
Und lasset sie Richtung geben eurer Leidenschaft mit Vernunft, daß eure Leidenschaft leben möge in täglicher Wiedergeburt und gleich dem Phönix sich erheben möge über seine eigene Asche.
Ich wollte, daß ihr euer Urteil und eure Triebe betrachtet wie zwei geliebte Gäste in eurem Hause.
Sicherlich würdet ihr nicht einen Gast über den Anderen

ehren; denn wer des einen mehr achtet, verliert die Liebe und das Vertrauen beider.

In den Hügeln, wenn ihr sitzet im kühlen Schatten der silbernen Pappeln und teilt den heiteren Frieden der fernen Felder und Wiesen – dann lasset euer Herz in Schweigen sprechen: Gott ruht in der Vernunft.
Und wenn der Sturm kommt und der mächtige Wind den Wald schüttelt und Donner und Blitz die Majestät des Himmels künden – dann laßt euer Herz mit Ehrfurcht sagen: Gott bewegt sich in der Leidenschaft.
Und da ihr ein Atemzug seid in Gottes Sphäre und ein Blatt in Gottes Walde, sollt auch ihr ruhen in der Vernunft und euch bewegen in der Leidenschaft.

Und ein Weib redete und sagte: Sprich uns vom Schmerz.
Und er sprach:
Euer Schmerz ist das Brechen der Schale, die euer Verstehen umschließt.
Gleichwie der Stein der Frucht brechen muß, daß sein Herz in der Sonne stehen möge, also müsset ihr den Schmerz kennen.
Und könntet ihr euer Herz verwundert halten über die täglichen Wunder eures Lebens, so würde euer Schmerz nicht weniger wunderbar erscheinen als eure Freude.
Und ihr würdet hinnehmen die Jahreszeiten eures Herzens, gleichwie ihr immer hinnehmet die Jahreszeiten, die über eure Felder dahingehen.
Und mit Heiterkeit würdet ihr wachen durch die Winter eurer Schmerzen.

Viel eures Leides ist selbstgewählt.
Es ist das bittre Getränk, durch das der Arzt in euch heilt euer krankes Selbst.
Darum vertraut dem Arzte und trinket seine Arzenei in Schweigen und Ruhe. Denn seine Hand, wenngleich schwer und hart, wird gelenkt von der zärtlichen Hand des Unsichtbaren.

Und der Kelch, den er bringt, brenne er gleich eure Lippen, wurde geformt aus dem Ton, den der Töpfer befeuchtet hat mit seinen eigenen heiligen Tränen.

Und ein Mann sagte: Sprich uns von der Selbsterkenntnis.
Und er antwortete und sprach:
Eure Herzen kennen im Schweigen die Geheimnisse der Tage und Nächte. Doch eure Ohren dürsten nach dem Schall dieses Wissens.
In Worten wollet ihr wissen, was ihr immer in Gedanken gekannt habt.
Mit Fingern wollt ihr berühren den nackten Körper eurer Träume.

Und so ist es gut.
Der verborgene Quell eurer Seele muß aufsteigen und murmelnd eilen zum Meer,
Und der Schatz eurer unendlichen Tiefen will euren Augen kundgetan werden.
Doch lasset keine Wagen wiegen euren unbekannten Schatz,
Und ergründet nicht die Tiefen eurer Kenntnis mit Stange und Lot.
Denn das Selbst ist ein Meer, grundlos und unermeßlich.
Saget nicht: »Ich habe die Wahrheit gefunden«, sondern lieber: »Ich fand eine Wahrheit.«
Saget nicht: »Ich habe den Weg der Seele gefunden«, sondern: »Ich traf die Seele, wandelnd auf meinem Pfad.«
Denn die Seele wandelt auf allen Pfaden. Nicht auf einer Linie schreitet die Seele, noch wächst sie wie ein Rohr.
Die Seele entfaltet sich wie ein Lotus mit unzähligen Blütenblättern.

Dann sagte ein Lehrer: Sprich uns vom Lehren.
Und er sagte:
Niemand kann euch irgend etwas lehren, es liege denn schon halb wach in dem Dämmern eurer Erkenntnis.
Der Lehrer, schreitend im Schatten des Tempels inmitten seiner Jünger, gibt nicht von seiner Weisheit, sondern vielmehr von seinem Glauben und seiner Liebe;
Ist er wirklich weise, so fordert er euch nicht auf, einzutreten in das Haus der Weisheit, sondern er führt euch vielmehr an die Schwelle eures eigenen Geistes.
Der Astronom mag zu euch reden von seiner Anschauung des Raumes, doch er kann euch seine Anschauung nicht geben.
Der Musiker kann euch singen von dem Rhythmus, der allen Raum erfüllt, doch er kann euch nicht geben das Ohr, das den Rhythmus festhält, noch die Stimme, die ihn widerhallt.
Und der da geübt ist in der Wissenschaft der Zahlen, kann reden von den Regionen des Gewichts und Maßes, doch er kann euch nicht hingeleiten.
Denn eines Mannes Vision leiht nicht ihre Flügel einem anderen Manne.
Und gleichwie jeder von euch alleine steht in Gottes Wissen, so muß jeder von euch alleine sein in seinem Wissen um Gott und seinem Verstehen der Erde.

Und ein Jüngling sagte: Sprich uns von der Freundschaft.
Und er antwortete und sprach:
Euer Freund ist die Antwort auf euren Mangel.
Er ist euer Feld, das ihr säet mit Liebe und erntet mit Danksagung.
Und er ist euer Tisch und eure Feuerstelle.
Denn ihr kommt zu ihm mit eurem Hunger, und ihr suchet bei ihm Frieden.

Wenn euer Freund seine Meinung sagt, so fürchtet ihr nicht das ›Nein‹ in eurer eigenen Meinung, noch haltet ihr zurück mit dem ›Ja‹.
Und wenn er schweigt, so hört doch euer Herz nicht auf zu lauschen seinem Herzen.
Denn ohne Worte werden in der Freundschaft alle Gedanken, alle Wünsche und alle Erwartungen geboren und geteilt in beifallsloser Freude. Wenn ihr von eurem Freunde scheidet, so leidet ihr nicht. Denn was ihr am meisten in ihm liebt, mag klarer sein in seiner Abwesenheit: wie der Berg dem Bergsteiger deutlicher wird aus der Ebene.
Und sei kein Ziel in der Freundschaft, es sei denn die Vertiefung des Geistes.
Denn Liebe, die anderes sucht als die Enthüllung seines eigenen Geheimnisses, ist nicht Liebe, sondern ein ausgeworfenes Netz: und nur das Unnütze wird gefangen.
Und gebet das Beste in euch eurem Freunde.
Wenn er kennen muß die Ebbe eurer Gezeiten, so lasset ihn auch ihre Flut kennen.

Denn solltet ihr euren Freund suchen, um Stunden totzuschlagen?
Suchet ihn nur, um Stunden zu leben.
Denn sein ist, euer Bedürfnis zu erfüllen, doch nicht eure Leere.
Und in der Süße der Freundschaft sei Lachen und gemeinschaftliches Vergnügen;
Denn der Tau kleiner Dinge erfrischt das Herz.

Und dann sagte ein Gelehrter: Sprich uns vom Wort.
Und er sprach:
Ihr redet, wenn ihr aufhöret in Frieden zu sein mit eueren Gedanken;
Und wenn ihr nicht länger verweilen könnt in der Einsamkeit eures Herzens, so lebt ihr in euren Lippen, und Laute sind euch Zerstreuung und Zeitvertreib.
Und in vielen Reden wird euer Denken halb gemordet.
Denn das Denken ist ein Vogel des Raumes, der in einem Käfig aus Worten wohl seine Schwingen ausbreiten mag, doch er kann nicht fliegen.

Da sind die unter euch, die das Gespräch suchen aus Furcht, alleine zu sein. Das Schweigen des Alleinseins zeigt ihnen ihr nacktes Selbst, und sie möchten entfliehen.
Und da sind die, die da sprechen und ohne Wissen und Vorbedacht eine Wahrheit verkünden, die sie selber nicht verstehen.
Und da sind die, die Wahrheit in sich tragen, aber sie sagen sie nicht in Worten. In ihrer Brust ruht der Geist in rhythmischem Schweigen.
Wenn ihr euren Freund trefft am Wegrand oder auf dem Marktplatz, so lasset den Geist in euch eure Lippen bewegen und eure Zungen lenken. Lasset die Stimme innerhalb eurer Stimme sprechen zu dem Ohre seines Ohres;
Denn seine Seele wird bewahren die Wahrheit eures Herzens, wie man erinnert den Geschmack des Weines,
Wenn die Farbe vergessen ward und das Gefäß nicht mehr ist.

Und ein Astronom sprach: Und die Zeit, Meister?
Und er antwortete:
Ihr möchtet die Zeit messen, die Maßlose und Unmeßbare.
Ihr möchtet euer Verhalten richten und selbst den Lauf eures Geistes nach den Stunden und den Jahreszeiten.
Aus der Zeit möchtet ihr einen Fluß machen, an dessen Ufern ihr sitzet und betrachtet sein Fließen.

Und doch ist das Zeitlose in euch bewußt der Zeitlosigkeit des Lebens
Und weiß, daß Gestern nur Erinnern ist und Morgen Traum des Heute.
Und daß das, was in euch singt und sinnt, noch lebt in den Grenzen jenes ersten Augenblicks, der die Sterne in den Raum verstreute.

Wer unter euch fühlt nicht, daß seine Kraft zu lieben ohne Grenzen ist?
Und fühlet nicht dennoch diese selbe Liebe eingeschlossen in dem Mittelpunkt seines Seins und nicht bewegt von Liebesgedanken zu Liebesgedanken, noch von Liebestat zu Liebestat?
Und ist nicht Zeit gleich der Liebe schrittlos und ungeteilt?
Doch so in eurem Denken ihr messen müßtet die Zeit in Jahreszeiten, so lasset jede Jahreszeit umschließen alle anderen Jahreszeiten,
Und lasset das Heute umarmen die Vergangenheit mit Erinnerung und die Zukunft mit Sehnsucht.

Und einer der Ältesten der Stadt sagte: Sprich uns von Gut und Böse.
Und er antwortete:
Von dem Guten in euch kann ich reden, doch nicht von dem Bösen.
Denn was ist das Böse anderes als das Gute, gequält von seinem eigenen Hunger und Durst?
Wahrlich! wenn das Gute hungrig ist, sucht es nach Nahrung sogar in dunklen Höhlen, und wenn es dürstet, trinkt es sogar von toten Wassern.

Ihr seid gut, wenn ihr eins seid mit euch selber,
Und doch, so ihr nicht eins seid mit euch selber, seid ihr nicht böse;
Denn ein entzweites Haus ist kein Diebesnest: es ist ein entzweites Haus.
Und ein steuerloses Schiff mag ziellos treiben zwischen gefährlichen Inseln und dennoch nicht auf den Grund sinken.
Ihr seid gut, wenn ihr suchet von euch selbst zu geben,
Und seid doch nicht schlecht, wenn ihr suchet zu gewinnen für euch selber;
Denn wenn ihr gehet nach Gewinn, seid ihr nur eine Wurzel, die sich klammert an die Erde und saugt an ihrer Brust.

Sicherlich kann die Frucht nicht zu der Wurzel sagen: »Sei gleich mir, reif und voll und immer gebend von deiner Fülle.«

Denn der Frucht ist Geben ein Bedürfnis, wie Aufnehmen eine Notwendigkeit ist für die Wurzel.

Ihr seid gut, so ihr völlig wach seid in eurer Rede,
Und seid doch nicht schlecht, so ihr schlafet, dieweil eure Zunge ziellos stammelt;
Und selbst stolpernde Sprache mag eine schwache Zunge kräftigen.
Ihr seid gut, wenn ihr schreitet zu eurem Ziel, fest und mit tapferen Schritten,
Und seid doch nicht schlecht, wenn ihr hin hinket;
Denn selbst die Hinkenden gehen nicht rückwärts.
Doch ihr, die ihr stark seid und schnell, sehet zu, daß ihr nicht hinket vor den Lahmen im Glauben, das sei Güte.
Gut seid ihr auf vielen Wegen und seid nicht böse, wenn ihr nicht gut seid,
Ihr zaudert nur und seid träge.
Ach, daß die Hirsche nicht Schnelligkeit lehren können den Schildkröten.

In eurer Sehnsucht nach eurem Riesen-selbst liegt eure Güte: und diese Sehnsucht ist in euch allen.
Aber in einigen unter euch ist sie ein Wildbach, der mächtig drängt nach dem Meer und trägt das Geheimnis der Hügel und den Sang der Wälder. Und in anderen ist sie ein flacher Strom, der sich verliert in Krümmungen und sich windet und säumt, ehe er das Gestade erreicht.
Doch sage nicht, wer sich sehr sehnt, zu dem, der sich wenig sehnt: »Warum bist du langsam und was zauderst du?«
Denn der wahrhaft Gute fragt nicht den Nackten: »Wo ist dein Kleid?«, noch den Heimlosen: »Was wurde aus deinem Hause?«

Dann sagte eine Priesterin: Sprich uns vom Beten.
Und er antwortete und sprach:
Ihr betet in eurer Traurigkeit und eurer Not;
o daß ihr auch betetet in der Fülle eurer Freude und in euren Tagen des Überflusses!

Denn was ist Beten anderes als hinauszufließen in den lebenden Äther?
Und ist es euch Trost, eure Dunkelkeit auszugießen in den Raum, so ist euch auch Wonne, auszuströmen die Helligkeit eurer Herzen.
Und so ihr weinen könnt, wenn eure Seele euch zum Gebet ruft, so sollte sie euch wieder und wieder spornen, wenngleich unter Tränen, bis ihr lachend kommet.

Wenn ihr betet, erhebt ihr euch, um in den Lüften zu treffen, die zur gleichen Stunde beten und denen ihr nicht begegnen könnt, außer im Gebet. Darum suchet in diesem unsichtbaren Tempel nur Rausch und süße Gemeinschaft.
Denn wer den Tempel betritt, um nur zu bitten, wird nichts erhalten;
Und wer ihn betritt, sich zu erniedrigen, der wird nicht erhöht werden;
Und selbst wer ihn betritt, um für Andere Gutes zu erbitten, wird nicht erhört werden.
Es ist genug, den unsichtbaren Tempel zu betreten.

Ich kann euch nicht lehren, wie ihr in Worten beten sollt.

Gott höret nicht auf eure Worte, außer wenn Er Selbst sie äußert durch eure Lippen.
Und ich kann euch nicht lehren das Gebet des Meeres und der Wälder und der Berge.
Doch ihr, die ihr geboren seid von den Bergen und den Wäldern und den Meeren, könnet ihr Gebet finden in eurem Herzen,
Und so ihr nur lauschet in die Stille der Nacht, so werdet ihr sie sagen hören in Schweigen:
»Unser Gott, der Du bist unser beschwingtes Selbst, Dein Wille in uns will.
Dein Wunsch in uns wünscht.
Dein Gebot in uns verwandelt unsere Nächte, die Dein sind, in Tage, die auch Dein sind.
Um nichts können wir Dich bitten, der Du kennest unsere Bedürfnisse, ehe denn sie geboren werden in uns:
Du bist, dessen wir bedürfen; und so Du uns mehr von Dir gibst, so gibst Du uns Alles.«

Und ein Einsiedler, der die Stadt einmal im Jahre besuchte, trat vor und sagte: Sprich uns von der Lust.

Und er antwortete und sprach:

Die Lust ist ein Freiheitsgesang,
Doch nicht Freiheit.
Sie ist das Blühen eurer Wünsche,
Doch nicht ihre Frucht.
Sie ist eine Tiefe, die eine Höhe ruft,
Doch sie ist weder der Abgrund noch die Spitze.
Sie ist ein Gefangener, der dem Käfig entfliegt,
Doch sie ist nicht der weite Raum.
Ja, in Wahrheit, Lust ist ein Lied der Freiheit;
Und ich möchte, daß ihr es sänget aus vollem Herzen, und möchte doch nicht, daß ihr eure Herzen verlöret an das Lied.

Einige eurer Jünglinge suchen die Lust, als sei sie das Letzte, und werden getadelt und verurteilt. Ich möchte sie nicht richten noch zurechtweisen: Ich möchte sie suchen lassen.

Denn sie werden Lust finden, doch nicht sie allein;

Sieben sind ihre Schwestern, und die Geringste unter ihnen ist schöner als die Lust.

Hörtet ihr nicht von dem Manne, der nach Wurzeln grub und fand einen Schatz?

Und einige eurer Ältesten gedenken ihrer Lust mit Bedauern, wie an Unrecht, begangen in Trunkenheit.

Doch Reue ist eine Bewölkung des Gemütes und nicht seine Züchtigung.

Sie sollten sich ihrer Lust entsinnen mit Dankbarkeit, gleich der Ernte eines Sommers.
Und dennoch; so es sie tröstet zu bereuen, so mögen sie bereuen.

Und da sind unter euch die, die weder jung sind zum Suchen noch alt zum Erinnern;
Und in ihrer Furcht vor dem Suchen und dem Erinnern meiden sie alle Lust, um den Geist nicht zu vernachlässigen noch gegen ihn zu verstoßen.
Doch gerade in dem Vorübergehen finden sie ihr Vergnügen.
Und so finden auch sie einen Schatz, obwohl sie nach Wurzeln graben mit zitternden Händen.
Doch saget mir: wer kann gegen den Geist verstoßen ?
Verstößt die Nachtigall gegen das Schweigen der Nacht, oder der Leuchtkäfer gegen die Sterne?
Und wird eure Flamme oder euer Rausch die Winde belasten?
Glaubt ihr, der Geist sei ein stiller Teich, den ihr trüben könntet mit einem Stabe?

Oftmals, so ihr euch ein Vergnügen versaget, häufet ihr nur das Verlangen in den Gewölben eures Seins.
Vielleicht wartet das, was heute unterlassen scheint, nur auf morgen.
Sogar euer Leib kennt seine Erbschaft und sein berechtigtes Bedürfnis und will nicht enttäuscht werden.
Und euer Leib ist die Harfe eurer Seele.
Und an euch ist es, ihm süße Musik zu entlocken, oder wirre Töne.

Und nun fragt ihr in eurem Herzen: Wie sollen wir unterscheiden das Gute in der Lust von dem, was nicht gut ist?
Gehet zu euren Feldern und euren Gärten, und ihr wer-

det lernen, daß der Biene Freude ist, Honig zu sammeln von den Blumen,
Doch es ist auch die Lust der Blume, ihren Honig hinzugeben der Biene.
Denn für die Biene ist eine Blume ein Springbrunn des Lebens,
Und für die Blumen ist die Biene ein Bote der Liebe,
Und beiden, der Biene und der Blume, ist Lust zu nehmen und zu geben Notwendigkeit und Ekstase.

Volk von Orphalese, gleichet in eurer Lust den Blumen und den Bienen.

Und ein Dichter sagte: Sprich uns von der Schönheit.
Und er antwortete:
Wo sollt ihr Schönheit suchen und wie werdet ihr sie finden, so sie nicht selbst euch Weg ist und Führer?
Und wie sollt ihr von ihr sprechen, sie sei denn selber die Weberin eurer Rede.

Die Betrübten und die Verwundeten sagen: »die Schönheit ist gütig und sanft;
Gleich einer jungen Mutter, fast furchtsam von ihrer eigenen Seligkeit schreitet sie unter uns.«
Und die Leidenschaftlichen sagen: »Nein, Schönheit ist voll Macht und Schrecken;
Gleich dem Sturme erschüttert sie den Himmel und die Erde.«

Die Müden und die Matten sagen: »Schönheit ist sanftes Flüstern. Sie redet in unserer Seele. Ihre Stimme ergibt sich unserem Schweigen, gleich einem schwachen Licht, das vor dem Schatten zittert.«
Doch die Ruhelosen sagen: »Wir hörten sie rufen in den Bergen.
Und mit ihrem Schreien kam der Klang von Hufen und Flügelschlagen und das Gebrüll von Löwen.«

Nachts sagen die Wächter der Stadt: »Die Schönheit wird im Osten aufsteigen mit der Morgenröte.«
Und Mittags sagen die Mühseligen und die Wanderer: »Wir sahen, wie sie sich über die Erde neigte aus den Fenstern des Sonnenunterganges.«

Im Winter sagen die Schneebelasteten: »Sie wird kommen mit dem Frühling, der über die Hügel springt.«
Und in der Hitze des Sommers sagen die Schnitter: »Wir sahen sie tanzen mit den Blättern des Herbstes, und wir sahen Schnee schimmern in ihrem Haar.«

Alle diese Dinge habt ihr gesagt von der Schönheit,
Doch in Wahrheit sprachet ihr nicht von ihr, sondern von unbefriedigten Bedürfnissen,
Und Schönheit ist kein Bedürfnis, sondern ein Rausch.
Sie ist kein dürstender Mund noch eine leere Hand, die sich ausstreckt,
Sondern vielmehr ein entflammtes Herz und eine bezauberte Seele.

Sie ist nicht das Bild, das ihr sehen möchtet, noch das Lied, das ihr wolltet hören,
Sondern ein Bild, das ihr sehet, ob ihr gleich eure Augen schließet, und ein Lied, das ihr höret, ob ihr gleich schließet eure Ohren.
Sie ist nicht der Saft in der zerfurchten Rinde noch ein Flügel über einer Kralle,
Sondern ein Garten in ewiger Blüte und eine Schar ewig schwebender Engel.

Volk von Orphalese, Schönheit ist Leben, das entschleiert sein heiliges Antlitz.
Ihr aber seid das Leben, und ihr seid der Schleier.
Schönheit ist Ewigkeit, die sich beschaut in einem Spiegel.
Ihr aber seid die Ewigkeit, und ihr seid der Spiegel.

Und ein alter Priester sagte: Sprich uns von der Religion.
Und er sagte: Habe ich an diesem Tage von irgend etwas anderem gesprochen?
Ist nicht jede Tat Religion und jede Erwägung?
Und das, was weder Tat ist noch Überlegung, sondern Wunder und Erstaunen, das immer neu aufspringt in der Seele, selbst während die Hände hauen den Stein oder den Webstuhl bedienen?
Wer vermag seine Gläubigkeit zu trennen von seinen Handlungen oder seinen Glauben von seiner Beschäftigung?
Wer kann seine Stunden ausbreiten vor sich und sagen: »Dies für Gott und dies für mich selbst; dieses für meine Seele und jenes für meinen Leib«? Alle eure Stunden sind Flügel, die schlagen durch den Raum von Selbst zu Selbst.

Wer seine Tugend nur trägt wie sein Festgewand, der wäre besser nackend.
Der Wind und die Sonne werden keine Löcher reißen in seine Haut.
Und wer sein Tun durch Sittenlehren bestimmt, der sperrt seinen Singvogel in einen Käfig.
Der freieste Sang dringt nicht durch Draht und Stäbe.

Und wem Gottesdienst ein Fenster ist, das man öffnen kann, aber auch schließen, der hat noch nicht besucht das Haus seiner Seele, dessen Fenster reichen von Dämmerung zu Dämmerung.

Euer tägliches Leben ist euer Tempel und eure Religion.
Wenn ihr hineintretet, so nehmet mit euch alles, was euer ist.
Nehmet den Pflug und die Schmiede und den Schlegel und die Laute,
Die Dinge, die ihr gestaltet habt aus Not oder zur Freude.
Denn im Traum könnt ihr euch nicht erheben über eure Verwirklichungen, noch tiefer fallen als eure Fehlschläge.
Und nehmet mit euch alle Menschen:
Denn anbetend könnt ihr nicht höher fliegen als ihre Hoffnungen, noch euch tiefer erniedrigen als ihre Verzweiflung.

Und so ihr Gott kennen möchtet, so werdet nicht Rätselrater;
Schaut lieber um euch, und ihr werdet ihn sehen, wie er spielt mit euren Kindern. Und blickt in den Raum, und ihr werdet ihn sehen, wie er wandelt in der Wolke und seine Hand ausreckt im Blitz und niedersteigt im Regen.
Ihr werdet ihn sehen, wie er lächelt in den Blumen, dann sich erhebt und euch zuwinkt aus den Bäumen.

Dann sprach Almitra und sagte: Wir möchten nun nach dem Tode fragen.

Und er sagte:

Ihr möchtet das Geheimnis des Todes wissen,

Doch wie wollt ihr es finden, außer ihr sucht es in den Herzen des Lebens?

Die Eule, deren Nachtaugen blind sind dem Tage, kann nicht entschleiern das Mysterium des Lichtes.

Wollt ihr in der Tat erkennen den Geist des Todes, so öffnet eure Herzen weit dem Körper des Lebens.

Denn Leben und Tod sind eins, gleich wie Fluß und Meer eins sind.

In den Tiefen eurer Hoffnungen und Wünsche liegt eure schweigende Kenntnis des Jenseitigen;

Und gleich Samen unter dem Schnee träumen eure Herzen vom Frühling.

Trauet euren Träumen, denn in ihnen ist verborgen das Tor zur Ewigkeit.

Eure Todesfurcht ist nur das Zittern des Schafhirten vor dem König, dessen Hand ihn auszeichnet.

Ist nicht der Schafhirt voll Freude unter seinem Zittern, daß er tragen wird das Zeichen des Königs?

Und ist er nicht dennoch stärker bewußt seines Zitterns?

Denn was ist sterben, als nackend zu stehen im Wind und zu schmelzen in der Sonne?

Und was ist aufhören zu atmen, als den Atem zu befreien von seinen ruhelosen Gezeiten, daß er auffahren möge und sich ausdehnen und unbelastet Gott suchen?

Nur wenn ihr trinket vom Flusse des Schweigens, werdet ihr wahrhaft singen.
Und wenn ihr die Spitze des Berges erreicht habt, dann werdet ihr beginnen zu steigen.
Und wenn die Erde fordern wird eure Glieder, dann werdet ihr in Wahrheit tanzen.

Und nun war es Abend.
Und Almitra die Seherin sagte: Gesegnet sei dieser Tag und dieser Platz und dein Geist, der da sprach.
Und er antwortete: War ich es, der da sprach?
War ich nicht auch ein Lauschender?

Und er schritt die Stufen des Tempels hinab, und alles Volk folgte ihm. Und er erreichte sein Schiff und stand auf dem Verdeck.
Und blickte wieder auf das Volk und erhob seine Stimme und sprach:
Volk von Orphalese, der Wind heißt mich euch verlassen.
Weniger eilig bin ich als der Wind, und doch muß ich gehen.
Wir Wanderer, immer auf der Suche nach einsamerem Weg, beginnen keinen Tag, wo wir den anderen Tag geendet haben; und kein Sonnenaufgang findet uns, wo Sonnenuntergang uns verließ.
Selbst während die Erde schläft, reisen wir.
Wir sind die Saat der Schlingpflanze und werden in unserer Reife und in der Fülle unseres Herzens ausgeliefert dem Wind und werden zerstreut.

Kurz waren meine Tage unter euch und kürzer noch die Worte, die ich sprach.
Doch sollte meine Stimme verblassen in euren Ohren und meine Liebe schwinden in eurem Gedächtnis, so will ich wiederkommen.
Und mit reicherem Herzen und mit Lippen, die sich stärker hingeben dem Geiste, will ich sprechen.

Ja, ich werde wiederkehren mit der Flut,
Und ob auch Tod mich verberge und das größere Schweigen mich umfalte, so will ich doch aufs neue euer Verständnis suchen.
Und nicht umsonst werde ich suchen.
Wenn anders Wahrheit ist, was ich sprach, so wird eine klarere Stimme diese Wahrheit enthüllen, in Worten, verwandter euren Gedanken.

Ich gehe mit dem Wind, ihr Volk von Orphalese, doch nicht hinab in die Leere;
Und so dieser Tag keine Erfüllung ist eures Bedürfens und meiner Liebe, so sei er das Versprechen eines anderen Tages.
Des Menschen Bedürfnisse wechseln, doch nicht seine Liebe noch sein Wunsch, daß seine Liebe befriedige seine Bedürfnisse.
Wisset darum, daß ich zurückkehren werde von dem größeren Schweigen.

Der Nebel, der hinwegzieht zur Dämmerung und nur Tau läßt in den Feldern, wird sich erheben und sammeln in einer Wolke und niederfallen als Regen.
Und nicht ungleich dem Nebel bin ich gewesen. In der Stille der Nacht bin ich durch eure Straßen gestrichen, und mein Geist trat in eure Häuser,
Und eure Herzschläge waren in meiner Brust, und euer Atem war auf meinem Gesicht, und ich kannte euch alle.
Ja, ich kenne eure Freude und euer Leid, und eure Träume in eurem Schlaf waren meine Träume.
Und oftmals war ich in eurer Mitte ein See inmitten der Berge.
Ich spiegelte wider die Gipfel in euch und die sich neigenden Hänge und selbst die vorübertreibenden Herden eurer Gedanken und eurer Wünsche.

Und zu meinem Schweigen kam das Lachen eurer Kinder in Strömen und das Lernen eurer Jünglinge in Flüssen.
Und da sie meine Tiefe erreichten, hörten die Ströme und Flüsse nicht auf zu singen.

Doch Süßeres als Lachen und Größeres als Sehnsucht kam zu mir.
Es war das Grenzenlose in euch;
Der unermeßliche Mensch, in dem ihr alle nur Zellen seid und Nerven;
In dessen Gesang all euer Singen nichts ist als ein lautloser Pulsschlag.
In dem unermeßlichen Menschen seid ihr unermeßlich,
Und in ihm erblickte ich euch und liebte euch.
Denn welche Entfernungen kann Liebe erreichen, die nicht in jener unermeßlichen Sphäre sind?
Welche Visionen, welche Erwartungen und welche Mutmaßungen können sich aufschwingen über diesen Flug?
Gleich einem riesenhaften Eichbaum, überschüttet mit Apfelblüten, ist der unermeßliche Mensch in euch.
Seine Macht bindet euch an die Erde, sein Duft erhebt euch in den Raum, und in seiner Dauerhaftigkeit seid ihr ohne Tod.
Euch ist gesagt worden, ihr seiet, gleich der Kette, so schwach wie euer schwächstes Glied.
Das ist nur die halbe Wahrheit. Ihr seid auch so stark wie euer stärkstes Glied.
Euch zu messen an eurer kleinsten Tat heißt, die Kraft des Ozeans berechnen nach der Zartheit seines Schaumes.
Euch zu messen an euren Mißerfolgen, ist tadeln die Jahreszeiten wegen ihrer Unbeständigkeit.
Ja, gleich einem Ozean seid ihr,

Und obgleich schwergründige Schiffe auf die Flut warten an euren Gestaden, so könnet ihr dennoch nicht beschleunigen eure Gezeiten.
Und ihr seid auch gleich den Jahreszeiten,
Und obgleich, in eurem Winter, ihr euren Frühling leugnet,
So lächelt dennoch in seiner Schläfrigkeit der ruhende Frühling in euch und ist nicht beleidigt.

Glaubet nicht, daß ich also rede, daß ihr einander saget: »Er lobte uns wohl. Er sah nur das Gute in uns.«
Ich spreche euch nur in Worten von dem, was ihr selber wisset in Gedanken.
Und was ist Wortwissen, denn ein Schatten vom Wissen ohne Worte?
Eure Gedanken und meine Worte sind Wellen aus einem versiegelten Gedächtnis, das aufbewahrt euer Gestern,
Und die vergangenen Tage, da die Erde uns nicht kannte noch sich selber,
Und die Nächte, da die Erde aufgewühlt war in Verwirrung.

Weise Männer sind zu euch gekommen, euch von ihrer Weisheit zu geben. Ich kam, von eurer Weisheit zu nehmen.
Und siehe, ich habe gefunden, was höher ist denn Weisheit.
Einen Flammengeist in euch, der immer weiter wächst,
Während ihr, seiner Ausdehnung nicht achtend, das Welken eurer Tage beweint.

Leben auf der Suche nach Leben fürchtet das Grab.
Hier sind keine Gräber.
Diese Berge und Ebenen sind eine Wiege und ein Trittstein.
Wenn immer ihr an dem Felde vorbeikommt, da ihr eure

Vorfahren niedergelegt habt, so blicket wohl hin, und ihr werdet euch selber sehen und eure Kinder, wie ihr tanzet, Hand in Hand.
Wahrlich, oft belustigt ihr euch, ohne es zu wissen.

Andere sind zu euch gekommen, denen ihr für goldene Versprechungen an eure Gläubigkeit nur Reichtümer gabt und Macht und Ruhm.
Weniger als ein Versprechen habe ich gegeben, und dennoch seid ihr freigebiger zu mir gewesen.
Ihr gabt mir meinen tieferen Durst nach Leben. Sicher gibt es kein größeres Geschenk für einen Mann als das, was alle seine Ziele in durstige Lippen verwandelt und alles Leben in eine Quelle.
Und hierin finde ich meine Würde und meine Belohnung,
Daß, wenn immer ich zu dem Brunnen komme, um zu trinken, ich das lebendige Wasser selber durstig finde;
Und es trinkt mich, indem ich es trinke.

Einige unter euch haben mich für stolz gehalten und überscheu, Geschenke anzunehmen.
Zu stolz in der Tat bin ich, Löhnung anzunehmen, doch nicht Geschenke.
Und ob ich gleich Beeren aß in den Bergen, da ihr mich an eueren Tisch batet,
Und schlief unter dem Bogen des Tempels, da ihr mir gerne Obdach gewährt hättet,
War es nicht dennoch euer liebendes Bedachtsein auf meine Tage und meine Nächte, die meinem Munde die Nahrung süß machte und meinen Schlaf gürtete mit Gesichtern?
Für dieses segne ich euch:
Ihr gebet viel und wisset nicht, daß ihr überhaupt gebet.
Wahrlich, Güte, die sich selber im Spiegel betrachtet, wird zu Stein,

Und Guttat, die sich selber zärtliche Namen gibt, wird zur Mutter des Unheils.

Und einige unter euch nannten mich einen Abseiter, und trunken meiner eigenen Einsamkeit.
Und ihr habt gesagt: »Er hält Rat mit den Bäumen des Waldes, doch nicht mit Menschen.
Er sitzt alleine auf Hügelspitzen und blickt herab auf unsere Stadt.«
Wahr ist es, daß ich erklettert habe die Hügel und geschritten bin in abgelegenen Stätten.
Wie hätte ich euch sehen können, es sei aus großer Höhe oder aus weiter Entfernung?
Wie kann einer fürwahr nahe sein, es sei denn, er sei ferne?

Und andere unter euch riefen mir wortlos zu:
»Fremder, Fremder, Liebhaber unerreichbarer Höhen, was wohnest du unter den Gipfeln, da die Adler ihre Nester bauen?
Was suchest du das Unerreichbare?
Was für Stürme möchtest du fangen in deinen Netzen,
Und was für luftige Vögel jagst du in den Himmel?

Komm und sei einer von uns.
Steige herab und sättige deinen Hunger mit unserem Brot und stille deinen Durst mit unserem Wein.«
In der Einsamkeit ihrer Seelen sagten sie diese Dinge;
Doch wäre ihre Einsamkeit tiefer gewesen, so hätten sie gewußt, daß ich nur das Geheimnis suchte eurer Lust und eures Schmerzes
Und nur verfolgte euer größeres Selbst, das in dem Himmel schreitet.
Aber der Jäger war zugleich das Wild;
Denn viele meiner Pfeile verließen meinen Bogen, nur um meine eigene Brust zu suchen.

Und der Flieger war zugleich der Kriecher;
Denn waren meine Flügel ausgebreitet in der Sonne, so war ihr Schatten auf Erden nur eine Schildkröte.
Und glaubend war ich zugleich der Zweifler;
Denn oftmals legte ich meinen Finger in meine eigene Wunde, um so größeren Glauben an euch zu gewinnen und um so mehr Kenntnis von euch.

Und aus diesem Glauben heraus und dieser Kenntnis sage ich:
Ihr seid nicht eingeschlossen in eure Leiber, noch gebunden an Häuser oder Felder.
Euer Ich wohnt über den Bergen und streift umher mit dem Wind.
Es ist nicht ein Wesen, das in die Sonne kriecht, sich zu wärmen, oder Löcher gräbt in die Finsternis zu seiner Sicherheit,
Sondern ein freies Geschöpf, ein Geist, der die Erde umschließt und sich bewegt im Äther.

Sind diese vage Worte, so suchet nicht sie zu klären.
Unbestimmt und nebelhaft ist aller Dinge Anfang, doch nicht ihr Ende,
Und wohl wollte ich, daß ihr euch meiner entsännet als eines Anfangs.
Leben, und alles, was lebt, ward empfangen im Nebel und nicht im Kristall.
Und wer weiß, ob nicht Kristall Nebel ist im Zustande des Verfalles?

Seid dieses eingedenk, so ihr euch meiner erinnert:
Das, was am schwächsten und unsichersten scheint in euch, ist das Stärkste und Entschlossenste.
Hat nicht euer Atem aufgebaut und gehärtet das Gerüst eurer Knochen?
Und baute nicht ein Traum, den niemand von euch sich

entsinnt geträumt zu haben, eure Stadt und bildete alles, was darinnen ist?
Könntet ihr nur die Gezeiten dieses Atems schauen, so würdet ihr nichts anderes mehr sehen,
Und so ihr hören könntet das Flüstern des Traumes, so würdet ihr keinen anderen Ton mehr hören.

Aber ihr sehet nicht, noch höret ihr, und es ist gut so.
Den Schleier, der eure Augen umwölkt, wird lüften die Hand, die ihn wob,
Und der Lehm, der eure Ohren verstopft, wird durchbohrt werden von den Fingern, die ihn kneteten.
Und ihr werdet sehen
Und werdet hören,
Und doch werdet ihr nicht beklagen, Blindheit gekannt zu haben, noch bedauern, taub gewesen zu sein.
Denn an jenem Tage werdet ihr wissen die verborgenen Absichten in allen Dingen.
Und werdet segnen die Dunkelheit, wie ihr segnen möchtet das Licht.

Und da er diese Dinge gesagt hatte, sah er sich um, und er sah den Führer seines Schiffes am Steuer stehen und nun auf die vollen Segel blicken und nun wieder in die Entfernung.
Und er sagte:
Geduldig, übergeduldig ist der Kapitän meines Schiffes.
Der Wind weht, und ruhelos sind die Segel,
Sogar das Steuer verlangt nach Richtung.
Und doch wartet mein Kapitän ruhig auf mein Schweigen.
Und diese meine Seeleute, die den Chor des größeren Meeres gehört haben, auch sie haben mich ruhig angehört.

Nun sollen sie nicht länger warten.
Ich bin bereit.
Der Strom hat das Meer erreicht, und wieder einmal hält die große Mutter ihren Sohn an ihrer Brust.
Lebe wohl, du Volk von Orphalese.
Dieser Tag hat geendet.
Er schließt sich über uns gleich wie die Wasserlilie über ihren eigenen Morgen.
Was uns hier gegeben ward, werden wir behalten,
Und genügt es nicht, so müssen wir wieder zusammenkommen und zusammen unsere Hände entgegenstrecken dem Geber.
Vergesset nicht, daß ich zu euch zurückkehren werde.
Ein Weniges noch, und meine Sehnsucht wird Staub sammeln und Schaum zu einem anderen Leibe.
Eine kurze Spanne Zeit, ein Augenblick der Ruhe auf dem Wind, und ein anderes Weib wird mich austragen.

Ein Lebewohl euch und der Jugend, die ich mit euch verbracht habe.
Erst gestern war es, da wir uns trafen im Traum. Ihr habt mir gesungen in meiner Einsamkeit, und ich habe aus euren Sehnsüchten einen Turm gebaut in den Himmel.
Doch nun ist unser Schlaf geflohen, und unser Traum ist verflogen, und es ist nicht länger Dämmerung.
Die Mittagszeit ist über uns, und unser halbes Wachsein ward zu vollerem Tag, und wir müssen uns trennen.
Wenn in dem Zwielicht der Erinnerung wir uns noch einmal treffen sollten, so werden wir wieder zueinander sprechen, und ihr werdet mir singen ein tieferes Lied.
Und sollten unsere Hände einander begegnen in einem anderen Traum, so werden wir zusammen einen anderen Turm in den Himmel bauen.

Und während er also sprach, gab er den Seeleuten ein Zeichen, und sogleich lichteten sie den Anker und lösten die Taue, und sie glitten gen Osten.
Und ein Schrei kam von dem Volke, wie von einem einzigen Herzen, und erhob sich in die Dunkelheit und ward weit hinausgetragen über die See.

Nur Almitra schwieg stille und starrte dem Schiffe nach, bis es entschwand in den Nebel.

Und da alles Volk zerstreut war, stand sie noch allein auf dem Meereswall; und erinnerte sich in ihrem Herzen seiner Worte:

»Eine kurze Spanne Zeit, ein Augenblick der Ruhe auf dem Wind, und ein anderes Weib wird mich austragen.«